河南省高校哲学社会科学优秀著作资助项目
二/十/大/专/项

汉语方言双音节词的轻重韵律模式

武波 著

河南大学出版社
·郑州·

图书在版编目(CIP)数据

汉语方言双音节词的轻重韵律模式／武波著.--郑州：河南大学出版社，2023.7
　　ISBN 978-7-5649-5547-2

Ⅰ.①汉… Ⅱ.①武… Ⅲ.①汉语方言-韵律(语言)-方言研究 Ⅳ.①H17

中国国家版本馆 CIP 数据核字(2023)第 122722 号

汉语方言双音节词的轻重韵律模式
HANYU FANGYAN SHUANG YINJIE CI DE QINGZHONG YUNLÜ MOSHI

策划统筹	杨国安　谌洪波	
责任编辑	王丽芳	
责任校对	仝一帆	
封面设计	史　岩	

出　　版	河南大学出版社	
	地址：郑州市郑东新区商务外环中华大厦2401号　邮编：450046	
	电话：0371-86059752（自然科学与外语部）　网址：hupress.henu.edu.cn	
	0371-86059701（营销部）	
排　　版	郑州市今日文教印制有限公司	
印　　刷	广东虎彩云印刷有限公司	
版　　次	2023年7月第1版	印　次　2023年7月第1次印刷
开　　本	710 mm×1010 mm　1/16	印　张　13.25
字　　数	215千字	定　价　52.00元

(本书如有印装质量问题，请与河南大学出版社营销部联系调换。)

序　言

汉语是不是一种重音语言？我想答案一定是肯定的。因为轻重韵律是世界语言的一种共性，否则，人类语言就成了没有韵律节奏感的喊叫或者哼哼，那可就太没意思了。人类说话发声有轻有重并不是物理声学意义上的轻重问题，这本书也做了不少音高（基频）、音长（发音时长）等物理测量，可都不是为了处理物理上的差异，而是作为语言学价值上的观察参考数据。所以，我们在这里讨论的重音问题都是在语言学意义上建立的概念。

不过，对于汉语是否有词重音，是哪种性质或者形式的词重音，学界一直有较大争议。要想回答汉语究竟是不是一种重音语言，还真不能像上面这样简单作答，需要从诸多方面论述。我们如果能够考察目前关于这个问题的争议，就能够观察到这个问题涉及的领域和关键要素。我认为至少有以下几个方面的问题需要讨论：

1. 人们需要先行界定什么是重音，什么是轻音，问题明确了才可能展开讨论。
2. 不同语言的韵律可能关涉不同的语音要素或者关联物，汉语轻重音的关联物是什么？
3. 汉语单音节词带声调，轻重音与声调呈何种关系？
4. 汉语分布广阔，方言众多，词重音在方言中的分布一致吗？
5. 采用何种技术方法开展轻重音研究较为可信？

我曾评述过 van der Hulst 主编的《词重音：理论和类型问题》。书中，Hyman 用词重音（word accent）作为世界语言普遍存在的重音概念，认为 word accent 是"词中最凸显位置的音系标记";Hulst 也同意将词重音作为"更为一般意义上"的术语。Accent 这个概念是 Abercrombie 提出的"超实体"(substance-free)词汇标记凸显概念,并由此引出了凸显的具体表征术语。例如英语重读(stress)是重音(accent)的具体凸显表征,是它的语音或音系相关物。Hyman 和 Hulst(Hulst 2014 同书)提出声调可作为重音的另一种表征形式,不过他们提及的语言都是非洲声调语言,全书中很少提及汉语、粤语、泰语、越南语等亚洲有代表性的声调语言。非洲语言的所谓声调跟汉语等亚洲语言的声调是完全不同性质的凸显概念。Goedemans 和 Hulst(Hulst 2014 同书)认为,一种语言的重音系统可以没有重读重音,在这种情况下,重音可以与词的某些其他方面相互作用,例如声调系统或特定的音高模式。

重读重音(stress)是西方语音学界最熟悉的概念。在跨语言研究中,人们又强烈感受到重读重音实际上无法覆盖不同语言韵律凸显的各种复杂现象(Hyman 2006;江荻 2011)。在重读重音研究中提取的各种理论和方法也无法适用于其他类型韵律重音,譬如重音位置,是定位的还是移动的,起首重还是结尾重,绝对重还是对比重。更多的问题是:重音的物理相关物或物理载体是什么?重音与节奏音步的关系、词重音跟语句语调的关系、重音跟形态或者语义单位的关系是什么?这诸多问题把单一重读重音研究推向探索普遍重音类型的方向。我们结合汉语等东亚有声调语言,认为世界轻重韵律主要有三大类:欧洲重读重音语言(stress-accent,又称力重音),以英语为代表;非洲和美洲的音高重音语言(pitch-accent),以依格博(Igbo)为代表;东亚声调重音语言(tone-accent),以汉语为代表。声调重音是最复杂的重音系统,主要依赖音高和音长等要素作为轻重相关物呈现,例如双音节词都读高调时,音长重音(duration-accent)成为呈现轻重韵律的要素。由于进入多音节词的语素包含声调(音高心理模式),这强烈地干扰了多音节词之间的轻重韵律,以至于说话人对真实的音高差异有感却难以描述。

武波博士这本书稿广泛涉及以上这些问题,在全面分析 van der Hulst 词重音的数据库 StressTyp2 基础上,解析了 750 多种世界语言中重音和重读模式的信息。然后以北京话、长沙话、南昌话、上海话、梅县话、福州话、广州话的词重音作为对象展开分析,希望由此发现汉语词重音的基本模式。

我很高兴地发现,这本书稿有关汉语方言轻重音的研究颇具创新力。作者在大量阅读和引述前贤研究基础上对具体数据展开细致的分析,提出一些重要发现和新的创见。例如她通过实验发现:双音节词前后音节的音高对比上,LH型(轻重型)表现为前低后高,HL(重轻型)型表现为前高后低,但都是音高值高的对应了重,音高值低的对应了轻。前后音节音高值相等或相近时,LH型表现为时长上的前短后长,HL型表现为前长后短,但都是时长长的对应了重,时长短的对应了轻。这条规律基本贯穿所有实验中的方言事实。这是一个极为重要的科学发现,使人们得以重新认识汉语方言的轻重规律。该项研究更为重要的发现是,七大方言基本从南至北呈现双音节词的轻重音比率变化,南方方言轻重型比率较高,北方方言重轻型比率较高,形成一个阶梯,以前音节轻后音节重为例:广州话轻重型双音节词的比率为74.0%,福州话59.3%,梅县话52.4%,上海话50.7%,长沙话37.8%,南昌话23.9%,北京话19.4%。也可以说,汉语各地方言可能存在从轻重型向重轻型演变的现象,而各地方言目前正处在不同演化阶段。

很可能汉语研究者的关注点只是声调和连读变调,多年来,汉语轻重音研究一直未成热点。甚至有观点认为声调与轻重分布在非此即彼不可共存的领域(声调语言还是重音语言),研究声调就不太可能研究轻重。跟研究生确定博士研究方向之前,我请武波收集归纳汉语及方言轻重音研究论文,发现典型的轻重音文章竟然只有十几篇。可见这个领域或者被人们忽略,或者有着极高的门槛。我想这个选题很值得投入研究,武波的选题实际上站在了一个高起点上。

我很早对语言轻重读音问题抱有兴趣,但一直没能系统地开展研究。2011年我重点对比分析了汉语和非洲语言的所谓声调,发现非洲语言是利用多音节词的组合对比性产生所谓对比性音高调,其中每个音节呈现为一个音高点,相邻音节的音高点形成音高阶梯,我称之为重调或音高重音(pitch-accent)。而东亚语言则利用单音节词音节界限内的基频走向产生所谓音高曲线,或升或降,或高或低,不同音节字音高曲线不同,形成系统上的聚合对比性,这就是汉语的单字区别性声调或声调重音(tone-accent)。像英语这类西方多音节词语言,主要利用呼气力度产生的重音或次重音,其重读位置或固定或不固定,跟阶梯式音高不同,可称为重读重音或力重音(stress-accent)。有了这样的认识,我注重强调音高发生的语境。讨论汉语或汉藏语言单音节词的时候，看看是否形成系统性的内部音高曲折，或者说是否产生声调；讨论多音节词则完全换了领域，这时候应该已进入轻重领域。但是，在复合词状态下，带调单音节词进入多音节词，它必然冲击原有的轻重韵律模式，可能造成连读变调或韵律变调，这就需要调查它所形成的声调-重音类型（江荻，2021）。严格地说，在这三类重音之中，真正称得上音高-声调的语言应该是非洲语言。

也算是机缘巧合，2014 年中国社会科学院研究生院孟雯博士选题是"后缀是怎么来的"，她准备从方言多音节词的轻重移位来讨论。2015 年武波来读学位，2016 年郭承禹也报考上海师范大学博士，我就决定组织团队开展相关研究。2016 年 6 月，我修订和补充了早先设计的轻重韵律调查词表，带领三位博士研究生赴广州、梅州、福州、厦门、南昌、上海录音调查。7 月，郭承禹和我继续调查了北京、太原、娄底、长沙，2018 年又补充调查了成都、银川，总计 12 个方言点。后来三位研究生分别利用这些调查材料撰写博士学位论文并顺利毕业，算是这项工作的初步成果。今天为武波书稿写序，想起来，她算是我们开展轻重韵律研究的促动者，我要感谢她。

是为序。

江荻

2023 年 8 月 15 日

目 录

第1章　绪论 ··· 1
　1.1　选题来源 ··· 1
　1.2　国内外研究现状 ··· 3
　　1.2.1　重音相关理论 ··· 3
　　1.2.2　世界语言重音类型的地域分布及汉语在其中的位置 ········ 9
　　1.2.3　汉语词重音研究的现状 ··· 16
　　1.2.4　汉语连读变调研究的现状 ······································ 23
　　1.2.5　轻重韵律与语言演变 ·· 25
　1.3　主要研究内容 ·· 29
　1.4　研究对象和研究方法 ··· 30
　　1.4.1　研究对象和材料 ··· 30
　　1.4.2　研究方法 ·· 31
　1.5　章节安排 ··· 34
第2章　粤方言的韵律类型（广州话） ······································· 35
　2.1　粤语和广州话 ··· 35
　2.2　广州话的声调 ··· 36
　2.3　广州话的韵律类型与音高值组合 ···································· 38
　　2.3.1　广州话轻重型双音节词与音高值组合 ······················ 38

2.3.2　广州话重轻型双音节词与音高值组合 …………………… 46
2.3.3　广州话等高型双音节词的轻重韵律类型 …………………… 53
2.3.4　广州话轻重韵律类型与传统双音节词连读连调的关系 …… 57
2.4　本章小结 …………………………………………………………… 58

第3章　闽方言的韵律类型(福州话) …………………………………… 59
3.1　闽语和福州话 ……………………………………………………… 59
3.2　福州话的声调 ……………………………………………………… 60
3.3　福州话的韵律类型与音高组合 …………………………………… 62
3.3.1　福州话轻重型双音节词与音高组合 …………………… 63
3.3.2　福州话重轻型双音节词与音高组合 …………………… 69
3.3.3　福州话等高型双音节词的轻重韵律类型 …………………… 74
3.3.4　福州话轻重韵律类型与传统双音节词连读变调的关系 …… 77
3.4　本章小结 …………………………………………………………… 77

第4章　客家方言的韵律类型(梅县话) …………………………………… 79
4.1　客家方言和梅县话 ………………………………………………… 79
4.2　梅县话的声调 ……………………………………………………… 81
4.3　梅县话的韵律类型与音高值组合 ………………………………… 83
4.3.1　梅县话轻重型双音节词与音高值组合 …………………… 83
4.3.2　梅县话重轻型双音节词与音高值组合 …………………… 89
4.3.3　梅县话等高型双音节词的轻重韵律类型 …………………… 98
4.3.4　梅县话轻重韵律类型与传统双音节词连读变调的关系 …… 102
4.4　本章小结 …………………………………………………………… 103

第5章　吴方言的韵律类型(上海松江话) ………………………………… 104
5.1　吴方言和上海话 …………………………………………………… 104
5.2　上海话的声调 ……………………………………………………… 105
5.3　上海话的韵律类型与音高值组合 ………………………………… 107
5.3.1　上海话轻重型双音节词与音高值组合 …………………… 107
5.3.2　上海话重轻型双音节词与音高值组合 …………………… 113

  5.3.3　上海话等高型双音节词的轻重韵律类型 …………………… 118
  5.3.4　上海话轻重韵律类型与传统双音节词连读变调的关系 …… 122
 5.4　本章小结 ………………………………………………………………… 122

第 6 章　赣方言的韵律类型（南昌话）……………………………………… 124
 6.1　赣方言和南昌话 ………………………………………………………… 124
 6.2　南昌话的声调 …………………………………………………………… 125
 6.3　南昌话的韵律类型与音高值组合 ……………………………………… 126
  6.3.1　南昌话轻重型双音节词与音高值组合 …………………… 127
  6.3.2　南昌话重轻型双音节词与音高组合 ……………………… 131
  6.3.3　南昌话等高型双音节词的轻重韵律类型 ………………… 139
  6.3.4　南昌话轻重韵律类型与传统双音节词连读变调的关系 … 143
 6.4　本章小结 ………………………………………………………………… 144

第 7 章　湘方言的韵律类型（长沙话）……………………………………… 145
 7.1　湘方言和长沙话 ………………………………………………………… 145
 7.2　长沙话的声调 …………………………………………………………… 145
 7.3　长沙话的韵律类型与音高值组合 ……………………………………… 147
  7.3.1　长沙话轻重型双音节词与音高值组合 …………………… 147
  7.3.2　长沙话重轻型双音节词与音高组合 ……………………… 153
  7.3.3　长沙话等高型双音节词的轻重韵律类型 ………………… 159
  7.3.4　长沙话轻重韵律类型与传统双音节词连读变调的关系 … 163
 7.4　本章小结 ………………………………………………………………… 164

第 8 章　北方方言的韵律类型（北京话）…………………………………… 165
 8.1　北方方言和北京话 ……………………………………………………… 165
 8.2　北京话的声调 …………………………………………………………… 166
 8.3　北京话的韵律类型与音高值组合 ……………………………………… 168
  8.3.1　北京话轻重型双音节词与音高值组合 …………………… 168
  8.3.2　北京话重轻型双音节词与音高组合 ……………………… 170
  8.3.3　北京话等高型双音节词的轻重韵律类型 ………………… 176

8.3.4　北京话轻重韵律类型与传统双音节词连读变调的关系 …… 179
　 8.4 本章小结 ……………………………………………………… 180
第 9 章　结语 ……………………………………………………… 181
参考文献 …………………………………………………………… 185
附录　汉语方言轻重音调查词汇表 ……………………………… 192

第1章
绪　论

1.1　选题来源

　　汉语中对轻重的关注古已有之。"轻重"二字最初用于训诂和音韵,殆始于汉人郑玄,据宋人娄机《班马字类》所引,郑氏论先儒音字,比方为音,曰:"其始书之也,仓卒无字,或以音类比方假借为之,趣于近之而已。受之者非一邦之人,其乡同言异,字同音异。于兹遂生轻重讹谬矣。"(张其昀,2010)而后在各种训诂文献中,如东晋郭璞《山海经注》和唐代颜师古《汉书注》等,用语音上的"轻重"差别来解释古今语及方国语之变迁(王东,2006)。到唐末,守温和尚创制"三十六字母",用"轻"和"重"区分唇音,"轻重"在音韵书中开始常有出现,如董南一序北宋司马光所作的《切韵指掌图》、南宋郑樵所作的《七音略》、清代江永所作的《古韵标准》。其中"轻重"所指,异义分歧,众说不一。现代周祖谟先生认为"轻重清浊者,则并指声母而言。盖声母之清声为轻,浊声为重,又清声不送气者为轻,送气者为重。此皆声母之清浊旧法,前人多不能了"。罗常培先生认为"所谓'重''轻'者,固与'开''合'异名同实也"。潘悟云先生从现代语音学的角度对"轻重"的含义进行探讨,认为"古人的'轻清、重浊'实际上是声学与感知方面的概念,跟声音基频的高低,或者共振频率的高低,或者能量集中区域的高低联系在一起的。古人虽然没有现代的声学知识,但是听觉的直观告诉他们,'轻清'音的频率高,具有清越的听感,'重浊'音频率较低,给人以低沉感"。

二十世纪五六十年代，汉语轻重音研究开始从语文学研究阶段进入音系学、韵律语法和实证性研究阶段。这主要得益于韵律音系学（Metrical Phonology）的诞生，主要包括国外生成音系学发现英语重音的规律，以及之后的六七十年代，生成音系学即非线性音系学用节律栅和节律树两种节律描写模式来研究重音、诗律等语音特征。二者接轨后较早的成果是，罗常培和王均先生1957年的《普通语音学纲要》中有专门一章介绍"语言的节律"，提出"重音有词的重音和语句重音，最基本的是词的重音"，并在这一章中单列一节"词语重音"，定义"词里头念得最强的音节叫作重音，不强的叫作轻音，介乎最强和最弱中间的重音叫次重音"，认为"一般地讲，音强是重音的重要因素"，并把词的重音分为两种基本类型：固定重音和自由重音，提出"一个语言有一个语言的重音特点"，在讲到汉语轻重音时认为"不能说汉语里根本无所谓轻重音"，这就为以后的研究提供了思想上的准备。而1968年赵元任先生的《中国话的文法》则是对汉语重音奠基性的描写，不仅明确定义中国话的轻重音，主要是音高幅度的扩大及时间持续的延长，响度只是次要的，而且从音位学出发将汉语重音分为三种：普通的、特强的、轻的。

先贤的研究引导后来学者对汉语词重音研究进行关注，从早期殷作炎（1982）、徐世荣（1982）等针对普通话词重音的听感研究，到林茂灿等（1980、1984、1990）的声学研究，再从早期海外学者基于节律音系学的讨论，如陈洁雯（1985）、石基琳（1986）、林燕慧（1989）、端木三（1990），再到后来对国外理论的介绍和各级韵律层级单位概念的引进，比如冯胜利（1996）、曹剑芬（1998）、李爱军（1998）、端木三（1999）、王洪君（2000），对汉语词重音的认识在一步步加深，最可喜的是近期基于感知实验的词重音研究和基于各地方言的词重音研究纷纷出现，前者的研究者有仲晓波等（2001）、王韫佳等（2003）等，后者的研究者有蒋平（2005）、曾晓渝（2006）、侯兴泉（2011）、钟奇（2014）等。

汉语韵律的理论研究和现象研究有长足进展，但也有不足。刘俐李先生（2007）就曾这样总结：第一，学界共尊的韵律理论是赵元任先生20世纪30年代的体系，已不能完全指导目前的研究，虽有几种新说，但难以形成共识，因此，"目前韵律研究基本上还在现象学阶段"（沈炯1996），韵律理论亟待创新。第二，韵律现象的实证性研究多系"各自为政"的零件式离散研究，缺乏从韵律格局出发的俯瞰式研究，因而难以整合。因为缺乏总体统领，有些研究结论还互相抵牾。概言之,韵律研究的现状是,能统摄全局的词重音理论因有分歧并缺乏系统操作性而难以指导实证性研究的深入,而实证性研究又因缺乏可供操作的理论指导而各自为政,难以自然整合形成攻关之势进而逼近汉语词重音实质。在这种情势下,客观、理性、系统地梳理词重音事实显得相当迫切和突出。

因此,本文一方面把汉语放在人类语言的大背景中,从类型学的角度分析汉语词重音。国外关于词重音的数据库研究给我们提供了很好的窗口,主要有 StressTyp 数据库、重音模式数据库(SPD)以及合并二者的 StressTyp2 数据库,其中 StressTyp2 包含 750 多种世界语言中重音和重读模式的信息,几乎每个语族都有代表。这样大数据的库藏以及基于此的重音分析,为我们研究汉语词重音提供了丰富的理论依据和研究方法。另一方面我们紧紧依靠丰富的语言事实,系统地用实证性研究处理语言材料,从而全面描述汉语双音节词轻重韵律模式的面貌。具体来说,我们分别以北京话、长沙话、南昌话、上海话、梅县话、福州话、广州话为代表点,来研究北方方言、湘方言、赣方言、吴方言、客家方言、闽方言、粤方言的词重音。这样在全球视野的重音理论指导下,全面系统地分析汉语双音节词轻重模式,希望可以为汉语词重音研究做出一点贡献。

1.2　国内外研究现状

1.2.1　重音相关理论

1.2.1.1　术语区分

要研究词重音,首先要弄明白什么是重音。需要区分两对术语,一对是都表示重音的 stress 和 accent,另一对是两种不同的重音类型 stress-accent 和 pitch-accent。

关于术语重音 stress 和 accent 的区分,有一个很经典的说法,就是 Abercrombie(1976 [1991:82-3])对术语"accent"用法的描述:当我说一个词的一个音节具有重读(accent)或被重读(accented)时(其他音节不重读),我不是在说这个音节的什么语音特点,而是在说,在某些条件下(条件必须指定),重读的音节将显示某些可预测的特征。重读(accent)的各种可能的实现方式在语音上也许没有共同点,一个重读的音节可以通过音高特征、音节和音段长度、响度、发声特征以及它们的各种组合实现为 stress,但这些都不包括在 accent 的定义中(转引自 Van der Hulst,2014:5)。换句话说,accent 是不可言说的。它在话语的音系分析中不起作用,它的位置在词汇层。Van der Hulst(2011)和 Fox(2000)都认可 Abercrombian 的这一观点,accent 成为"无物质"的词汇标记,而 stress 成为 accent 的语音和音系相关物。Goedemans 和 Van der Hulst(2009)推测重读(accent)可能是词的一个普遍特征。

重音重读(stress-accent)对应于传统的力度重音(dynamic accent),音高重读(pitch-accent)对应于传统的音乐重音(musical accent)。这样的分类是基于大家对重读的语音相关物的分类:重音和非重音,而非重音就专指音高的各种层级及其转换。音高被单列出来的原因是:在最初,大家认为音高是重音(stress)的组成部分,但是后来发现重读的位置通常跟焦点的位置重合,大家只是错误地把短语层面焦点位置的音高属性当成了词汇层面重读的属性,当测量焦点位置以外的重读音节时,就会发现音高通常不是一个重要的因素,重要的反而是发音力度,像音强(响度)、持续时间和发音的饱满度等。简而言之就是重音重读(stress-accent)和音高重读(pitch-accent)在重读(accent)的语音表征中的作用几乎是互补的,前者显示了发音力度的各种影响,而后者只是或主要是表现出音高属性。

为什么音高(pitch)这么特殊?Poser(1984)、Pulleyblank(1986)和 Hyman(2007)给出的答案是:音高重读系统(pitch-accent)是声调系统,而音高是声调的核心相关物。也就是说,词的每个音节都有音高,但是重读的音节有一个高的音高(Kinga & Schadeberg,1973),而不是说只有重读的音节才有音高。这样的只有一个音节承担一个 H 调的系统,被称作受限声调系统(restricted tone system),Hyman(2006,2014)和 Van der Hulst(2011)都认为"音高重读系统"可以(也应该)被分析为受限声调系统,这意味着"音高重读"的概念不是需要与重音(stress)和声调(tone)区分开来的第三个韵律属性(转引自 Hulst,2014)。一种语言可以既有重音(重音重读)又有声调(依赖于重读,即声调重读),汉语可能就是这样的语言。

1.2.1.2 重音理论的发展

重音理论从最早 Chomsky 和 Halle(1968)的 SPE,到 Liberman 和 Prince(1977)的节律音系学(Metrical Phonology),再到 Prince 和 Smolensky(1993)的优选论(Optimality Theory),一直在发展。

Chomsky 和 Halle 合著的《英语音系》(The Sound Pattern of English)一书出版于 1968 年,阐述的理论通常被称作 SPE 理论。SPE 把重音作为元音固有属性来处理,在它之前许多学者就用"区别特征"来描述音系,重读的元音被认为具有[+重音]特征,SPE 中也沿用了[±重音]这一特征。

Mark Liberman 和 Alan Prince(1977)发表在《Linguistic Inquiry》(8:249-336)的"On stress and linguistic rhythm"突破 SPE 的线性框框,提出了一种全新的理论,即"节律音系学",在音系学界引起很大反响。他们极有说服力地论证了重音并不是元音的固有特征,不是元音的特征矩阵的一部分,而是一种关系。节律音系学认为重音是两个单位之间的相对轻重,只有两分,或轻(weak,以 W 表示),或重(strong,以 S 表示),反映的是二者的相对凸显关系。节律音系学使用节律树和节律栅两种方式表达凸显关系,这导致了用两层构建法来分析词重音系统,一层为音步层,另一层是音步组合成的涵盖整个重音辖域的词。核心观点是主重音通过将词的音节组合为首重音步,然后,音步组成词,在词中一个音步是一个首重音。首重音步的首重音,在两个层次上都是首重音,代表了主重音的位置。这个完美的理论将词重音规则表达为一组二进制参数。

Liberman 和 Prince(1977)仅处理了英语,Vergnaud 和 Halle(1978)将这种方法发展成可以处理所有重音语言的参数系统,Hayes(1981)也进一步推动其发展。可以说,节律韵律理论初步成功的表现是可以为大多数逻辑上可行的类型找到例子(Vergnaud 和 Halle 1978;Hayes 1981),尤其是 Hayes(1995)的《节律重音理论》(Metrical Stress Theory)一书用节律音系学的方法分析了大量的语言事实,结果发现不是所有的类型都是常见的,有的类型根本没有语言可以证明。这就导致两方面的发展,一方面是关于世界语言类型的数据库逐步建立,覆盖的语言越来越多,另一方面就是重音类型的理论跟语言事实进行了更好的结合。Van der Hulst 和 Hyman Larry 做了很多这两方面的工作。

随着优选论(OT)在近几十年来的发展,重音也在此理论框架内产生了新的研究成果。优选论最先由 Prince 和 Smolensky(1993)提出,针对 SPE 的一项核心内容"有序规则作用于底层表达式,推导出语音表达式"提出完全不同的看法,OT 用制约条件取代了音系规则,将制约条件置于音系部分的中心位置,OT 认为音系部分由生成功能与评估功能两部分组成。生成功能作用于底层表达式,生成若干个输出结构,即候选项,经过评估功能的比较和评估,筛选出最优选择,就是真正的输出,也就是表层形式(语音表达式)。在第一部全面介绍优选论的教材《Optimality Theory》中,作者 Kager 就运用优选论的理论框架分析了多种音系现象,包括重音。在此理论框架内,利用有关制约条件的不同排列等级,可以输出最优的重音模式。虽然这些制约条件对表达重读/重音的技术方式没有任何影响,但是通过制约条件替代 SPE 的规则或节律音系学的参数,也为重音研究提供了一个新的视角。

1.2.1.3 重音分类的标准

Hayes(1981)提出四条标准,一是 Foot dominance,音步是左重(left-dominant)还是右重(right-dominant);二是 Boundedness,主重音位置与词界有关(bounded)还是无关(unbounded),音步为双拍(bounded)还是多拍(unbounded);三是 Stress assignment direction,主要用于主重音位置与词界有关的系统,音步是从右向左还是从左向右进行构建;四是 Quantity-sensitivity,也主要用于主重音位置与词界有关的系统,音步的构建对音节轻重是否敏感。

Hayes(1995)考察了 150 多种语言的重音系统,发现语言只呈现三类音步:两类音长相等的左重音步(trochee),即音节左重和莫拉左重;一类音长不等的右重音步(iamb)。音节左重基本上对应 Hayes(1981)的不敏感-左重型音步,莫拉左重基本上对应敏感-左重型音步,右重音步基本上对应敏感-右重型音步。

Hulst 提出不考虑音步构成,词重音根据以下两个标准即可分类:boundedness 和 weight-sensitivity。Boundedness 指重音位置与词界有关(bounded)还是无关(unbounded),重音位置与词界有关时,重音的位置一般是固定的,在首音节、末音节或倒数第二个音节等,一个音步最多只能有两个音节,多用于一个词有多个重音;重音位置与词界无关时,重音的位置一般是不固定的，一个音步可以有多个音节，没有数量限制，多用于一个词无论长短只有一个重音，或词首或词尾；weight-sensitivity 指音重（weight）能否吸引重音，音重一般是指元音的时长、音节的开闭时或其他的音节固定属性，weight-sensitive 指词中有这些属性（长元音、闭合音节、高响度元音、高声调）的音节读成重音，weight-insensitive 指词重音不考虑音重。本文将采用这种两标准的分类方式，一方面是因为 Hayes（1981）四标准的分类主要考虑音步和在音步基础上形成的主重音和次重音等，本研究更关注词内因素对轻重模式的影响，如汉语词重音和声调的关系，对于词以上层级的影响因素如节奏、音步走向、主次重音等不作讨论。另一方面是因为我们的研究主要参考 Hulst 主持的项目世界语言词重音模型调查（A survey of word accentual patterns in the languages of the world）的成果。

表 1-1 词重音分类

	音重敏感 （Weight-sensitive）	音重不敏感 （Weight-insensitive）
与词界有关 （Bounded）	英语 （English）	芬兰语 （Finnish）
与词界无关 （Unbounded）	Amele （一种新几内亚巴布亚岛人说的语言）	土耳其语 （Turkish）

资料来源：摘自 Hulst 2014:13。

1.2.1.4 重音数据库研究的发展

重音的数据库研究主要经历了两个阶段：第一阶段是"Greenberg"式调查时期，主要工作是给一种类型找到数百种语言事实，调查主要依靠卡片和列表，这种类型的第一个调查案例参见 Hyman（1977），另一个这样的调查案例（重点在类型，较少在数量）是 Greenberg 和 Kaschube（1976）；第二阶段是数据电子化时期，主要有 StressTyp 数据库、重音模式数据库（SPD）以及合并二者的 StressTyp2 数据库。

StressTyp 数据库由 Van der Hulst 于 1991 年发起，作为欧洲科学基金会（ESF）资助的欧洲语言类型学项目（1990-1994）的 EUROTYP 试点项目。数据库主要包括语法和类型学的书面材料中关于重音系统的描述，在理论上保持中立,相关描述以参数的形式表示,要了解 StressTyp 记录中包含的字段的完整概述,请参阅 Goedemans 和 Van der Hulst(2009)。随着多年发展,StressTyp 从一个包含大约 170 种语言的随机集发展成为超过 500 种语言的均衡样本,为各种研究中那些基于小数据或语言学家个人经验累积做出的粗略评估,提供了更可靠的语言事实。而 StressTyp 在与 WALS 编辑合作时,扩展了两个表示地理位置的字段,并开发了一个程序,使用户可以在作图软件 AGIS 的帮助下绘制 StressTyp 数据的分布图,由此,StressTyp 作为重音理论发展时寻找语言实例的工具也越来越方便①。

重音模式数据库(SPD)由 Jeffrey Heinz 在加州大学洛杉矶分校 2006 年和 2007 年的部分论文开发而成。数据库中有 403 种语言,422 种重读模式,其中有 109 种不同模式。SPD 不是 StressTyp 的复制品,体现在以下三方面:一是技术建设不同,广泛采用开源 MySQL 数据库系统把 SPD 实现为完全关系数据库;二、SPD 所使用的关于世界语言主要重音模式的描述,是中立于任何特定语言的重音理论的;三、语言的覆盖面不同,约有一半的语言都是 StressTyp 没有的。

最近,StressTyp 和 SPD 已经被合并到一个新的数据库 StressTyp2(ST2)中,合并后 StressTyp2 包含超过 750 种不同的语言,几乎每个语族都有代表。该项目是 Harry van der Hulst(康涅狄格大学 University of Connecticut)、Rob Goedemans(莱顿大学 Leiden University)和 Jeffrey Heinz(特拉华大学 University of Delaware)之间的广泛合作。它的目标是以各种方式改进、验证和丰富数据库,并开发 Web 界面,这样世界各地的研究者都可以容易地使用 ST2。ST2 像 SPD 一样,是基于 MySQL 系统被实现为完全关系数据库,它的编码有许多不同的来源,它们使用不同的术语,不同的转录系统,以及对词形态结构的不同方式。因此随着 ST2 的建设产生了两个问题:一个是数据库悖论,人们构建这样的系统,以便能够更好地制定和检验理论,但是为了构建理想的数据库,就需要一个完整的主题理论,这就涉及伪造所谓的普遍性。也就是说,我们必须根据一些一般标准来"规范化"数据,这些标准可以使符合数据的不同理论之

---

① StressTyp 现在在阿姆斯特丹(Amsterdam)、莱顿(Leiden)、奈梅亨(Nijmegen)和乌得勒支(Utrecht)大学合资的类型数据库系统(TDS)中,这个 TDS 系统有一个通用的查询界面,用户通过以下网址就可以进入 StressTyp 数据库:http://languagelink.let.uu.nl/tds。

间的解释差异最小化。这就是另一个被称为"归一化"的问题①。这两个就是 ST2 现在面临的亟待解决的问题。

1.2.2　世界语言重音类型的地域分布及汉语在其中的位置

1.2.2.1　世界语言重音类型的地域分布

根据上文提到的词重音分类标准,世界语言可以分为不同的重音类型,如音量不敏感型(QI)、音量敏感有界型(QSB)和音量敏感无界型(QSUB),这些重音类型在语系和地域中的分布也各不相同,非常值得研究。这类研究最初是 Van der Hulst 等人(1999)提供了一些欧洲语言重音类型分布的地图,之后随着 StressTyp 数据库的运用,Goedemans 和 Van der Hulst(2005a,2005b,2005c,2005d)为世界语言结构图集(WALS)制作了四幅地图,这不仅将词重音的展示范围扩大到全球,而且提供了更详细的地图。下面将根据这四幅地图来观察世界语言重音类型在各语系和各地域中的分布。

1.2.2.1.1　位置固定型和不固定型词重音

如图 1-1,白色圆点表示没有固定的词重音,这类语言有 220 种;深灰色圆点表示词重音的位置在第一音节上,这类语言有 92 种;深灰色菱形表示词重音的位置在第二音节上,这类语言有 16 种;深灰色方块表示词重音的位置在第三音节上,这类语言有 1 种;浅灰色方块表示词重音位置在倒数第三音节上,这类语言有 12 种;浅灰色菱形表示词重音的位置在倒数第二音节上,这类语言很多,有 110 种;浅灰色圆点表示词重音的位置在最后一个音节上,这类语言有 51 种。

---

① 相关网址 StressTyp:www.unileiden.net/StressTyp/StressTyp2；http://st2.ullet.net/Stress Pattern Database:http://phonology.cogsci.udel.edu/dbs/stress/Stress System Database:www.cf.ac.uk/psych/ssd/

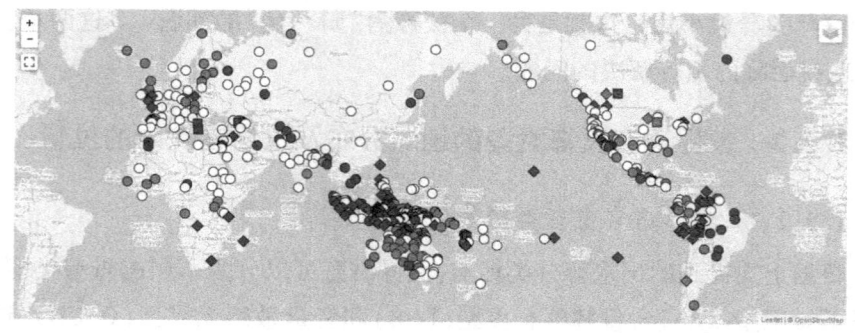

图 1-1　世界语言词重音位置的地理分布图

502 个样本中有一半以上（281 个）的语言有固定的重音位置（fixed stress）。固定的重音位置是指重音位于每个词的同一个音节上，这个位置与词中音节的数量无关，并且仅参考词的边缘。在具有固定重音的语言中可以区分 6 种不同的类型：（1）重音在第一音节的语言，有 92 个，如芬兰语、捷克语，芬兰语的例词：'tytar（女儿）、'likainen（脏的）；（2）重音在第二音节的语言，有 16 个，如达科塔语（北美印第安人的语言）、科里亚克语（俄罗斯楚科奇语系的一种语言）、巴布亚新几内亚的 Siroi 语，Siroi 语的例词：kuˈmah（死的）、kuˈbele（昨天）；（3）重音在第三个音节的语言，只有 1 个，就是温尼贝戈语（属于北美印第安的苏族语），例词：hochiˈchinik（男孩）、waghiˈghi（球）；（4）重音在倒数第三个音节的语言，有 12 个，如马其顿语和 Pa'disua 语（印尼的一种南岛语），Pa'disua 语的例词：beˈleʔasa（肩膀）；（5）重音在倒数第二个音节的语言，数量最多有 110 个，如波兰语、西班牙语、斯瓦希里语、威尔士语、阿尔巴尼亚语，西班牙语的例词：maˈñana（明天）、ˈmuchos（许多的）；（6）重音在倒数第一个音节的语言，有 51 个，如法语、土耳其语、亚美尼亚语、塔塔尔语、泰雅语（台湾北部），塔塔尔语的例词：baˈla（孩子）、balaˈlar（孩子们）。

另外,研究发现词重音的位置在地理分布上具有倾向性,突厥语族和伊朗语族的语言,词重音一般固定在最后一个音节上(Hyman1977),欧洲语言的词重音大多是在倒数第一音节上,南岛语的词重音主要在倒数第二音节上,澳大利亚语言除了北部地区(非帕马-尼安甘语言词重音在倒数第二音节上),主要是在第一音节上(Goedemans 和 Van der Hulst2005)。

1.2.2.1.2　音重敏感型和不敏感型词重音

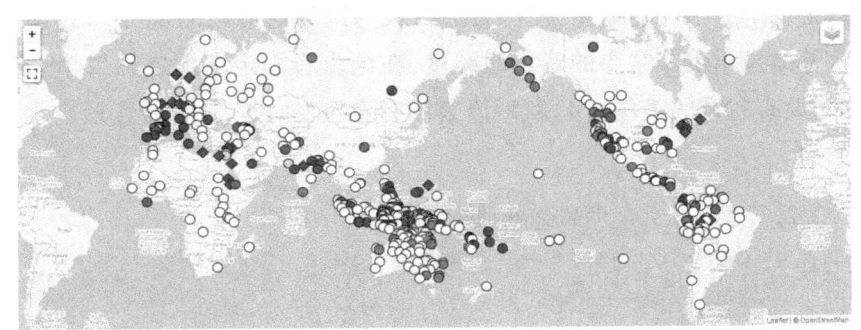

图1-2　音重敏感型和不敏感型语言的地理分布图

上图的500个样本中,除去一半以上的(281个)词重音位置(用白色圆点表示)是固定的,剩下的219个就是词重音位置不固定的,也就是音重敏感型词重音,Hulst按照有界(Bounded)和无界将其分为两类。前者音重敏感型有界(Weight-sensitive Bounded)系统是指词重音在音重大的音节上,当词中音节音重相同时,参考词的边缘左重或者右重。后者音重敏感型无界(Weight

-sensitive Unbounded)系统和前者都是音重敏感型词重音,因此在词内音节有音重上的区别时,词重音也是在音重大的音节上,但不同的是,当音重相同时,不是参考词的边缘,而是可以在任何位置。在 StressTyp 数据库中,所有的无界系统都是音重敏感型词重音。关于音重敏感型重音的地理分布,有一些趋势:(1)无界系统有 54 个,远高于人们的预期,而且足迹覆盖全球(除了南岛语言);(2)南岛语右重类型的数量很多,这也增加了他们对词重音固定位置在倒数第二个音节上的数量,使得右边缘成为南岛语清晰的偏好;(3)澳大利亚语言整体显示出非常小的音重敏感度,在词重音固定于倒数第二个音节上的北部,没有右重的案例;(4)欧洲语言没有左重型;(5)非洲语言只是无界型和右重型。

1.2.2.1.3 基于音步的抑扬格和扬抑格

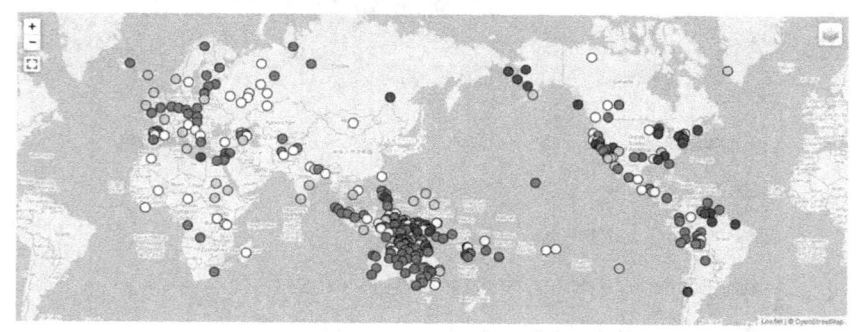

图 1-3 抑扬格和扬抑格语言的地理分布图

图中深灰色圆点表示扬抑格语言,有 153 种;浅灰色圆点表示抑扬格语言,有 31 种。基于有界性和重音敏感度的重音分类与大家熟知的抑扬格(iambic)和扬抑格(trochaic)的分类是相通的。抑扬格和扬抑格是 Hayes

(1985;1995)等提出的分类,是基于音步的节奏分类,一般都是两个音节为一个音步,抑扬格语言指的是韵律音步中以重读音节结尾的语言,即轻重型(或后重型)语言,扬抑格语言指的是音步中重音居首的语言,即重轻型(或前重型)语言。音重不敏感型语言通常偏向扬抑格音步,而音重敏感型语言则抑扬格更显著。音重不敏感的语言会每隔一个音节放一个重音(因为音重不敏感型语言通常是有界的),不考虑音节的特征,音重敏感型的语言更复杂一些,要参考音节的重量(Hayes,1985)。例如:南岛语系中的莫肯语和布吉语分别为轻重型和重轻型语言,它们的双音节音步对比如下(Brunelle & Pittayaporn, 2012)。

表 1-2 抑扬格和扬抑格语言词例

词义	莫肯语(抑扬格)	布吉语(扬抑格)
月亮	buˈlaːn	ˈulɨŋ
小鸡	maˈnɔk	ˈmanuʔ
眼睛	maˈtaː	ˈmata

莫肯语作为一种轻重型语言,重音在音步中的最后一个音节上,且从上表可以看出,其第二音节都长于第一音节,有长元音和(或)韵尾;布吉语作为一种重轻型语言,重音在音步中从左起第一个音节上,不考虑两个音节的重量。又如,英语、德语、荷兰语、西班牙语、匈牙利语、捷克语、马其顿语和巴西葡萄牙语等是前重型语言,而法语、土耳其语、希伯来语和柬埔寨语等则是后重型语言(Hayes1995;Adam,Bat-El 2009)。

只有一个词重音的语言是这样的,那么一个以上词重音的语言的情况呢?一个以上词重音的语言包括主要重音和次要重音等,根据 Hayes(1995)和 Goedemans & Van der Hulst(2013c)等可以分析如下:第一种情况,如果词重音在从左边起的奇数音节上(主重音在首音节);或者重音在从右边数的偶数音节上(主重音在倒数第二个音节),那么就是前重型语言。如巴布亚新几内亚的奥诺语:ˈmesi,kene "你要坐下",ˈari,mage,ake "他总是去";冰岛语:ˈɑkvɑ, rella"水彩画",其主重音都在第一音节,其他重音在奇数音节。这样的语言还有:现代希腊语、波兰语、澳大利亚的 Badimaya 语、Gungabula 语、Dalabon 语,挪威中部的拉普兰语,拉脱维亚的利沃尼亚语,西伯利亚的曼西语,委内瑞拉的瓦劳语等。第二种情况,如果重音在从左边起的偶数音节上,或者从右边起的奇数音节上,那么就是后重型语言。例如,智利的马普切语:eˈlumu,yu"给我们",kiˈmufa,luwu,lay"他假装不知道"。词重音在从右边起的奇数音节,主重音在第二音节。其他后重型的语言如:巴勒斯坦的内盖夫贝多因语(阿拉伯语的一种方言),尤皮克爱斯基摩语,加利福尼亚北部的 Kashaya 语、迈杜语,澳大利亚昆士兰的 Yidiɲ 语,美国亚利桑那州的霍皮语,马来西亚的马来语,菲律宾的萨兰加尼语和印尼的爪哇语等。

抑扬格和扬抑格的分类在语言上是不平等的,总体来说,比起抑扬格,语言更喜欢扬抑格。在地理分布上,抑扬格节奏主要发生在北美和南美,此外,东南亚地区的语言多为轻重型(Brunelle & Pittayaporn2012),如占语支的语言(Thurgood 1999)。南亚语系的克木语、德昂语和布朗语等是轻重型,克木语的例词:rəˈmaŋ"富",ləˈvaŋ"天上";德昂语:nəˈpai"豆子",kəˈgin"忙";布朗语:kəˈjat^{35}"鸡冠",pəˈsɔŋ^{35}"老"(陈国庆,2010)。侗台语的布依语为轻重型,布依语的例词如:tɯ^{53}ˈkuk^{35}"虎",ɓai^{33} lin^{35}"舌头"(蔡吉燕,2016)。南部藏缅语景颇语支的达让语等也是轻重型,达让语的例词如:lɯ^{31}ˈmɯŋ^{55}"尾巴",ɑ^{31} lɑi^{53}"弓"(江荻,2012,2013;孟雯,2017)。而汉语,由于地域辽阔,方言丰富,其轻重类型也比较复杂,因此这方面的研究还不多,本文将努力在汉语方言的轻重面貌描写上做出贡献。

1.2.2.1.4 声调

说到汉语的词重音问题,就绕不开汉语的声调,因此我们也关注声调在世界语言中的分布。

首先我们要明确声调和语调是不同的,语调是在词以上层面用来描述句子类型、预测话语是否完成或者强调话语信息等的音高变化,而声调是在词的层面用来区别词的音高模式,汉语历史上经历了单音节化过程(详见下文,江荻,2016),多是一字一词,因此现状是一字一声调。声调可以是某一调层没有音高变动的平调,在下图中粉色圆点表示的具有简单声调系统的语言,就基本上仅具有两层基本对立(通常在高低平调之间),也可以是在音节内包含音高变动的曲折调(contour tone),如下图中用红色圆点表示的具有复杂声调系统的语言,汉语就在其中。汉语声调作为音节内包含音高变动的曲折调,连读时会造成的音节间的音高差异,这些音高差异与汉语词重音息息相关。

在下图中白色圆点表示无声调的语言,在下图使用的526种语言中,306种(58.2%)被归为无声调语言。在欧亚大陆西部,包括南亚,南美较南部地区以及北美西北部沿海地区,无声调语言占主导地位。另外,目前没有报道说澳大利亚语言是声调语言。大约四分之一的语言(132种或25.1%)有简单的声调系统,这包括12种仅仅是达到了声调的定义,不排除一旦有了更多的信息,其中一些最终要被归为非声调的可能。不到五分之一的语言(88种或16.7%)有复杂的声调系统。声调语言的分布具有明显的区域性,几乎所有的非洲语言都是声调语言,但简单的声调系统居多,复杂的系统多分布在西非。在东亚和东南亚地区复杂的声调系统占主导地位。南美、中美、北美有几块地区的语言是有声调的,还有新几内亚的一些语言也算是有声调的。

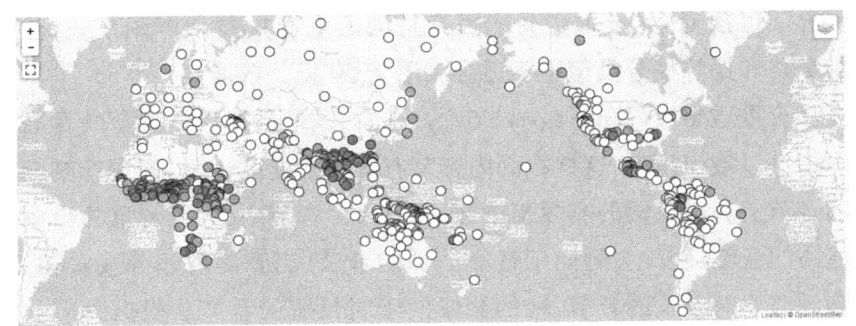

图1-4 世界语言声调的地理分布图

虽然平调系统在世界语言中更常见,如约鲁巴语 Yoruba(Defoid,尼日尔-刚果,尼日利亚)在三个音高水平之间有词汇差异,例词:bí①(高调)"生(孩子)",bī(中调)"问",bì(低调)"呕吐"。曲折调通常出现在由大量音高对立的语言中,只有两三个声调差异时,一般是水平调。但是许多东亚和东南亚语言都是曲折调系统,例如汉语、越南语和泰语以及他们的方言,曲折调在墨西

---

① 这里的 ꜛ、ˉ、ꜜ 是 Stresstyp 中的用法,分别表示高的、中的和低的水平调。

哥和中美洲也存在,因此可以说像汉语这样的复杂声调语言并不罕见。

1.2.2.2 汉语词重音的韵律类型

在上述世界语言的类型中,汉语处于什么样的位置呢？我们先看声调,根据上述理论,我们知道汉语及其方言都是具有复杂声调系统(曲折调)的语言;至于重音,根据上述理论,汉语的双音节词重音属于声调-重读型(Tone-accent),双音节词的界定就排除了短语层面和节奏上的困扰,我们只看在词层面有界性(Boundedness)和音重敏感度(Weight-sensitivity)两大标准如何解开汉语词重音之谜。

在上面四幅语言地图中,汉语普通话分别是重音不固定型、音重敏感型但有界无界不可预测型(音重相关的因素是词汇重音)、复杂声调系统,基于音步的抑扬格和扬抑格分类似乎不适合汉语,没有相关数据。

先从音重敏感度(Weight-sensitivity)来看,我们假设汉语音节的音高属性在汉语中可以吸引重音,这样在词内音节有音重上的区别时,词重音就会在音重大的音节上。与汉语的实际相结合,就是两个音节中,词重音重的会倾向于音高值高的音节,轻的会倾向于音高值低的音节,当音高值相等或者相近时,重的会倾向于时长长的音节,轻的会倾向于时长短的音节。根据我们的实验数据,粤、闽、客家、吴、湘、赣、官话方言代表点的双音节词都符合这个假设,具体分析见下文二到八章。

1.2.3 汉语词重音研究的现状

汉语词重音的理论研究成果丰硕,从早期针对普通话词重音的听感研究,到后来的声学研究;再从早期海外学者基于节律音系学的讨论,再到后来对国外理论的介绍和各级韵律层级单位概念的引进,对汉语词重音的认识在一步步加深,逐渐形成一种认识:汉语及其他东亚声调语言表现重音凸显的相关物是包括时长在内的音高凸显,这样既呈现了音高(轻重)又保证了音高的饱满。

汉语词重音的研究绕不开两本著作,罗常培和王均先生1957年的《普通语音学纲要》和赵元任先生1968年的《中国话的文法》(University of California Press),这两本书告诉我们汉语是有词重音的,而且给出了基本的描述,为之后的研究开了路。早期罗常培和王均先生1957年的《普通语音学纲要》中有专门一章介绍"语言的节律",提出"重音有词的重音和语句重音,最基本的是词的重音",并在这一章中单列一节"词语重音",粗浅而通俗地告诉大家"不能说汉语里根本无所谓轻重音",因为"咱们平常说话,不可能用同样的强弱轻重,一个字一个字地往外吐,而是依着语言自然的节奏进行的。就汉语来说,有的方言有轻声变化,有的方言没有特殊的轻声变化,但是不管怎样说,不念轻声的音节也不是轻重完全相等的。"虽然没有具体的论证,可是也为以后的研究提供了思想上的准备。对汉语重音奠基性的描写则是1968年赵元任先生的《中国话的文法》(University of California Press),明确定义"中国话的轻重音,主要是音高幅度的扩大跟时间持续的延长,响度只是次要的。"而且从音位学出发将汉语重音分为三种:普通的;特强的;轻的。并指出普通重音中"通常最后的音节最重,起头的次之,中间的最轻","这些轻重音的程度都可以从字的位置上来推测"。重音的声学相关物、分类和位置三点也是之后学者争论的焦点。

本着真理越辩越明的态度,很多学者从不同角度分析解释汉语的词重音,其中有从词汇和语法方面进行分析的,其结果肯定了汉语轻重韵律的存在。代表作有殷作炎1982年的《关于普通话双音常用词轻重音的初步考察》,从词法和词义的角度,建议对普通话音节的强度分三等:重音、中音和清音,讨论了仅限于词本身的轻重格,不包括语调引起的轻重格,认为普通话口语中,中重67%最多,其次是重中17%,重轻14%。徐世荣1982年的《双音节词的音量分析》以北京话为标准来提出轻重音可以分为四等:重、中、次轻、轻,并从词法、语义语用的角度阐述了区分音量设立轻声词的重要性,文中提到其著作《普通话轻声词汇编》(1963)中的双音节例词,将近3/4是中重。

还有用新兴的语音仪器来验证之前的直觉和听感,通过声学测量的手段进一步研究轻重音的声学特征,肯定了音高与汉语轻重韵律的密切关系。林茂灿在20世纪80年代发表了一系列基于声学分析的词重音研究,1980年《北京话轻声的声学性质》、1984年《北京话两字组正常重音的初步实验》、1988年《北京话三字组重音的声学表现》和1990年《普通话轻声与轻重音》,以北京话轻声为对象,分析字音的长短、强弱、高低和品质参数,发现后字读轻声时,音长大大缩短,能量显著减少,失去原有的声调,音高随前字的声调变化而变化;以北京话两字组和三字组重音为对象,先录音分析声学数据,再根据录音进行听辨实验，发现北京话两字组重音"后字比前字读得重一些，在听感上觉得后字比前字突出清晰一些，这种北京话两字组正常重音的声学特性，主要是有较长的长度和较完整的音高模式，至于音强，一般不起什么作用"，观点基本与赵元任先生、殷作炎先生、徐世荣先生一致，被称为"末重论"。王晶、王理嘉（1993）的实验却发现放在承载句中的两、三、四字组的首字多有最长的音节，王志洁、冯胜利（2006）[①]从声调的角度，肯定北京话词重音重、中、轻三分，双音组基本上只分为"左重"和"右重"两类，认为左重类的重音是北京话里唯一的词重音；曹剑芬（2008）用不含词末延长的参数合成孤立词语音样本，知觉测试结果发现即使在单念的情况下，占绝对多数的还是重中型，这些被称作"首重论"。这些研究都是基于北京话或普通话的材料，通过声学分析，刚开始发现音高在轻重感知中的重要作用。

学者们还使用合成语音刺激来控制参数声学特征在轻重音知觉中的作用，以求更加细致地观察音高、时长、音强等的作用，围绕音高在汉语轻重音研究中的具体作用方式，到底是起点音高、调形（调型）还是调域上限展开了一系列的深入研究。率先在轻重音研究中使用合成语音刺激的是林焘1985年《探讨北京话轻声性质的初步实验》，他的研究结果否定了音强，肯定了音高和音长在汉语轻声知觉中的作用，这个结果澄清了长期以来人们对汉语轻声现象与音节强度之间关系的模糊认识，但是林焘认为音高对轻重音的分辨所起的作用远没有音长重要。曹剑芬（1986）提出了不同意见，尽管她也认同音高和音长是"构成轻声特点的两个比较重要的因素"，但是，她指出"比较起来，或许还是音高的作用更大些，"对于音高起作用的方式她认为"恐怕不是起点音高"，而是"调形"。初敏等（1993）从合成轻声音节的自然度问题考虑，认为音节的调型和音高起点在轻声音节的感知中均起作用。王韫佳（2003）研究了语流中双音节词的词重音感知，结果表明，普通话词重音的感知与基频之间的关系比时长更加密切，这个结果与印欧语系各语言的研究结果是一致的，并在王韫佳（2008）进一步设想汉语的重音可以用音高的调域改变来表达，与通过调型表达的声调不会构成冲突。王韫佳（2004）关注了普通话语句重音在

[①] 提出"词汇重音不仅表现在音节的长短，还同时表现为声调的而变化，因而可将声调表现作为检验重音的重要依据之一"

双音节韵律词中的分布,由于"获得语句重音的韵律词中声调与语句重音分配的关系与一般韵律词中声调与词重音的分布关系基本是一致的",因此我们在研究词重音时,可以借鉴王提出的声调类型对语句重音的显著影响,具体是指各种调型中高平调最容易获得语句重音,低调且处于后字位置时最不容易得到语句重音,"去声+去声"(高降+高降)的调类组合具有显著的前重倾向,"阴平+阴平"(高平+高平)和"阳平+阴平"(高升+高平)的调类组合具有显著的后重倾向。在王韫佳(2008)的研究中进一步发现词内音节的声调确实对重音在韵律词内的归派有一定程度的影响,阴平和去声(普通话)音节被归派重音的可能性大于阳平和上声,原因可能是词内音节的重度主要与声调高音点的高度,即调域上限相关。王韫佳(2006)基于知觉实验的方法将研究层次进一步上升到汉语自然语句中焦点重音和这些句子的短语中语义重音的分布情况。在一系列的知觉实验之后,王韫佳等(2008)对普通话词重音总结时,赞成普通话的双音节存在词汇重音上的"左重"和"右重",最重要的是从实践和理论两方面阐述了原因,"从实践的角度看,我们在自然的口语语料中观察到了这种区别",王一直和微软亚洲研究所以及中科院声学研究所合作,从事了大量语音合成与汉语韵律分析等相关工作,处理过大量口语语料,这样的经历使这种阐述可信度很高,"从理论上看,左重和右重的区别也应该是存在的——普通话的轻声词不会是突然诞生的,而应该是从右重发展到左重再发展到后音节失去声调的结果,从右重式到轻声词,必然存在中间状态,即左重式。"江荻(2012,2013,2014)的研究中也有相类似观点的论述(详见1.2.5)。

在声调语言中,音高作为声调的主要承载因素,与轻重关系密切,因此不可避免地就会将声调与轻重连接在一起。曹剑芬在1995年就提出汉语的上上变调跟轻重音相关,但当时尚未明确连读变调和轻重音的作用规则,这个作用规则就是本文研究的主要内容。李爱军(2010)《论普通话重音的层级性》中说到跨语言的语音研究显示,音高变化是衡量重音的首要参数,次要参数时长也表现出了具体语言的特征,就汉语重音的声学特征而言,Xu Yi(1999)和Chen Yiya(2006)的研究结果显示,汉语与英语相似,都是将负载重音的成分的音高抬高而将后接成分的音高降低,时长也被显著拉长。但贾媛等(2008)指出,汉语重音的实现方式与英语所不同的是,在英语中负载重音的韵律单位是音节,而在汉语中则是韵律词,且音高抬高和降低的实质在于,负载重音成分的每个音节的"H"调被抬高或降低。在下文的实验分析中,每个音节的"H"调具体到双音节韵律词中就是每个音节的调域上限,负载重音的音节会较高,相对地,负载轻音的音节就会较低。

20世纪末,随着一大批学者走出国门,音系学理论开始走入汉语词重音的研究。其研究成果多以博士论文的形式出现,主要集中在美国,这些论文大都是对汉语普通话或方言中的连读变调进行的讨论,他们在论文中运用美国的音系或节律理论,分析和解释汉语中的连读变调现象,但由于当时的客观原因所限,国内很难看到,对它们的了解大都需要中间人的介绍,比如陈丽萍和姜晖(1994)的努力。Wright(1983)的《A Metrical Approach to Tone Sandhi in Chinese Dialects》,这篇论文对汉语的福州话、上海话、潮州话和厦门话的连读变调,特别是福州话的连读变调进行了研究,指出福州话和上海话的变调是调长和声调相互作用的结果,这种相互作用可用"节律理论"中的重音来表示;陈洁雯(1985)的《Fuzhou Phonology—A Non-Linear Analysis of Tone and Stress》,这篇论文利用生成音系学的非线性理论探讨了汉语福州方言声调和重音之间的相互作用,作者在自主音段框架理论范围内对声调进行分析,而对重音则采用节律理论来研究;石基琳(1986)的《The Prosodic of Tone Sandhi in Chinese》,这篇论文包括两部分,第一部分讨论汉语方言中连读变调规则的一般发展趋势,第二部分研究连读变调应用范围的结构以及这种结构对音系理论的影响;端木三(1990)的《A Formal Study of Syllable、Tone、Stress and Domain in Chinese Languages》,这篇文章汉语音节、声调、重音和声调范围进行了全面细致的研究,旨在找到适合于各种语言的普遍规律(详参陈丽萍、姜晖1994)。

紧接着,对国外理论的介绍和各级韵律层级单位概念的引进,使重音的研究从词层面(包括音步和韵律词)扩展到了词以上层面,包括韵律短语和语调短语。王洪君(1999,2000)、冯胜利(1996)和端木三(1999)等学者,从音系和句法的角度,对汉语的韵律词、韵律短语等进行了研究,得出"辅重论""左重论""汉语松紧节奏论"等一系列成果。

"辅重论""左重论"的作者端木三1999年曾分析传统语言学中认为的汉语没有重音的原因,大概是由于惯常用来表示重音的工具音高和时长在汉语中用在了表示字调和语气上,普通字的声调和音长都固定了,因此很难听出他们之间重音的差别,但听不出不表示不存在,作者从生理结构角度认为节奏是语言的共性,并从音步角度出发,提出针对词以上重音的"辅重论",即词以上的重音由句法关系决定:由一个中心成分和一个辅助成分组成的结构里,辅助成分比中心成分重。端木三在2007年提出汉语的最小语段是个双音节音步,音步一律有重音,而且一律是左重,但在停顿前有时可以产生重音位移,重音位移于停顿前。

"汉语松紧节奏论"的作者王洪君认为"音步是语流中趋向于等长的节拍单位,普通话以双音节音步为主,其次是单音节和三音节(王洪君,1999)"。认为汉语的两字节奏就是一种"松紧"节奏:一段语流总是某两字或某三字内部结合得比较紧,两字或三字组之间结合较松,由此而形成松紧交替的回复。当说到汉语的声调时,王认为单字调型在连读中的实际表现,直接取决于结合的松紧,音步内紧,音步间松,松紧会对调型产生有规则的影响,因为其影响是有规则的,所以母语者仍可以还原回底层调型而区别字义,也因为有规则,母语者可以直接感知到松处和紧处的差异,感知到松紧的交替出现而形成节奏感(王洪君,2004)。但是王认为汉语音步之间各音节的语音差异不像英语一样存在有音系学意义的轻重对比,是由语法词汇上的边界决定的,本文观点不同,认为汉语的音步之间也是有轻重节奏的,这些轻重节奏跟王所说"松紧"节奏一样会作用于声调,对连读时的调型产生有规则的影响,找出这些规则就是本文的研究目的之一。

刘俐李(2007)在《近八十年汉语韵律研究回望》中归纳总结认为:把汉语节奏分为三个基本层次,韵律词(由一个音步构成)、韵律短语(由一个或几个韵律词组成)和语调短语(由一个或几个韵律短语组成)。韵律词的内聚特征是保持基本的连读变调格局和以词重音对立为基础的时长结构格局,韵律短语的主要内聚特征是音阶下倾,语调短语的内聚特征主要是总体音阶的不断下倾和内部各韵律短语尾音节韵母的延长。因韵律短语和语调短语涉及颇多,如果强行加入本文的研究,只会把问题复杂化,因此本文所讲的轻重音问题,专指词层级上的重音,不包括属于短语层面的停延重音和属于语句层面与语用焦点相联系的常规句重音、强调重音、对比重音,只集中讨论由两个有调音节(也即非轻声音节)组成的汉语标准词。

承接前文王韫佳(2008)和江荻(2012,2013,2014)提出的理论推测,汉语应该存在从右重发展到左重再发展到轻声词的过程,从历史语言学的观点来看,各地汉语方言轻重音的共时状态可能会提供相关线索。于是我们将目光转到各地方言的轻重音研究,但这方面成果不多,多是关注轻重音跟连读变调之间的关系①。如蒋平等(2001)考察了南昌县(蒋县)方言的变调,发现南昌县方言前字除上声外一般不变调,前字上声全部变为低平调,而南昌县方言两字组重音格式是重轻型,也就是说重音一般落在两字组的前字上,由此,认为前字不变调是由重音的位置决定的。王晓君(2010)报告的江西新余方言的轻重格式也是重轻型。蒋平(2005)考察广西荔浦方言也显示,连读变调由轻重音格式决定,重读音节保持词汇声调,轻读音节发生变调,但也指出两字组的轻重格式受词内句法结构的制约,单纯词、合成词的偏正结构和并列结构一般是前重后轻,而述宾结构和主谓结构一般都是前轻后重。曾晓渝、牛顺心(2006)考察广西三江县六甲话的100种两字组声调组合,发现有60种发生前变型变调,其中51种变调结果为"11+各原本调",占总数的94%。曾认为这种前字调高度虚化的变调模式形成前低后高、前轻后重的节律,是一种特殊的"韵律变调",并提出这种变调类型主要存在于壮侗语和南方汉语之中,透露着语言的底层色彩。侯兴泉(2011)考察了勾漏片粤语的两字连读变调情况,两字组后字通常不变调,前字(除了中平和低平)的其他声调一般都会发生变调,发现其受轻重节律模式前轻后重的制约,变调通常只出现在轻音位置上,重音位置一般不变调。张吉生(2013)通过分析绍兴方言的连读变调形式,支持理论"平调反映重音",推导绍兴方言是音步右重的韵律结构,其连读变调受韵律结构的支配。李娟、李如龙(2014)考察湖南衡山方言的轻声现象,提出"轻声因轻音而发生"的论断,推测衡山方言和长沙方言的轻声正处于由轻音向轻声发展的最初阶段,娄底方言的轻声则更向前一步,轻声调值已经出现脱离本调的表现,与轻音在语音形式上有别②。这些方言轻重的分析,都是基于方言连读变调描述的基础,进一步探索其变调原因时发现与轻重格的密切联系,这些研究成果推动我们窥到汉语方言中轻重音和声调的重要关系。

---

① 由于普通话以北京话为标准音,因此我们就不再多谈北京话的轻重格式。
② 还有两篇关于地方普通话的相关文献,陈娟文、李爱军等(2003)在比较上海普通话和普通话词重音差异时,发现在词重音位置分布上,上海普通话比普通话更不易于前字重读;胡伟湘(2008)做了类似的实验,比较了广州普通话和普通话,发现单念和语流中重音的分布略有不同,单念的二字词中,标准普通话倾向于前重,而广州普通话倾向于后重,语流中,广州普通话和标准普通话都倾向于前重,只是标准普通话更加明显而已。

虽然上述方言研究在分析连读变调时，都发现了方言变调与轻重韵律的密切关联，但其中研究最深入的是曾晓渝、牛顺心（2006）的《六甲话两字组连读的韵律变调及其原因初探》，该文在考察广西六甲话两字组"11+各原本调"的变调模式时，发现其在听感上造成前低后高、前轻后重的明显效果，曾文比较了曹志耘（2002）、李小凡（2004）对汉语方言连读变调的分类和陈渊泉（2001）对新派崇明话三字词连读变调特征的分析（陈认为，新派崇明话正经历着从声调到重音的发展过程），发现六甲话两字组普遍性的"11+各原本调"的变调结果，既不能用发音便利来加以解释，也找不到语法结构或语义表现的理由，反而是跟新派崇明话的变调具有类似的"拉平现象""韵律重量"等特点，鉴于其在听感上明显的前低后高、前轻后重的韵律效果，将这种前字调高度虚化的变调模式定性为特殊的"韵律变调"。曾文之所以提出特殊的"韵律变调"，是因为她认为声调是本源，轻重是后起，陈渊泉（2001）也是如此，但是这样的出发点就无法解释类似的具体语言现象，只能将其归为"特殊"。而本文认为我们或许可以调整思路，把轻重韵律作为出发点，变调是轻重韵律支配下具体语言的具体现象。从世界语言研究的角度来看，这样的轻重相间的韵律模式是语言的共性。曾文提出这种变调类型主要存在于壮侗语和南方汉语之中，透露着语言的底层色彩，其实这与南亚语、南岛语、侗台语和南部藏缅语（景颇语支）等（Thurgood,1999；Shorto,1963；潘悟云 2002；江荻 2013）一个半音节现象所反映的前轻后重的韵律模式也是一致的。不同的语言现象，前者是两字组普遍性的"11+各原本调"的变调，后者是一个半音节，却可以反映出同样的前轻后重的韵律模式，更加说明轻重韵律模式作为语言的共性是诱发各种语言现象的动因。

1.2.4 汉语连读变调研究的现状

近 30 多年来，汉语方言的连读变调现象引起了学术界的关注。1979 年，《方言》创刊号以温岭、苏州方言连读变调的两篇论文开篇，随后组织了关于苏州方言连读变调的讨论，并陆续发表了数十篇描写各方言连读变调的论文。此后，《中国语文》也发表了若干连读变调文章，并进行了天津方言连读变调的讨论。《语言研究》除参加苏州方言、天津方言连读变调的讨论外，还进行了长汀方言、宁波方言连读变调的讨论，并探讨用新的框架来描写连读变调。

北京大学中文系《语言学论丛》和《缀玉集》先后发表过若干篇深入探讨汉语方言连读变调的论文。此外，台湾历史语言研究所、香港中文大学东亚书院也发表过若干讨论连读变调的论文（李小凡，2004）。目前，汉语方言丰富多彩的连读变调现象已经得到了比较充分的描写，《语文研究》就曾发表过综述，同时也指出，连读变调研究的不足之处主要是缺少理论思考和类型比较（陈忠敏1993）。近年来，一些学者开始对汉语方言连读变调的性质、类型和特殊变调进行理论概论，本文将在此基础上，探讨两字组的轻重韵律模式对连读变调的影响。

对于汉语方言变调的总结，曹志耘（2002：108）将汉语方言的变调总结为三大类：一是语音变调，即一般所谓的连读变调，是因纯语音关系而发生的变调；二是语法变调，由特定的语法结构关系而产生的变调，如吴语一些方言述宾结构的字往往具有特殊的变调模式；三是语义变调，指利用声调的变化来达到特定的语义目的，如南部吴语的"小称变调"。李小凡（2004：16）将汉语方言的连读变调分为两大层面：一是语音变调层面：只在语音层面发生声调变异，其类型有三：简化型、异化型、中和型；二是音义变调层面：在语音层面和语义层面都发生声调变异，包括声调包络、叠和型连调、小称变调、重叠变调、轻声变调、焦点变调、变音等。

值得我们注意的是陈渊泉（Chen 2001：225-227）从音系学角度，用标准的节律化规则对新派崇明话三字词连读变调的特征分析，将连读变调与轻重韵律联系起来，认为其特征如下：一是独调性（Culminativity），即一个节奏单位只有一个带调音节；二是拉平现象（Leveling），指所有声调均中和为H（高调）；三是边缘性（Edgemostness），指带声调音节倾向于出现在左或右边缘；四是韵律重量（Prosodic weight），重音落在哪里，在很大程度上取决于韵律重量；五是声调冲突（Tonic clash），两个重音（声调）相邻，或合成一个，或隔开；六是焦点（Focus），凡焦点均带声调重音。鉴于上述特征，陈渊泉认为，新派崇明话正经历着从声调到重音的发展过程。这样从重音方面对变调规则的重新解释，为变调研究开启了一扇新的大门，这个大门可能会带领我们更接近变调的实质。但是这种解释从声调出发，似乎只能用于单个具体方言具体现象的分析，如新派崇明话，换到上海松江话就有很多的不适用，这就说明我们把声调作为出发点来分析是不合适的。

同样的问题,曾晓渝(2006)在分析六甲话两字组连读变调的现象时也出现过,曾当时提出"韵律变调",指在语言结构类型内在驱动力影响下而形成的、具有普遍拉平现象和高低节律特征的变调模式。曾认为六甲话两字组的连读变调,其性质不是单纯的语音变调,也不是语法变调语义变调,而且不宜放在语音变调层面,也不宜放在音义变调层面,因为六甲话普遍性的"11+各原本调"的变调结果,既不能用发音便利来加以解释,也找不到语法结构或语义表现的理由,但是它在听感上造成了前低后高、前轻后重的明显的节律效果。这时如果改变以声调为出发点的分析方式,转换思路,把轻重韵律作为根本,作为汉语方言连读变调的本质动因,各个方言具体的变调现象只是其作用的结果,可能更能揭示变调的实质,下文我们就将对此进行探索。

1.2.5 轻重韵律与语言演变

从本文具体语言的讨论,可以发现汉语各地方言中双音节词轻重型和重轻型的数量不同,这可能跟演化历史阶段不同有关。

江荻(2012,2013,2014)认为,东亚语言很可能存在着从轻重型双音节词发展为单音节词的过程,中间或许也经历了首音节弱化和脱落的阶段,并在达让语等一系列语言事实的基础上提出东亚语言词形结构演化阶段假说(转引自孟雯2017):

第一阶段:至少远在3500年以前,可以假定包括汉语在内的东亚语言或汉藏语言是多音节词语言,处在多音节词优势阶段,其语音结构类型为CV-CV。现在印尼、中国台湾等地的南岛语大多还是以多音节词为主,且东亚和东南亚以外的世界各地的语言都为多音节词语言。

第二阶段:多音节词向单音节词的转化阶段,也就是原始扬抑格到抑扬格韵律的发展阶段,出现了次要音节,语音结构类型可能类似cvCV(C)(小写形式表示弱化音节)。目前部分藏缅语和南亚语还处在含次要音节的抑扬格词模式阶段,且正在向单音节词模式转化。

第三阶段:带单辅音声母的单音节词优势与带辅音丛的单音节词优势语言并存阶段。此阶段中,抑扬格双音节词可能会脱落弱化的首音节而称为单音节词,语音结构类型为CV(C);也有可能会脱落首音节元音而使其辅音与词根辅音结合称作复辅音声母词,其语音结构类似CCV(C)。前者以汉语为代表,但也不排除有部分次要音节语言脱落产生复辅音声母单音节词;后者以藏语为代表。

第四阶段:辅音丛简化阶段,音节结构类型为 CV(C)$^{(T)}$,出现音节内要素富化现象,如:产生声调、复元音化等。例如现代汉语北京话没有复辅音声母,以单音节词为主,有声调且复合元音丰富。

第五阶段:单音节复合词阶段,语音结构类型为 CV(C)$^{(T)}$…CV(C)$^{(T)}$,属于词汇层面的构词现象。

以上每个阶段之间不能截然分开,多少保留了上一阶段甚至更早阶段的形式。汉语中的双音节联绵词、词头词、《尔雅》中的名物词、方言的昆虫名等都是早期汉语在单音节化过程中遗留下来的多音节词,而这种多音节词现象与世界其他语言是一致的(江荻等,2013,2014,2015)。

根据 Hayes(1985,1995)提出的抑扬-扬抑格定律,Brunelle 和 Pittayaporn(2012)找出了南亚语言多音节词转化为单音节词的机制:时长平均的扬抑格(even trochee)通过延长词的尾位(word-final lengthening)变为不平均的抑扬格(uneven iamb),这个过程中发生了重音的转移(stress shift),即从前重变为后重,然后抑扬格经历了非重读音节的弱化(unstressed syllable reduction),导致了一个半音节的产生,也称为"一个半音节化"(sesquisyllabization),即增强了主要重读音节和首音节之间的不平衡,之后非重读音节又进一步通过语音弱化导致了首音节的删除(deletion),产生了单音节。这种观点也得到了其他一些语言事实的验证,如南亚语、南岛语、侗台语和南部藏缅语(景颇语支)等(Thurgood1999,Shorto1963,潘悟云 2002,江荻 2013)。

东亚语言从轻重型双音节词发展为单音节词的过程中,经历了一个有别于世界语言的单音节化的过程,我们认为正是这个过程使汉语产生了声调,这个过程我们叫作"扁平化"。扁平化指单音节词语言条件下,音节、(单音节)词,以及(单音节)构词语素的同一性,例如汉语音节[fei^{55}]等于词"飞",[tɕi^{55}]等于"机",[fei^{55} tɕi^{55}]等于复合词语素"飞+机"。

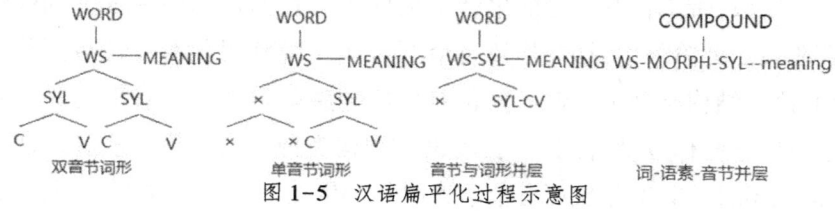

图 1-5 汉语扁平化过程示意图

音高(F0)作为语言的共性(Universal),是语言的自然属性,任何语言的音节必蕴含音高。无声调语言的音节也都有音高呈现(重音/轻重),例如:英语、法语、挪威语。

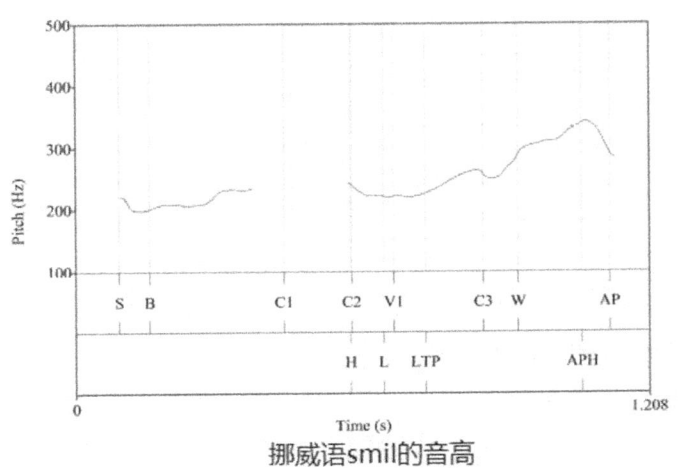

图 1-6　挪威语 smil 的音高(转引自江荻 2017)

"无声调说"不设立声调意味着不把音高作为功能单位,"声调说"有条件地认为音高等同于声调,是因为找到了在意义上形成对立的词。但是汉语里面单音节同音词非常多,仅依据词义或语法功能来确定一个(单音节)词的声调,声调的数量将会多到我们不能想象,由此,或许我们应该再次考虑如何界定声调。下面我们来参看下前人关于声调的定义,林焘、王理嘉(1992)提出"能区别意义的音高就是声调",让我们知道声调跟音节有关,功能是区别意义;高永安(2014)提出"声调是利用语音(音高)的高低、升降,或长短来区别词汇意义或语法意义的语音单位。"这个定义说声调有高、低、升、降、长、短特征,能区别意义;肯尼斯·派克(1948)提出"声调语言是每个音节只以相对的音高来造成词汇上意义对立的语言",这个定义强调了单音节(每个音节)以及音高对比区分意义。撇开区别意义一说,我们只考察单音节与音高的关系时发现,音高不是人为的、目的性的行为,而是音节结构和音节构成要素相互作用的综合性自然结果。Qian Wang(2008)考察英语母语人 NE 和汉语母语人 CE 对无意义音节(latmab,tetsep,nizdit)发音的音高曲线(F0),发现音高跟元音或辅音(起首或结束位置的辅音)音质类型有关,具体来说音高也许是清高浊低起了作用,也许是元音类型起了作用(通过元音内在音高),也许音高倾斜跟韵尾辅音类型也相关(暂时不讨论韵律类型)。

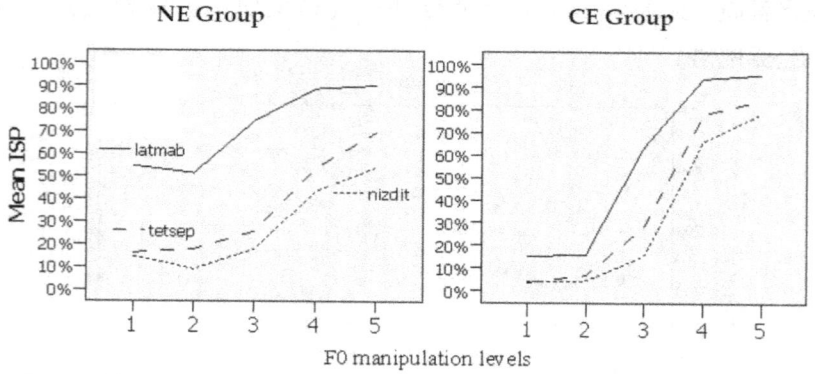

图 1-7 英语母语人 NE 和汉语母语人 CE 的音高曲线(引自 Qian Wang,2008)

至此,我们推测汉语声调的来源是:首先,单一音节跟词或词义合一,音节成为词的形式,构成音节的元音、辅音和音高都是词的构成形式。据杨玉芳(1987),英语等多音节语言支持语音表征单元是元辅音音素,而单音节的汉语实验则支持音节作为语音编码的整体表征单位(张清芳、杨玉芳 2005)。其次,构成音节的音段(起首辅音、元音、辅音韵尾等)各有自身的性质和结构,从生理(发音和感知)、物理、心理诸方面影响和制约音高形式,并自发形成各种音高类型。这时的音高类型或者叫单字调还不稳定,正如民族语言和汉语二声调语言那样,通常会被认为没有声调。最后,经过语言群体的社会约定(范畴化感知)才能取得系统单位的地位,单字调只有形成稳定音高形式和类型并经社会约定才能称作声调。综上,语言的扁平化形成了单音节语素数量基础,声韵系统和韵律环境决定了音节单位的自然音高,因为自然音高的出现环境固化而被社会约定(范畴化),形成声调。这个推理可涵盖所有东亚单音节词型语言。

从上文可以看出,扬抑格语言在抑扬-扬抑格定律的作用下可能会演变为抑扬格语言。此外,根据 Brunelle 和 Pittayaporn(2012)猜测,抑扬格也可能会演变为扬抑格,但是很可能在其转变过程中有一个中间阶段,这个阶段的词语没有固定的重音。一个可能经历过这样的演变的例子就是蒙达语,根据 Donegan 和 Stampe(1993,2002,2004),原始南亚语本来就是抑扬格语言,在转化为原始蒙达语时成为了扬抑格,不过 Brunelle 等认为并没有证据表明这种韵律演变(rhythmic change)是一步到位的,其间很有可能经历了一个没有固定的词重音的阶段。

　　Brunelle等(2012)还对汉语普通话的韵律演变进行了推测,认为其很可能是从一种抑扬格语言先发展到词语层面没有明显重音的阶段,最后发展为扬抑格。因为越来越多的证据表明,古代汉语可能是一个半音节的(Sagart,1999;Ferlus,2004;Hsu,2009)。而到了中古汉语时期,一个半音节在抑扬-扬抑格定律的作用下有规律地缩减为一个音节(Pulleyblank1984;1991)。现代普通话中,单音节词一般不会独立出现,而是常常出现在复合词中。在早期阶段,这样的复合词可能没有一个明显的词重音,而只是粗略地表现出两个音节等重。汉语的许多南方方言似乎保留了这种类型的复合词,因为它们缺少弱重音音节(weakly stressed syllables)。但是,在现代标准的普通话中,这次复合词已经词汇化为单纯的韵律词,其第二个音节一般弱化了而且有一个中性调(轻声)(Duanmu,2000),显示出扬抑格韵律。

1.3　主要研究内容

　　本文从世界语言词重音数据库研究的成果出发,发现词重音是世界语言的共性,而音高是其核心相关物,但是汉语由于自身经历的一个有别于世界语言的单音节化过程,产生了具有扁平化特征的声调系统,使声调成为单音节的固定属性。但是在构词时,两个音节连读就会发生音高变化的现象,本文认为这一现象的动因是词层面的轻重韵律模式。

　　本研究首先致力于系统描述汉语方言词层面轻重韵律模式的面貌。为了保证系统性,我们在选取调查点时,在人力、物力允许的情况下,最大程度地覆盖了汉语七大方言系统,分别用北京话、长沙话、南昌话、上海话、梅县话、福州话、广州话为代表点,来研究北方方言、湘方言、赣方言、吴方言、客家方言、闽方言、粤方言的词重音。在制作调查词表时,兼顾各个词类(具体见下文研究对象)。我们使用一个约七百个双音节词的调查表(不同方言根据变调规律可能有增减),对7个调查点进行录音采样、轻重听辨,描述其轻重面貌[①]。

---

　　① 本项研究得到国家社科基金重大项目"基于大型词汇语音数据库的汉藏历史比较语言学研究"(12&ZD174)资助,国家自然科学基金面上项目"从世界语言透视东亚人群和语言的起源与演化"(31271337)资助,河南兴文化工程文化研究专项项目"河南分地域历史文化研究"(2022XWH133)资助。

其次,我们假设音高既表声调高低又表韵律轻重,具体表现为:高调为重,低调为轻(正相关);声调等高时,长音重,短音轻;轻声词任意音高都算作轻。本文结合国内外前人研究成果,通过语音实验,对比分析轻重听辨结果,用数据证实了这一假设的可行性。

1.4　研究对象和研究方法

1.4.1　研究对象和材料

表1-3是我们在1.2.3综述中提到的方言点及其轻重类型,从表中我们会发现南方方言(粤方言)都以轻重型为主,而北方方言(北京话、赣方言)都以重轻型为主,尤其有意思的是湘语,呈现从轻重型向重轻型转变的趋势。

表 1-3　文献涉及的方言点及其轻重类型

方言名	轻重类型	作者	年份
北京话	重轻型	林茂灿,等	1984
南昌县(蒋巷)方言	重轻型	蒋平、谢留文	2001
江西新余方言	重轻型	王晓君	2010
荔浦方言的轻重音与连读变调	轻重型	蒋平	2005
广西三江县六甲话	轻重型	曾晓渝、牛顺心	2006
勾漏片粤语	轻重型	侯兴泉	2011a
开建话	轻重型	侯兴泉	2011b
绍兴方言	轻重型	张吉生	2013
湖南衡山方言	轻重型-重轻型	刘娟、李如龙	2014

但是这些研究都是零星地开展,对于汉语方言整体轻重面貌的了解还需要系统地研究,因此,本文的研究主要采取代表点调查法,代表点调查法是在有限精力下可以选择的最优方法,在有限的研究精力和资金支持下,从整体着眼,对每个方言区的代表点进行深入调查。因此,我们参考《汉语方言词汇》对汉语方言的分区,采取方言七分法,包括北方方言、吴方言、湘方言、赣方言、客家方言、闽方言、粤方言。对每个方言的代表点都深入调查,代表点具体如下:北京话是北方方言的代表点,长沙话是新湘方言的代表点,南昌话是赣方言的代表点,上海话是吴方言的代表点,梅县话是客家方言的代表点,福州话

是闽方言的代表点,广州话是粤方言的代表点。

关于调查的具体对象——词表,我们主要参考《汉语方言词汇》(北大中文系,1995)、《现代汉语轻声动态研究》(劲松,2001)、《汉语"重轻型"韵律模式的辨义功能及其系统价值》(吴为善,2015)、《汉语方言的重音模式》(钟奇,2010)和《普通话简明轻重格式词典》(宋怀强,2009)。主要包括复合词、派生词、单纯词和其他(译名、ABB 式等)。

1. 复合词,是词表的主体,主要分为两大类:

(1) 老牌词,典型的词汇化而来的复合词,虚词除外,参考董秀芳①等。

(2) 新型词,通过构式产生的复合词。包括动物+身体部位或器官,材料名+物体名,"可"+动词性成分,物品名+"钱",物品名+容器名,动作动词+"法"等。

(3) 轻声词,不带"子儿头"的。

2. 派生词:

(1) 典型的后缀,包括-子、-儿、-头。

(2) 类后缀,包括-巴、-气、-家、-人、-处、-化等。

3. 单纯词:

(1) 形容词性联绵词。

(2) 重叠词/叠音词,如:茫茫。尽量不选亲属称呼。

(3) 名物词,昆虫、鸟类、植物,每类选常用的。

4. 无意义的译名,尽量选择两音节的、常用的,产生时间早的,如:玛丽、乔治、约翰等,参考钟奇(2010)。

5. 方言词汇,各方言中特有的词,主要从方言词典中添加。

1.4.2 研究方法

1.4.2.1 听辨描写法

本文的语料来源都是一手资料,使用专业的声卡和话筒进行数据采样,采样软

---

① 董秀芳:《汉语的词库与词法》,北京:北京大学出版社,2004。

件为斐风 F2.0.2(Field Phon)①,语言样品为 WAV 格式(采样率 44100 字节/秒,数据位宽 16 比特),各方言发音人都为中老年男性。具体信息参见表 1-4。

表 1-4 发音人信息表

方言点	姓名	性别	出生年份	职业	文化程度	地址	联系方式
北京	路××	男	1939 年	老师	本科	北京市海淀区	略
长沙	汤×	男	1948 年	职员	大专	长沙市人民西路	略
广州	施××	男	1959 年	工人	高中	广州市海珠区	略
梅县	彭××	男	1951 年	退休	初中	梅州市五洲城	略
福州	黄××	男	1952 年	退休	初中	福州市鼓楼区	略
南昌	万××	男	1954 年	退休	大专	南昌市红谷滩	略
上海	孙××	男	1944 年	退休	大专	上海市松江区	略

以往田野调查中,当我们描写语音时,会跟发音人纠缠声调高低,发音人总是朴素地表示"说得重,说得轻",尽管这里的"重、轻"跟我们研究的轻重性质不等价,却也有相合的道理。鉴于听辨操作、组织的难度和避免听辨不能达到效果,我们采用了研究者听辨决定轻重的方法。听辨由研究小组四人训练后进行,训练是以印欧语言和非洲语言为模板的轻重听辨训练,训练后研究小组各成员独立对 600 多个词条进行轻重标注,对于标注不一致的词条(数量很少)采用多数人的结果。采取研究小组听辨是由于任何人都具有两种音高或声调听辨能力,即(范畴化的)音高类别感知和物理音高感知,社会群体会对母语各音节音高的调型和调值进行范畴化感知分类,建立起心理上的有限音高类别,并作为音节载义和别义的载体,这就是声调的本质(郭承禹、江荻,2020)。为了克服汉语单音节词声调所带来的听辨固有模式,我们小组以印欧语言和非洲语言为模板进行训练,掌握多音节语言物理音高对比的轻重听辨规则。对于听辨的结果,我们用 H 表示重,L 表示轻,HL 型就是前重后轻的重轻型韵律模式,LH 型就是前轻后重的轻重型韵律模式。

然后,我们记录并比较前后音节的音高值,绝对音高值一般用基频赫兹值表示,但相对音高值足以体现前后音节在音高上的差异,所以我们对双音节词的音高值采用赵元任先生创制的五度法来标记。通过和听辨结果的对比,比

---

① 斐风软件是上海高校比较语言学 E-研究院、上海师范大学语言研究所潘悟云、李龙、韩夏共同研发。下载网址:东方语言学 http://www.eastling.org。

如我们发现北京话的 HL 型韵律模式的前后音节的音高值分别是:35+214、55+214、51+55、51+214 等。

操作上,本文采录语音的方式是孤立词录音。有研究认为孤立词总是带有完句的顿前停言标志,我们认为所有词"一视同仁"采用统一方法还是可取的。最后指出的是,一般情况下,本文实验尽量采用一般性词语(赵元任 2002,丁译本作普通重音,林茂灿称正常重音 2012),也就是说,我们关于词重音的讨论无关语义、语法和语气。

1.4.2.2 语音实验法

采样数据在通过第一阶段的听辨描写处理之后,为了更准确地考察音高和轻重的关系,我们使用基于微软视窗操作系统的专业语音学软件 Praat version 6.0.16① 提取音高数据、时长数据,制作音高曲线图。据已有研究,我们假设汉语及其他东亚声调语言的表现凸显的相关物是包括时长在内的音高凸显,既呈现音高(轻重)又保证音高的饱满。除了典型失去时长的轻声(可能有较高的音高值),本文直接采用音高值代表轻重,在对比音节中,音高值低的表示轻,音高值高的表示重。例如下图是北京话 35+214 的音高值组合,在听感上是 HL 型韵律模式。

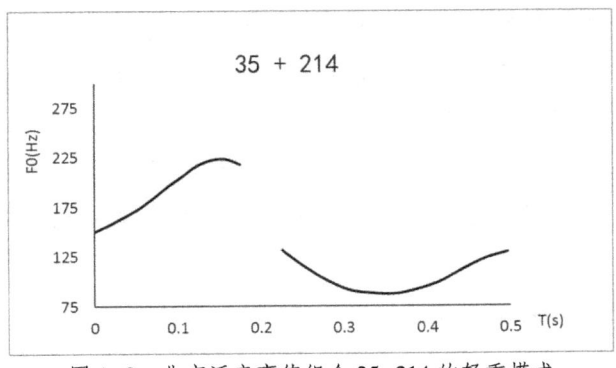

图 1-8 北京话音高值组合 35+214 的轻重模式

---

① www.praat.org,Copyright(c)1992-2016,by Paul Boersma and David Weenink.

1.5　本文章节安排

全文共分为九章,具体内容如下:

第一章,绪论。分别从选题来源、国内外研究现状、主要研究内容、研究对象和研究方法几个方面进行介绍,尤其是在国内外研究现状部分,介绍了重音相关的理论、世界语言重音类型的分布及汉语词重音的韵律类型、汉语词重音研究的现状、汉语连读变调研究的现状、轻重韵律与语言演变。

第二至八章,顺次分析了粤方言(广州话)、闽方言(福州话)、客家方言(梅县话)、吴方言(上海话)、赣方言(南昌话)、湘方言(长沙话)、北方方言(北京话)的韵律类型。每章研究都是先对方言点的双音节词进行轻重听辨,描写其轻重韵律的面貌,例如广州话是以 LH 型轻重模式为主,同时存在部分 HL 型轻重模式的语言。然后基于对词重音和音高的理论假设,在轻重听辨的基础上,对 LH 和 HL 两种轻重模式的音高值组合进行语音实验,总结轻重韵律类型在音高值上的表现,例如广州话的 LH 型的音高值组合主要为 55+55、21+55、21+35、35+35、35+55、33+35、33+55、21+33、22+35、22+55、53+35、21+22、22+33、23+35 等,HL 型的音高值组合主要为 53+21、33+21、22+21、21+21、35+21、35+53、35+33、23+21、53+35、53+23、55+53 等,发现二者的轻重都集中体现在前后音节的音高值对比上,前后音节音高值高者重,低者轻,若音高值相等,则时长长者重,短者轻。换言之,轻重韵律模式和音高值之间有着清晰的对应关系,也就证实了我们之前的假设,词重音主要表现为包括时长在内的音高凸显。进而,推测汉语方言的轻重韵律类型可能是双音节词连读变调的内在动因。

第九章,结语。总结本文的研究内容,指出其中可能存在的不足,展望以后的研究方向。

第 2 章
粤方言的韵律类型(广州话)

2.1 粤语和广州话

粤方言又叫粤语,传统上叫"广府话",本地人又称为"白话",外地人习惯叫作"广东话"。虽然"粤"是广东省的简称,但是"粤语"的分布范围却不局限于广东省的界限,它还通行于广西东南各县市,香港、澳门两个特别行政区以及南北美洲、大洋洲、欧洲、亚洲的许多华人社区,合计全世界使用粤语的人数在 8000 万左右(侯精一,2002)。

粤语内部分歧不大,以广东省省会广州市的方言为代表,按语言特色和地理分布,大致包括 6 个方言片:粤海片、四邑片、高阳片、莞宝片、香山片和桂南片(侯精一,2002)。其中粤海片,又称"广府片",主要分布在以广州为中心的珠江三角洲,粤中和粤北部分地区,包括香港和澳门。这一片是粤语的"大本营",在粤语中影响最大。

粤语的语音系统,总的来说,是比较复杂的,主要表现在韵母和声调调类比较多。广州话是粤语的代表点,在语音上具有以下特点:古微明两母合流同念 m-;古非敷奉母的字和古晓母合口一二等韵的字都念 f-;古疑母一二等字读 ŋ 声母;古见组字(疑母除外)不论洪细,一律念 k、k^h、h 声母;自成音节的声化韵有 m' 和 ŋ';复合韵母、鼻音韵尾和塞音韵尾中元音 a 有长短之别;有 -m、-n、-ŋ 三个鼻音韵尾和 -p、-t、-k 三个塞音韵尾;声调调类数目繁多,有 9 个。

2.2 广州话的声调

广州话的单字调有 9 个调类，其中包括 3 个入声调，我们采用《汉语方音字汇》(2003)的声韵调系统，具体如下：

表 2-1　广州话单字调

阴平 53/55	阴上 35	阴去 33	上阴入 5	下阴入 33
阳平 21	阳上 23	阳去 22	阳入 22/2	

广州话除了上面 9 个单字调外，还有 2 个变调，一个是高平变调，调值比阴平略高，高华年(1980)记作 55；一个是高升变调，调值比阴上略高，高华年(1980)还是记作 35。

类似的研究在粤语中还有侯兴泉(2011)对勾漏片粤语双音节词的连读变调规律的探讨，徐荣(2015)报告的广西北流市六麻方言属于粤方言的下里话的连读变调，按蔡培康(1987)、黄平文(2000)，壮语也有类似的连读变调现象，都是前字变调，后字不变。但是关于上述粤语和壮语连读变调的动因，尚无定论。

侯推测勾漏片粤语的两字连读变调以前字变调为主的变调模式的形成，是受到"前轻后重"节奏模式的制约，因为侯发现勾漏片粤语大都存在连读变调现象，两字组一般是前字变调后字不变调，前字为中平(或中降)和低平(或地降)的声调通常也不变调，其他调值的声调在前字位置上通常发生连读变调，换句话说就是，前字通常是变成一个比原调值低的调值，这非常符合轻重型节律对轻音音高的要求，即轻音通常是倾向于低调，避免高调(De Lacy 1999,2002,转引自侯兴泉,2011)。因此侯认为勾漏片粤语的两字连读变调以前字变调为主的变调模式的形成，是受到"前轻后重"节奏模式的制约。黄平文(2000)也认为壮语音节连读变调的动力是"前轻后重"的节奏律。但是曾晓渝、牛顺心(2006)认为"前轻后重"节律不是一种动力，而是变调的结果，曾文认为壮语的连读变调可用端木三(1999)的"辅重论"来解释。根据"辅重论"，辅助成分要重读，而壮语是典型的中心语前置的语言，因此产生前置中心语成分轻读、后置辅助成分重读的变调模式。至于汉语方言相类似的连读变调模式,曾晓渝认为前变型(按:一般只有前字变调)的方言其底层语言基本上是南方(按:指壮侗语)的。前变型方言或多或少都存在定语或状语后置(即核心前置)的现象,而一般认为这是壮侗语的底层现象。但是根据汉语方言和壮语连读变调的共性来判断底层,然后又用底层现象来解释汉语方言连读变调的形成,这未免有循环论证的嫌疑。徐荣(2015)还提出质疑,认为假如是轻重音生成连读变调,那么相同的轻重音格式必定产生相同的连读变调,但是按照"辅重论",相同的轻重音格式应该由相同的句法结构生成,但是在六麻方言里,不同的语序具有相同的变调格式,比如"鸡公(正偏)"和"鸡肉(偏正)"都是前字变调,因此认为六麻方言连读变调可能是在松紧节奏作用下的韵律变调。

其实上述分析中,发生矛盾的地方在于两个地方:一是把轻重音和表示句法结构的"辅重论"绑定在一起,二是对轻重韵律模式是变调的动力还是结果。既然如此,我们就先把"辅重论"放在一边,假设轻重和变调的关系是其中的任一种,根据国内外前人的研究,我们选择轻重是变调的动力这种关系,这样的假设如果可以在方言中得到证实,就可说明其合理性。因此本文假设,轻重音和声调的音高值相关,鉴于轻重音的动力作用,那么相同的轻重音格式(前重后轻,或前轻后重,或等重)将会产生相同的变调结果,表现为相同的音高值组合(前高后低,或前低后高,或等高)。下面我们也将会用感知听辨和语音实验的方法证明这一结果。

本文针对广州话的双音节词展开调查,采用一个包含复合词、派生词、单纯词、译名、ABB式等共581词的词表,因为有的词不只一种说法,因此最终获取的词条是626条,其中双音节词490条①。本文的语料来源都是一手资料,使用专业的声卡(Komplete Audio 6)和话筒(AKG-C544L)进行数据采样,采样软件为斐风F2.0.2(Field Phon)②,语言样品为WAV格式(采样率44100字节/秒,数据位宽16比特)。发音人为中老年男性,具体信息参见表1-4。

本研究的对象是广州话的双音节词,我们通过听辨的形式记录广州话双音节词的轻重,H表示重,L表示轻,HL型就是前重后轻的重轻型韵律模式,

---

① 626条词例去除单音节词、三音节词、四音节词等,剩余双音节词490条。
② 斐风软件是上海高校比较语言学E-研究院、上海师范大学语言研究所潘悟云、李龙、韩夏共同研发。下载网址:东方语言学 http://www.eastling.org。

LH 型就是前轻后重的轻重型韵律模式。鉴于我们的理论假设中音高和轻重音的密切关系,我们用记录音高值的方法来表示听辨的轻重,音高值用基频赫兹值表示。为与单音节词声调描述配合,我们对双音节词的轻重特征也采用五度标记法来赋值,例如广州话的 LH 型呈现的前后音节声调或凸显轻重的音高值分别是:21+55,21+35,35+35,35+55,33+35,33+55 等。比如表 2-2 中的例词"梅花",前字音高值 21,后字音高值 55,对应的轻重听辨结果是 LH 型,更多例词如下:

表 2-2　音高值与轻重对应示例

mui	21	fa	55	梅花	LH	lei	21	tʃʰɐu	55	泥鳅	LH
tʃʰa	21	ʃøy	35	茶水	LH	tʃʰai	21	fɔ	35	柴火	LH
ʃai	33	kɔn	55	晒干	LH	ʃøn	33	fʊŋ	55	信封	LH
hiŋ	53	tɐi	21	兄弟	HL	tʃi	53	ma	21	芝麻	HL
ʃyn	33	pʰun	21	算盘	HL	tʰai	33	iaŋ	21	太阳	HL

2.3　广州话的韵律类型与音高值组合

广州话双音节词的轻重听辨结果有两种模式:LH 型和 HL 型,其中以 LH 型为主(307 词),同时存在部分 HL 型(180 词)[1],每种轻重模式表现为多种音高值组合[2]。

2.3.1　广州话轻重型双音节词与音高值组合

广州话双音节词的第一种轻重类型是 LH 型(轻重型)。LH 型韵律模式的前后音节的音高值组合分别是:55+55,21+55,21+35,35+35,35+55,33+35,33+55,21+33,22+35,22+55,53+35,21+22,22+33,23+35 等(按照数量从多到少排列)。

下面我们用实验语音学的方法观测 LH 型轻重模式具体的音高表现。我

---

[1] 两种轻重模式 LH 型和 HL 型,词条数占总词条数的比例较高的是该语言主要的轻重类型,剩余那类的比例高于 30%时,描述为"部分存在";少于 30%时,描述为"少量存在";二者的比例相差在 10%以内,描述为"对半存在"。

[2] 需要说明的是三音节词的轻重韵律可能体现为三个层次,即中、重、轻,但是由于此文仅讨论双音节词的轻重,故只列出两类。

们对每种音高值组合取一词例,列出其声波和音高图,如下图左。接着,我们再从每个音高值组合中抽取一定数量的词例(音高值组合的词例数量在8个以上的取8个样本,8个以下的全取),手动标注音高的始末位置,用Praat脚本提取时长和音高数据,取其平均值,画出音高曲线,得到广州话双音节词LH型的韵律模型,如下图右。

(1)21+55,这类音高值组合占了全部双音节词的5.71%(28/490),是LH型的第二主体(第一主体是音高值组合55+55,在2.2.3详细分析)。词例[tʃʰi²¹ kɐŋ⁵³⁻⁵⁵]匙羹(调羹),此音高值组合的轻重模式如下图:

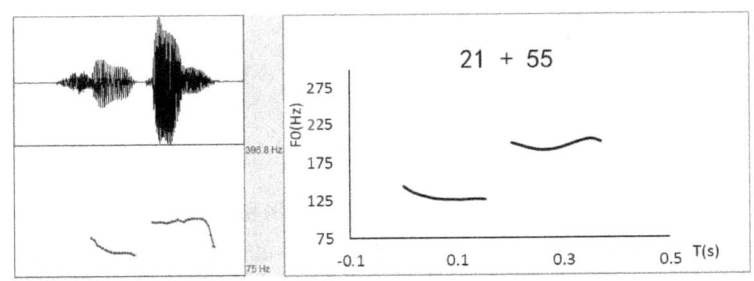

图2-1 音高值组合21+55的词例和轻重模式

从图中我们可以看出,21+55的音高值组合明显后字较高,前字音高值高点在137Hz左右,后字高点却在200Hz左右。前后音节的音高值呈现前低后高的分布,和听感上的前轻后重相对应,音高高的对应了重,音高低的对应了轻。关于重音和音高的这种对应关系,研究语音识别的学者有很多相似的研究成果。王蓓、吕士楠、杨玉芳(2002),通过心理感知实验发现高音点是重音知觉的主要声学相关物,与低音点和音域相比,高音点的提高是句中重读音节的主要声学表现。陈明、王安红等(2003)也通过比较普通话相邻两音节词的音高,发现突显和不突显双音节词的音高差别主要体现在高音点上,突显双音节词音高的高音点有较明显的上升,低音点变化不明显。胡伟湘、董宏辉、陶建华、黄泰翼(2005)研究发现,重音的声学表现主要表现在音高的抬高和音长的延长,而倪崇嘉、刘文举、徐波(2009)进一步研究发现,重音处的音域大而且音高高线的位置高,并且随着重音级别的升高,不同声调的音高高点呈现明显的上升趋势。

21+55音高值组合的例词具体如下:

ŋɐu²¹ kʊŋ⁵³⁻⁵⁵　　　牛公(公牛)　　　　ji²¹ ka⁵³⁻⁵⁵　　　而家(现在)

mui²¹ fa⁵³⁻⁵⁵	梅花	tɕʰøy²¹ ʃi⁵⁵	厨师
lɐi²¹ tɕʰɐu⁵⁵	泥鳅	lan²¹ fa⁵³⁻⁵⁵	兰花
tʰou²¹ fa⁵³⁻⁵⁵	桃花	lun²¹ tun⁵⁵	伦敦
tɕʰi²¹ kɐŋ⁵³⁻⁵⁵	匙羹(调羹)	hɔn²¹ ʃøn⁵⁵	寒碜

（2）21+35，这类音高值组合占了全部双音节词的 4.29%（21/490），词例 [tɕʰai²¹ fɔ³⁵]柴火，此音高值组合的轻重模式如下图：

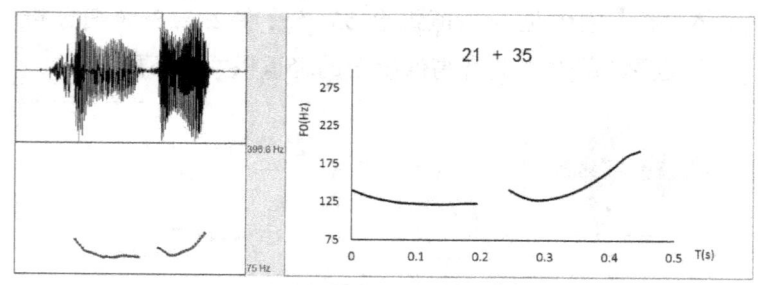

图 2-2　音高值组合 21+35 的词例和轻重模式

从图中我们可以看出，21+35 的音高值组合明显后字较高，前字音高值高点在 140Hz 左右，后字高点却在 193Hz 左右。这样，前后音节在音高值上呈现出前低后高的分布，对应了听感结果中的前轻后重。例词具体如下：

tɕʰa²¹ ʃøy³⁵	茶水	lin²¹ tɕi³⁵	莲子
tɕʰai²¹ fɔ³⁵	柴火	lœŋ²¹ ʃɔŋ³⁵	凉爽(凉快)
tɕʰøy²¹ fɔŋ²¹⁻³⁵	厨房	ma²¹ tɕœk³³⁻³⁵	麻雀
wu²¹ lei²¹⁻³⁵	狐狸	ŋɐu²¹ la³⁵	牛嫲(母牛)
wɔŋ²¹ tɐu²²⁻³⁵	黄豆	jɐu²¹ ʃøy³⁵	游水(游泳)

（3）35+55，这类音高值组合占了全部双音节词的 3.06%（15/490），词例 [ta³⁵ kau⁵³⁻⁵⁵]打架，此音高值组合的轻重模式如下图：

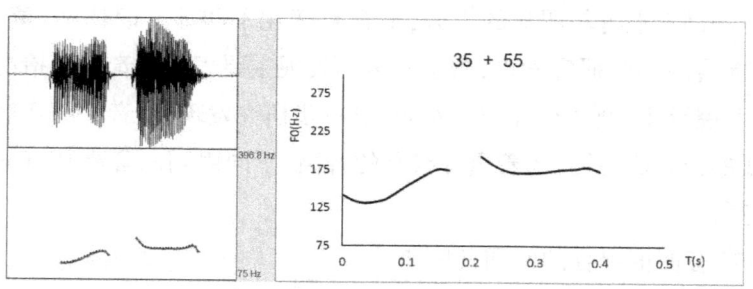

图 2-3　音高值组合 35+55 的词例和轻重模式

从图中我们可以看出,35+55 的音高值组合前字高点值略低于后字,前字是一个升调,音高值高点在 175Hz 左右,后字是一个平调,音高值高点在 192Hz 左右,跟上两个组合类似,在音高值上都呈现了前低后高的音高分布,和听感上的前轻后重相对应。例词具体如下:

ta³⁵ kau⁵³⁻⁵⁵	打架	kun³⁵ ka⁵⁵	管家
ta³⁵ tʰɪŋ⁵⁵	打听	fu³⁵ kua⁵⁵	苦瓜
tim³⁵ ʃɐm⁵³⁻⁵⁵	点心	ʃɐu³⁵ kɐn⁵⁵	手巾
tɪŋ³⁵ tʃɐm⁵³⁻⁵⁵	顶针	tʃou³⁵ tʃʊŋ⁵⁵	祖宗
kei³⁵ tɔ⁵³⁻⁵⁵	几多(多少)	tʃou³⁵ tʃʰan⁵³⁻⁵⁵	早餐(早饭)

(4) 33+35,这类音高值组合占了全部双音节词的 2.45%(12/490),词例 [tʃʰai³³ fuɔŋ³⁵]裁缝,此音高值组合的轻重模式如下图:

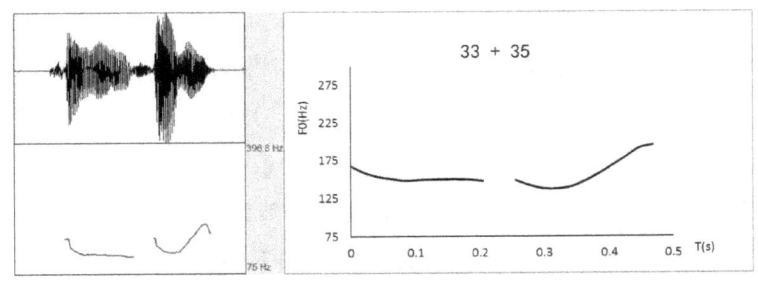

图 2-4 音高值组合 33+35 的词例和轻重模式

从图中我们可以看出,33+35 的音高值组合明显后字较高,前字音高值高点在 158Hz 左右,后字高点在 195Hz 左右。音高值上这种前低后高的分布,对应了听辨中前轻后重的结果。例词具体如下:

kai³³ tʃi³⁵	戒指	tʃʰai³³ fuɔŋ³⁵	裁缝
pʰou³³ tʰɐu²¹⁻³⁵	铺头(商店)	tʃʰi³³ ʃɔ³⁵	厕所
ʃøn³³ tʃi³⁵	信纸	pʰa³³ tʃʰɐu³⁵	怕丑(害羞)
tøy³³ ʃɐu²¹⁻³⁵	对手	jin³³ tʃi³⁵	燕子
wu³³ hɐu³⁵	户口	tʃʰɔ³³ tʰɐu³⁵	锄头

(5) 33+55,这类音高值组合占了全部双音节词的 2.24%(11/490),词例 [tʃʰɔi³³ tou⁵³⁻⁵⁵]菜刀,此音高值组合的轻重模式如下图:

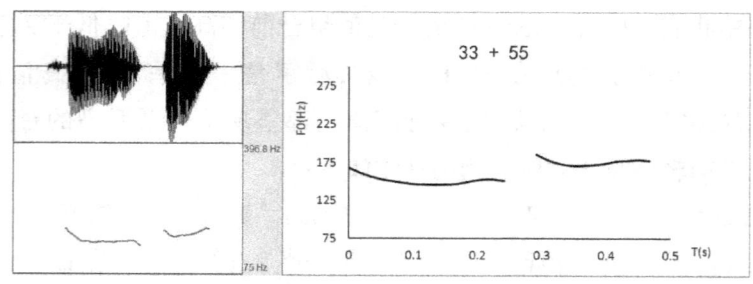

图 2-5　音高值组合 33+55 的词例和轻重模式

从图中我们可以看出，33+55 的音高值组合后字较高，前字音高值高点在 153Hz 左右，后字高点在 179Hz 左右。音高值上这样前低后高的分布，对应了听感上前轻后重的韵律模式。例词具体如下：

ɐŋ³³ kei⁵⁵	憨居（迷糊）	pui³³ ʃɐm⁵³⁻⁵⁵	背心
ʃai³³ kɔn⁵³⁻⁵⁵	晒干	tam³³ tʰiu⁵³⁻⁵⁵	担挑（扁担）
ʃøn³³ fʊŋ⁵³⁻⁵⁵	信封	tʃʰɔi³³ tou⁵³⁻⁵⁵	菜刀
hei³³ tʃʰɛ⁵³⁻⁵⁵	汽车	ŋai³³ kau⁵³⁻⁵⁵	嗌交（吵架）
tʃɛ³³ ku⁵⁵	鹧鸪	fa³³ tʃuaŋ⁵⁵	化妆（打扮）

（6）21+33，这类音高值组合占了全部双音节词的 2.24%（11/490），词例[mui²¹ kuɐi³³]玫瑰，此音高值组合的轻重模式如下图：

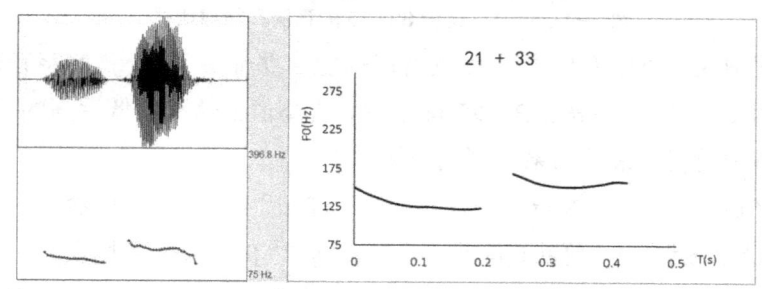

图 2-6　音高值组合 21+33 的词例和轻重模式

从图中我们可以看出，21+33 的音高值组合后字较高，前字音高值高点在 135Hz 左右，后字高点在 157Hz 左右。音高值上呈现前低后高的分布，和听感上前轻后重的模式相对应。例词具体如下：

mui²¹ kuɐi³³	玫瑰	lan²¹ kuɔ³³	难过
lʊk²¹ fa³³	绿化	kʰei²¹ kuai³³	奇怪
pʰei²¹ hei³³	脾气	waŋ²¹ fa³³	王法

jɐu²¹ pʰiu³³　　　邮票　　　　　　tʃʰœŋ²¹ ʃei³³　　　详细

(7) 22+35，这类音高值组合占了全部双音节词的 2.24%（11/490），词例 [fu²² ʃɐu³⁵]扶手，此音高值组合的轻重模式如下图：

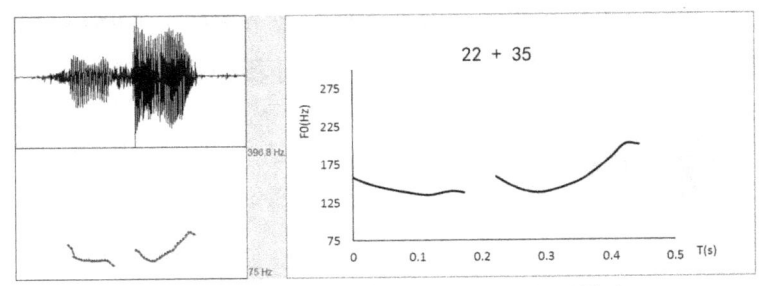

图 2-7　音高值组合 22+35 的词例和轻重模式

从图中我们可以看出，22+35 的音高值组合明显后字较高，前字音高值高点在 157Hz 左右，后字是个升调，音高值高点在 200Hz 左右。同样地呈现前低后高的音高分布，这样就和听辨结果形成前轻后重的对应。例词具体如下：

ŋɔi²² hɔŋ²¹⁻³⁵　　外行　　　　　　fu²² ʃɐu³⁵　　　　扶手

jɐu²² ʃɐu³⁵　　　右手　　　　　　mou²² ʃøy³⁵　　　雾水

kɐu²² nin²¹⁻³⁵　　旧年（去年）　　pɛŋ²² tʃɔŋ³⁵　　　病着（生病）

tin²² jɪŋ³⁵　　　　电影　　　　　　jim²¹⁻²² ʃɛ²¹⁻³⁵　　檐蛇（壁虎）

(8) 22+55，这类音高值组合占了全部双音节词的 2.24%（11/490），词例 [ʃi²² fei⁵⁵]是非，此音高值组合的轻重模式如下图：

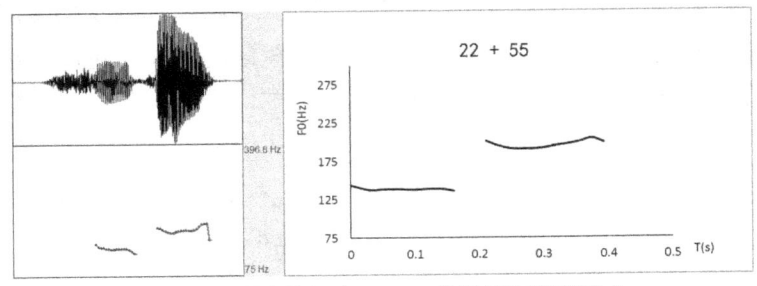

图 2-8　音高值组合 22+55 的词例和轻重模式

从图中我们可以看出，22+55 的音高值组合明显后字较高，前后字都是平调，前字音高值高点大概在 144Hz 左右，后字高点在 205Hz 左右。音高上，典型地前低后高分布，对应了听感上前轻后重的韵律模式。例词具体如下：

tou²² kɵn⁵⁵　　　杜鹃　　　　　　tai²² fɔŋ⁵³⁻⁵⁵　　　大方

pei²² kɔ⁵³⁻⁵⁵		鼻哥（鼻子）	tai²² lɐu⁵³⁻⁵⁵		大褛（大衣）
ŋɔi²² ka⁵³⁻⁵⁵		外家（娘家）	wu²² kʊŋ⁵⁵		护工（看护）
jin²² pa⁵⁵		盐巴	ʃi²² fei⁵⁵		是非

（9）21+22，这类音高值组合占了全部双音节词的 1.63%（8/490），词例 [kʰiu²¹ tʃi²²] 乔治，此音高值组合的轻重模式如下图：

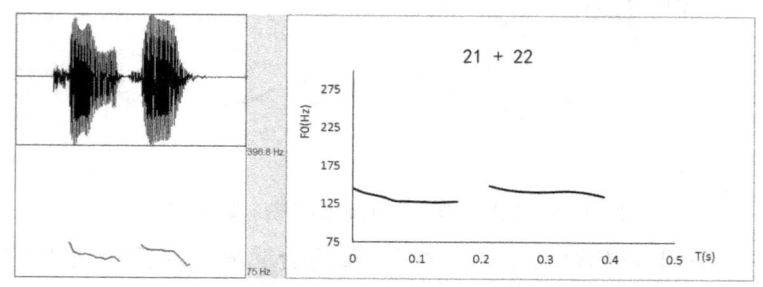

图 2-9　音高值组合 21+22 的词例和轻重模式

从图中我们可以看出，21+22 的音高值组合前后字高点值差不多，前字音高值高点在 145Hz 左右，后字音高值高点在 149Hz 左右。虽然前后字音高值差不多，但是我们观测发现前后字时长不同，前字时长只有 162ms，后字时长却有 178ms，我们发现当前后音节音高值相近，前后音节的时长值显示出了差异，时长值上前短后长的分布对应了听感上前轻后重的模式，时长值长的对应了重，时长值短的对应了轻。早在 2004 年，王韫佳就通过心理-声学的实验方法，发现音高作用导致的轻声判断率的变化值显著大于时长作用，这说明在轻声知觉中音高的作用大于适合时长的作用。而关于时长和轻重韵律的对应关系，倪崇嘉、刘文举、徐波（2009）发现主要韵律短语的时长明显高于次要韵律短语的时长。21+22 音高值组合的例词具体如下：

ʃi²¹ hɐu²²	时候		liŋ²¹ lei²²	伶俐（麻利）
kʰiu²¹ tʃi²²	乔治		mou²¹ pɛŋ²²	毛病
liŋ²¹ lei²²	伶俐		mɪŋ²¹ y²²	名誉
jʊŋ²¹ ji²²	容易		mun²¹ lou²²	门路

（10）22+33，这类音高值组合占了全部双音节词的 1.63%（8/490），词例 [pei²² tʰɐi³³] 鼻涕，此音高值组合的轻重模式如下图：

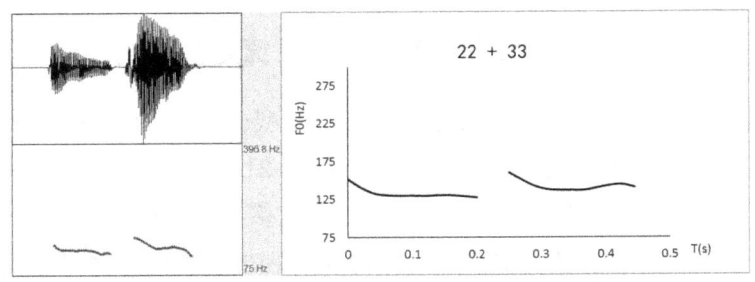

图 2-10 音高值组合 22+33 的词例和轻重模式

从图中我们可以看出,22+33 的音高值组合后字高点值略高于前字,前字音高值高点大概在 152Hz 左右,后字音高值高点在 160Hz 左右。前低后高的音高分布和听辨结果的前轻后重相对应。例词具体如下：

tʃɪŋ²² fa³³	净化	pei²² tʰɐi³³	鼻涕
fan²² tim³³	饭店	tʃʰɐm²² tʃʊŋ²³⁻²²	沉重
wɐn²² hei³³	运气	tei²² tʃɐn³³	地震

（11）23+35,这类音高值组合占了全部双音节词的 1.22%（6/490）,词例 [ji²³ tʃɐi³⁵]耳仔(耳朵),此音高值组合的轻重模式如下图：

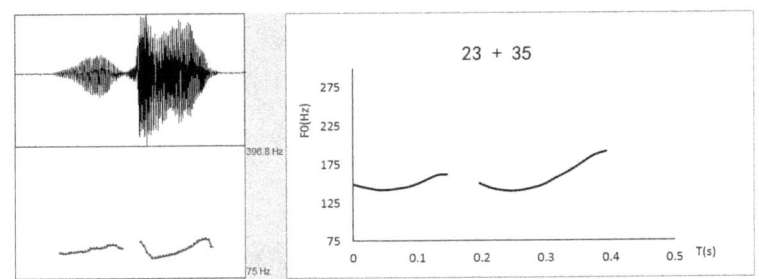

图 2-11 音高值组合 23+35 的词例和轻重模式

从图中我们可以看出,23+35 的音高值组合明显后字较高,前字音高值高点大概在 161Hz 左右,后字高点却在 191Hz 左右。这样前低后高的音高分布和听辨结果的前轻后重就形成了对应。例词具体如下：

lou²³ fu³⁵	老虎	ji²³ tʃɐi³⁵	耳仔(耳朵)
lou²³ ʃy³⁵	老鼠	løy²³ tʃɐi³⁵	女仔(女孩)
løy²³ jɐn²¹⁻³⁵	女人	ma²³ tʰɐi²¹⁻³⁵	马蹄(荸荠)

除此之外,LH 型听辨结果中还有 55+55、35+35、33+33、21+21、22+22、55+5 等这样的等高型音高值组合,我们在 2.3.3 节详细讨论。

2.3.2 广州话重轻型双音节词与音高值组合

广州话双音节词的第二种轻重类型是 HL 型（重轻型）。HL 型韵律模式的前后音节的音高值分别是：53+21,33+21,22+21,21+21,35+21,35+53,35+33,23+21,53+35,53+23,55+53 等（按照数量从多到少排列）。

下面我们观察 HL 型轻重模式具体的音高表现。我们对每种音高值组合取一词例，列出其声波和音高图，如下图左。接着，我们再从每个音高值组合中抽取一定数量的词例（音高值组合的词例数量在 8 个以上的取 8 个样本，8 个以下的全取），手动标注音高的始末位置，用 Praat 脚本提取时长和音高数据，取其平均值，画出音高曲线，得到广州话双音节词 HL 型的韵律模型，如下图右。

（1）53+21，这类音高值组合占了全部双音节词的 4.49%（22/490），是 HL 型轻重模式中数量最多的音高值组合。词例[hɪŋ⁵³ tɐi²¹]兄弟，此音高值组合的轻重模式如下图：

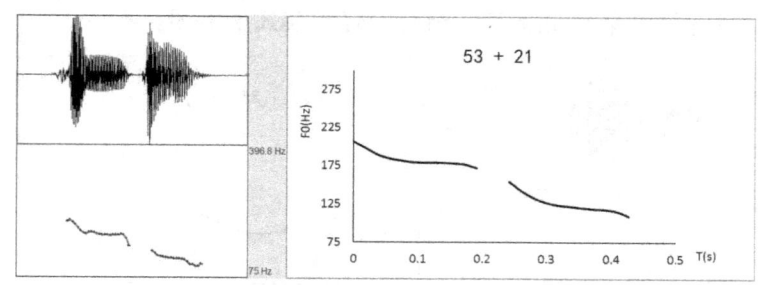

图 2-12 音高值组合 53+21 的词例和轻重模式

从图中我们可以看出，53+21 的音高值组合明显前字较高，前字音高值高点有 206Hz 左右，后字高点音高值只有 154Hz 左右。音高上前高后低的分布和听感上前重后轻的模式相对应，音高值高的对应了重，音高值低的对应了轻，和前后音节的位置无关。据侯兴泉（2011）、徐荣（2015）等，关于粤方言连读变调和轻重音的描写，大家多关注其位置的前后，仿佛音节位置是重要因素，这样去理解的话，似乎只看到了表面。从上文 HL 型和 LH 型韵律模式的音高表现，我们发现音高值高的会对应韵律模式中的重，音高值低的会对应韵律模式中的轻，和音节所处位置的前后没有关系，要说有关系的话，其实是和方言主要的韵律模式有关，像粤方言，以 LH 型韵律模式为主，轻音多数在前，变调也就多发生在前字,从而使研究者误以为位置的前后是其根本原因,其实根本原因是该方言(语言)主要的韵律模式。53+21 音高值组合的例词具体如下:

ʃɐn⁵³ lɔŋ²¹	新郎	kun⁵³ tʃʰɔi²¹	棺材
ʃɐn⁵³ nœŋ²¹	新娘	fui⁵³ tʃʰɐn²¹	灰尘
hɪŋ⁵³ tɐi²¹	兄弟	kau⁵³ tʃʰɪŋ²¹	交情
tʃi⁵³ ma²¹	芝麻	ɔ⁵³ niu²²⁻²¹	屙尿(撒尿)
tʃy⁵³ hʊŋ²¹	猪红(猪血)	tʰʊŋ⁵³ hʊŋ²¹	通红

(2)33+21,这类音高值组合占了全部双音节词的 2.65%(13/490),词例[pou³³ ʃou²¹]报仇,此音高值组合的轻重模式如下图:

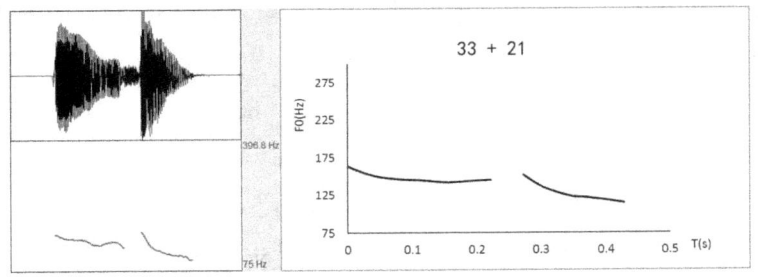

图 2-13 音高值组合 33+21 的词例和轻重模式

从图中我们可以看出,33+21 的音高值组合的前字略高于后字,前字是一个平调,音高值高点在 164Hz 左右,后字是一个降调,音高值高点在 152Hz 左右。这样,音高上就形成了前高后低的分布,和听辨结果中的前重后轻相对应。例词具体如下:

kɐu³³ tʰɐu²¹	叩头(磕头)	pou³³ ʃou²¹	报仇
ʃyn³³ pʰun²¹	算盘	pou³³ tʃʰɐu²¹	报酬
tʰai³³ iaŋ²¹	太阳	tʃʰɐu³³ tʃʰʊŋ²¹	臭虫
hɐu³³ ʃøn²¹	孝顺	kɐi³³ wa²¹	计划
kai³³ lɐŋ²¹	佳能	hei³³ jɐu²¹	汽油

(3)22+21,这类音高值组合占了全部双音节词的 2.45%(12/490),词例[wu²² tʰou²¹]糊涂,此音高值组合的轻重模式如下图:

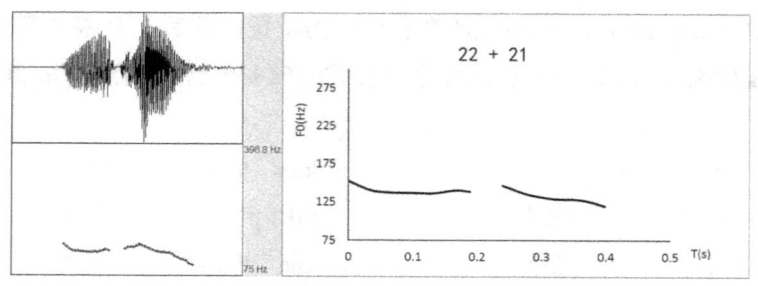

图 2-14　音高值组合 22+21 的词例和轻重模式

从图中我们可以看出,22+21 的音高值组合前后字高点值差不多,前字是一个平调,音高值高点在 152Hz 左右,后字是一个降调,音高值高点在 146Hz 左右。虽然前后字音高值差不多,但是前后字时长不同,前字时长有 189ms,后字时长只有 159ms,这样时长值的前长后短,就对应了听感上的前重后轻。例词具体如下:

wu²² tʰou²¹	糊涂	lɔi²² hɔŋ²¹	内行
miu²² tʰiu²¹	苗条	man²² tʰɐu²¹	馒头(窝头)
jɐu²² y²¹	犹豫	tʂɔ²² yn²¹	状元
pʰei²² pa²¹	枇杷	tʂi²² jin²¹	自然
lim²² tʰɐu²¹	念头	tʂi²² tʊŋ²¹	自动

(4) 53+35,这类音高值组合占了全部双音节词的 2.04%(10/490),词例 [kɐi⁵³ tan²²⁻³⁵] 鸡蛋,此音高值组合的轻重模式如下图:

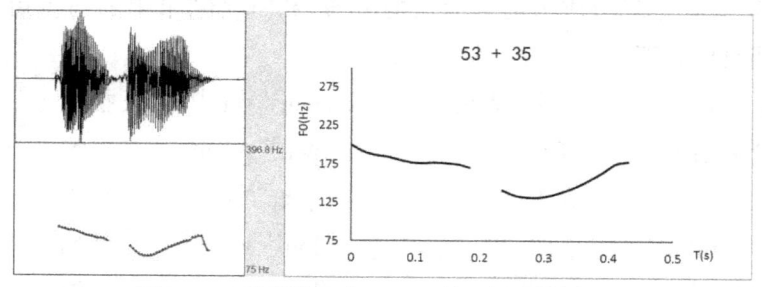

图 2-15　音高值组合 53+35 的词例和轻重模式

从图中我们可以看出,53+35 的音高值组合前字音高值高点明显高于后字,前字是一个平调微降,音高值高点在 200Hz 左右,后字是一个升调,音高值高点在 179Hz 左右。由此前高后低的音高分布和听辨结果的前重后轻就相互对应。例词具体如下:

kɐi⁵³ na³⁵	鸡嫲(母鸡)	ʃaŋ⁵³ kuɐi³⁵	生鬼(滑稽)
pʰa⁵³ tʃou³⁵	怕丑(腼腆)	kɐi⁵³ tan²²⁻³⁵	鸡蛋
ʃi⁵³ tʃi³⁵	狮子	ɔ⁵³ ʃi³⁵	屙屎(拉屎)
kɐi⁵³ tʃei³⁵	鸡仔(小鸡)	tʃy⁵³ jøn²²⁻³⁵	猪膶(猪肝)
hœŋ⁵³ ha²³⁻³⁵	乡下	kɐm⁵³ nin²¹⁻³⁵	今年

（5）35+21，这类音高值组合占了全部双音节词的2.04%（10/490），词例[ʃɔ³⁵ ʃi²¹]锁匙(钥匙)，此音高值组合的轻重模式如下图：

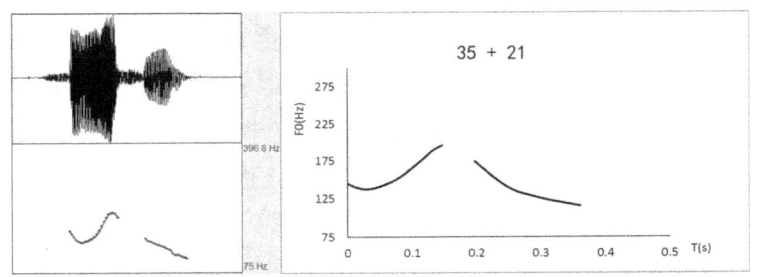

图2-16　音高值组合35+21的词例和轻重模式

从图中我们可以看出，35+21的音高值组合前字稍微高一些，前字是一个升调，音高值高点大概在196Hz左右，音高值范围在137—196Hz，后字是一个降调，音高值高点在173Hz左右，音高值范围在115—173Hz。这样前高后低的音高分布和前重后轻的韵律模式就相对应。例词具体如下：

ʃɐu³⁵ ŋɐi²¹	手艺	ta³⁵ løy²¹	打雷
ʃɔ³⁵ ʃi²¹	锁匙(钥匙)	kua³⁵ fu²¹	寡妇
ʃøy³⁵ lɐi²¹	水泥	jɐm³⁵ tʃʰa²¹	饮茶(喝茶)
pei³⁵ ji²¹	比尔	hɔ³⁵ lin²¹	可怜

（6）35+53，这类音高值组合占了全部双音节词的2.04%（10/490），词例[hei³⁵ tʃœk³³⁻⁵³]喜鹊，此音高值组合的轻重模式如下图：

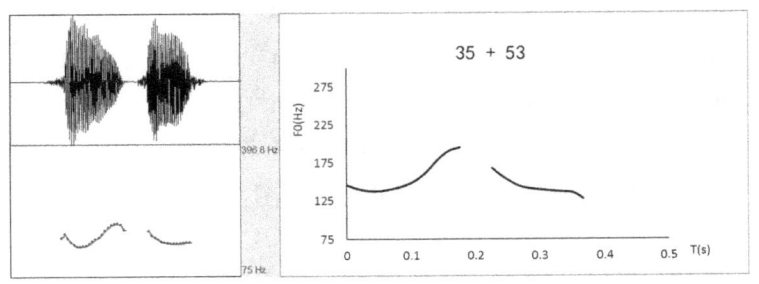

图2-17　音高值组合35+53的词例和轻重模式

从图中我们可以看出,35+53 的音高值组合,从调值上预测前后字的音高值高点可能相近,其实它跟 35+21 组合很像,都是前字音高值稍微高一些,前字是一个升调,音高值高点在 194Hz 左右,后字是一个降调,音高值高点在 168Hz 左右,前高后低的音高分布和前重后轻的韵律模式相互对应。例词具体如下:

hei³⁵ tʃœk³³⁻⁵³	喜鹊	tʃʰøn³⁵ hei⁵³	喘气
tʃi³⁵ kap⁵³	指甲	koi³⁵ ʃin⁵³	改善
fɔ³⁵ tʃʰai²¹⁻⁵³	火柴	kɔŋ³⁵ fa⁵³	讲法(说法)
hɔi³⁵ tʰaŋ⁵³	海棠	tʰei³⁵ min²²⁻⁵³	体面

(7) 35+33,这类音高值组合占了全部双音节词的 1.63%(8/490),词例[ʃɐu³⁵ ʃɐi³³]手艺,此音高值组合的轻重模式如下图:

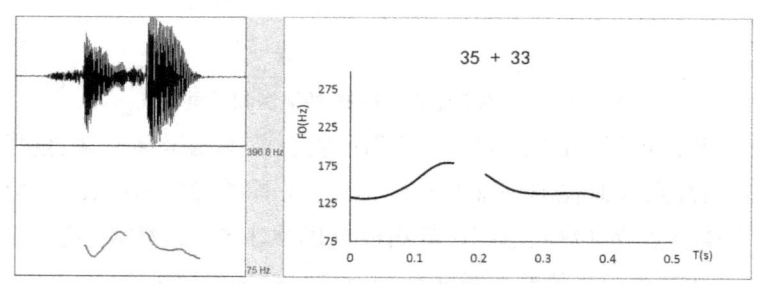

图 2-18　音高值组合 35+33 的词例和轻重模式

从图中我们可以看出,35+33 的音高值组合,也是前字音高值稍微高一些,前字是一个升调,音高值高点在 180Hz 左右,音高值范围在 131—180Hz,后字是一个平调,音高值高点在 164Hz 左右,平稳段在 138—140Hz,这样音高上前高后低的分布,再次对应了听感上前重后轻的模式。例词具体如下:

tʰei³⁵ ha³³	睇下(看看)	kɔn³⁵ kɐu³³	讲究
hɐu³⁵ hei³³	口气	kɐu³⁵ tʃʰɔi³³	韭菜
ʃiu³⁵ hei³³	小气	ʃɐu³⁵ ʃɐi³³	手艺
ta³⁵ pan³³	打扮	kɐn³⁵ jiu³³	紧要

(8) 23+21,这类音高值组合占了全部双音节词的 1.63%(8/490),词例[jy²³ jin²¹]语言,此音高值组合的轻重模式如下图:

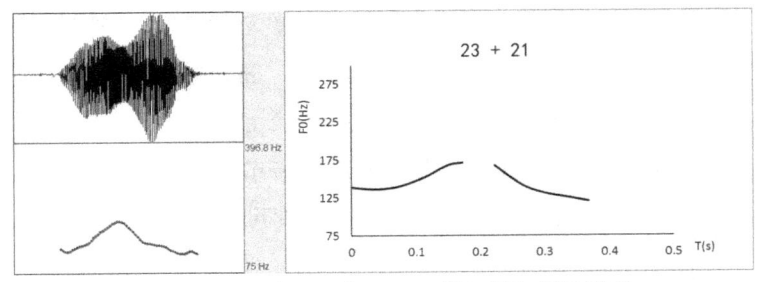

图 2-19　音高值组合 23+21 的词例和轻重模式

从图中我们可以看出,23+21 的音高值组合前后字音高值高点接近,前字是一个升调,音高值高点在 172Hz 左右,音高值范围在 137—172Hz,后字是一个降调,音高值高点在 168Hz 左右,音高值范围在 121—168Hz,前字整体稍高于后字。然而,我们观测前后字的时长值,发现前字时长值 172ms,后字时长值 145ms,前字明显长于后字,这样,在前后字音高值接近的情况下,时长值形成前长后短的分布,和听感上的前重后轻相对应。例词具体如下:

løy²³ tʰɐu²¹	里头	ŋan²³ huŋ²¹	眼红
ma²³ tʰɐu²¹	码头	jy²³ jin²¹	语言
lou²³ pʰɔ²¹	老婆	ma²³ lei²¹	玛丽
ma²³ ʃœŋ²¹	马上	mou²³ juŋ²¹	没用(窝囊)

(9) 53+35,这类音高值组合占了全部双音节词的 1.43%(7/490),词例 [fan⁵³ kan³⁵] 番枧(肥皂),此音高值组合的轻重模式如下图:

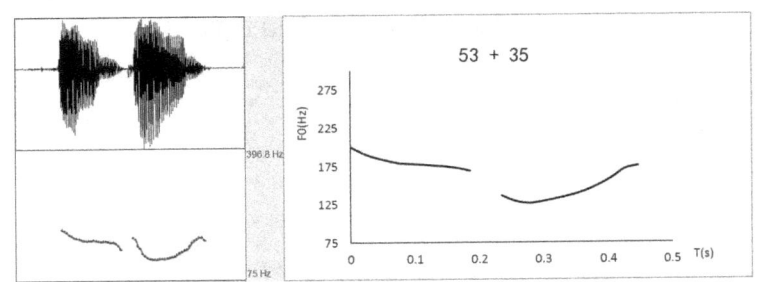

图 2-20　音高值组合 53+35 的词例和轻重模式

53+35 的音高值组合从调值描写上预测前后字的音高值高点,二者应该差不多,但是从图中可以看出,前字明显高于后字,前字音高值高点有 200Hz 左右,后字高点只有 175Hz 左右,由此音高上前高后低的分布和听感上前重后轻的韵律模式相对应。例词具体如下:

ʃi⁵³ fu³⁵	师傅	fan⁵³ kan³⁵	番枧(肥皂)
tʰɔ⁵³ hai²¹⁻³⁵	拖鞋	ʃiu⁵³ mai³⁵	烧麦(烧卖)
ʃɐmʃ⁵³ hɐu³⁵	胸口(胸脯)	ʃiu⁵³ tʃi³⁵	烧纸

（10）53+23，这类音高值组合占了全部双音节词的1.23%（6/490），词例[tʃʰou⁵³ lou²³]粗鲁，此音高值组合的轻重模式如下图：

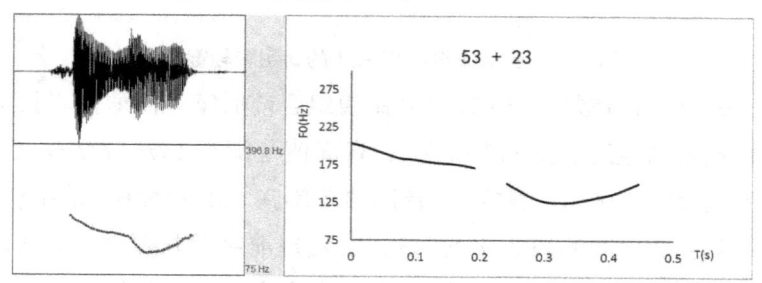

图2-21　音高值组合53+23的词例和轻重模式

从图中我们可以看出，53+23的音高值组合明显前字较高，前字音高值高点有204Hz左右，后字高点只有151Hz左右。同样，音高上前高后低的分布和听感上前重后轻的韵律模式形成对应。例词具体如下：

tʰɔŋ⁵³ mou²³	汤姆	tʃʰou⁵³ lou²³	粗鲁
ɪŋ⁵³ mou²³	鹦鹉	kɐi⁵³ ŋan²³	鸡眼
ɔ⁵³ tʰou²³	泻肚	tʃɐn⁵³ lei²³	真理

（11）55+53，这类音高值组合占了全部双音节词的1.02%（5/490），词例[ka⁵³⁻⁵⁵ ʃi⁵³]家私(家具)，此音高值组合的轻重模式如下图：

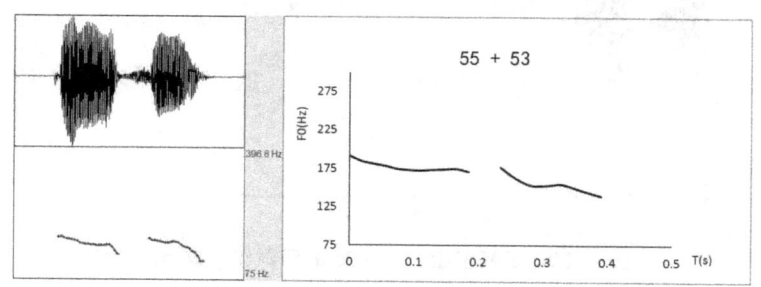

图2-22　音高值组合55+53的词例和轻重模式

从图中我们可以看出，55+53的音高值组合前字略高于后字，前字音高值高点有191Hz左右，后字高点有177Hz左右。由此，音高上形成前高后低的分布，和听辨前重后轻的结果相对应。例词具体如下：

kʊŋ⁵⁵ jɐn²¹⁻⁵³	供人（用人）	ka⁵³⁻⁵⁵ ʃi⁵³	家私（家具）
lɔ⁵⁵ sɔ⁵³	啰唆	ʃiu⁵⁵ fa⁵³	消化

除此之外，HL 型听辨结果中还有 21+21,33+33,55+55 等这样的等高型音高值组合，我们在 2.3.3 节详细讨论。

2.3.3　广州话等高型双音节词的轻重韵律类型

等高型双音节词是指前后音节音高值相等或相近的双音节词，如广州话的 55+55,35+35,21+21,33+33 等。从上文我们可以看到广州话双音节词有两种听辨结果，LH 型和 HL 型，但是这些等高的音高值组合有的只出现在一种听辨结果中，如 23+23,5+5,53+53 等组合，有的则出现在 LH 型和 HL 型两种听辨结果中，如 55+55,35+35,21+21,33+33 等组合，那么这些组合在音高值上会有什么不同的表现呢？我们借助语音实验的方法来分析。

首先，我们对所有等高型组合中例词数量大于两个的（广州话中所有只出现在一种听辨结果中的音高值组合的例词数量都很少，小于等于两个），分别取一词例，列出其声波和音高图，如下图左。接着，我们再从每个音高值组合中抽取一定数量的词例（8 个以上的取 8 个，8 个以下的全取），手动标注音高的始末位置，用 Praat 脚本提取时长和音高数据，取其平均值，画出音高曲线，如下图右。

（1）55+55，占全部听辨双音节的 7.55%（37/490），其中听辨结果有两种，LH 型和 HL 型。

LH 型有 33 个，具体例词如下：

tʃʰɛŋ⁵³⁻⁵⁵ kua⁵³⁻⁵⁵	青瓜	wu⁵³⁻⁵⁵ jɪŋ²¹⁻⁵⁵	乌蝇（苍蝇）
laŋ⁵⁵ ʃam⁵³⁻⁵⁵	冷衫（毛衣）	tʊŋ⁵⁵ ʃɐi⁵³	东西
pa⁵⁵ tʃa⁵⁵	巴扎（泼辣）	fu⁵⁵ tʃʰɐi⁵⁵	夫妻
ʃiŋ⁵³⁻⁵⁵ jɐm⁵³⁻⁵⁵	声音	ŋam⁵⁵ ŋam⁵⁵	啱啱（刚才）
tʰin⁵³⁻⁵⁵ hak⁵⁵	天黑	fa⁵³⁻⁵⁵ ʃɐŋ⁵³⁻⁵⁵	花生

HL 型有 4 个，具体例词如下：

pan⁵⁵ kʰou⁵⁵	斑鸠	hœŋ⁵³⁻⁵⁵ tʃiu⁵³⁻⁵⁵	香蕉
fan⁵³⁻⁵⁵ kua⁵³⁻⁵⁵	番瓜（南瓜）	yn⁵⁵ jɐ⁵⁵	鸳鸯

我们按照 LH 型和 HL 型分别做出两类的音高曲线图，如下图：

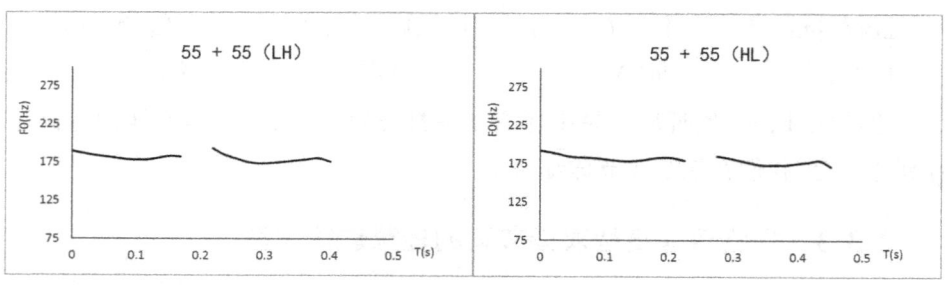

图 2-23　广州话 55+55 组合 LH 型和 HL 型轻重模式

从图 2-23 中的 LH 型音高曲线来看,其前后字音高值接近,前字音高值高点为 189Hz,后字高点为 193Hz,但是前后字的时长不同,前字 168ms,后字 183ms,后字时长值长于前字。这样,就形成音高值相等,音长值前短后长的分布,和我们听辨结果的前轻后重(LH 型)相对应。

从图 2-23 中的 HL 型音高曲线来看,其前后字音高值接近,前字音高值高点为 192Hz,后字高点为 185Hz,但是前后字的时长不同,前字 224ms,后字 177ms,前字时长值长于后字。音高值相等,音长值呈现前长后短,对应了我们听辨结果的前重后轻(HL 型)。

(2) 35+35,占全部听辨双音节的 4.08%(20/490),其中听辨结果有两种,LH 型和 HL 型。LH 型的有 19 个,HL 型的 1 个。具体例词如下(未标注的是 LH 型):

ku³⁵ tɕei³⁵	古仔(故事)	hɐu³⁵ ʃøy³⁵	口水
kuai³⁵ tɕiœŋ²²⁻³⁵	拐杖	tɕɔ³⁵ ʃɐu³⁵	左手
jɐm³⁵ tɕɐu³⁵	饮酒(喝酒)	fɔ³⁵ ʃøy³⁵	火水(煤油)
tɕi³⁵ mui²²⁻³⁵	姊妹(姐妹)	kɐn³⁵ kɐn³⁵	仅仅
kuɐn³⁵ ʃøy³⁵	滚水(开水)	hou³⁵ tɕʰy³⁵	好处(HL)

我们按照 LH 型和 HL 型分别做出两类的音高曲线图,如下图:

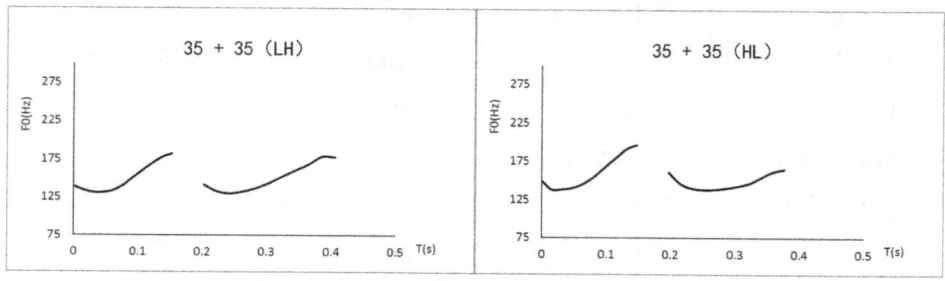

图 2-24　广州话 35+35 组合 LH 型和 HL 型轻重模式

从图 2-24 中的 LH 型音高曲线来看,其前后字音高值接近,前字音高值高点为 182Hz,后字高点为 179Hz,但是前后字的时长不同,前字 152ms,后字 204ms,后字时长值明显长于前字。音高值相等,音长值形成前短后长的分布,对应了我们听辨结果中的前轻后重(LH 型)。

从图 2-24 中的 HL 型音高曲线来看,前字音高值明显高于后字,前字音高值高点有 197Hz,后字高点只有 165Hz。这样前后音节音高上的前高后低就对应了我们听辨结果的前重后轻(HL 型)。

(3) 21+21,占全部听辨双音节的 2.86%(14/490),其中听辨结果有两种,LH 型和 HL 型。LH 型的有 3 个,HL 型的 11 个。具体例词如下(未标注的是 LH 型):

mɪŋ²¹ nin²¹	明年	wa²¹ ji²¹	怀疑(HL)
jɐn²¹ tei²²⁻²¹	人哋(别人)	jɐu²¹ wɔ²¹	柔和(HL)
mei²¹ mou²¹	眉毛	mo²¹ mo²¹	毛毛(HL)
kʰyn²¹ tʰɐu²¹	拳头(HL)	ʃi²¹ ʃi²¹	时时(HL)
haŋ²¹ løy²¹	行雷(HL)	mɔŋ²¹ mɔŋ²¹	茫茫(HL)

我们按照 LH 型和 HL 型分别做出两类的音高曲线图,如下图:

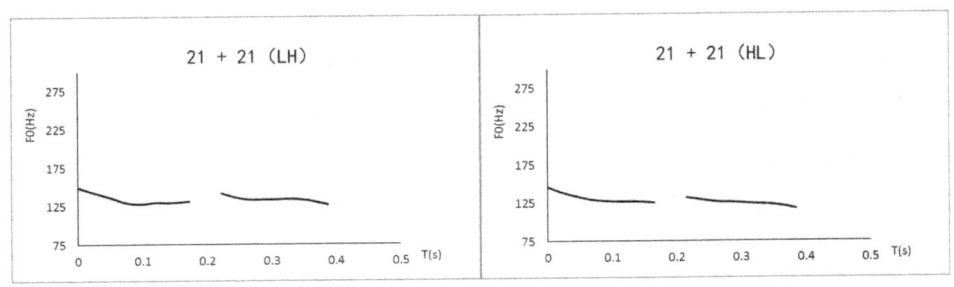

图 2-25 广州话 21+21 组合 LH 型和 HL 型轻重模式

从图 2-25 中的 LH 型和 HL 型音高曲线来看,它们的前后字音高值接近,LH 型的前字音高值高点为 149Hz,后字高点为 142Hz;HL 型的前字音高值高点为 146Hz,后字高点为 132Hz。而且前后字的时长也差不多,LH 型的前字 172ms,后字 165ms;HL 型的前字 165ms,后字 169ms。在音高曲线上无论高低还是长短,似乎都没有明显的规律,所以在 21+21 音高值组合中,其听感上的轻重模式存在一定的随机性,这样的随机性其实反映了广州话整体轻重模式处在一个变化的过程中。

（4）33+33，占全部听辨双音节的1.84%(9/490)，其中听辨结果有两种，LH型和HL型。LH型的有5个，HL型的4个。具体例词如下（未标注的是LH型）：

pou³³ kou³³	报告	tʃiu³³ ku³³	照顾（HL）
fɔŋ³³ pʰei³³	放屁	kam³³ kai³³	尴尬（HL）
fɐn³³ kau³³	瞓觉（睡觉）	kei³³ ʃɪŋ³³	记性（HL）
tʃʰy³³ tʃʰy³³	处处	ʃɔŋ³³ hei³³	丧气（HL）

我们按照LH型和HL型分别做出两类的音高曲线图，如下图：

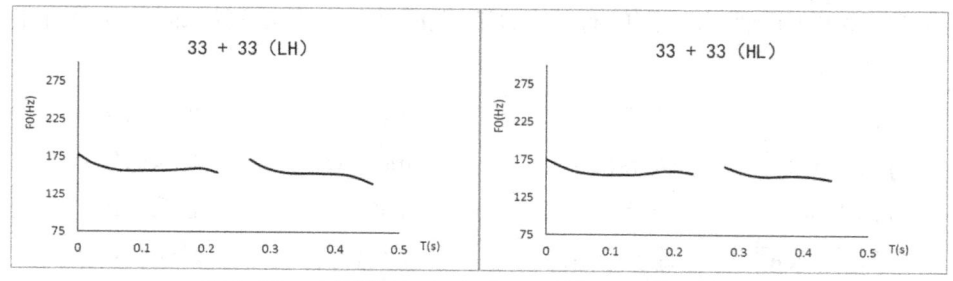

图2-26　广州话33+33组合LH型和HL型轻重模式

从图2-26中的LH型音高曲线来看，其前后字音高值接近，前字音高值高点为178Hz，后字高点为172Hz，但是前后字的时长不同，前字217ms，后字191ms，前字时长值长于后字。联系轻重听辨实验，我们发现音高值相等时，音长值的前长后短，和我们听辨结果的前轻后重（LH型）相对应，时长值短的反而对应了重，时长值长的反而对应了轻。与前文案例中发现的时长值长的对应重，时长值短的对应轻，情况不同，这样的例外可能需要从词法或者历史层次的角度做进一步地分析。

从图2-26中的HL型音高曲线来看，其前后字音高值接近，前字音高值高点为175Hz，后字高点为166Hz，但是前后字的时长不同，前字227ms，后字166ms，前字时长值长于后字。由此，音高值相等时，音长值的前长后短就对应了我们听辨结果的前重后轻（HL型）。

（5）22+22，占全部听辨双音节的0.82%(4/490)，其中听辨结果有两种，LH型和HL型。LH型的有3个，HL型的1个。具体例词如下（未标注的是LH型）：

| tʊŋ²² tʃɪŋ²² | 动静 | mei²² tou²² | 味道 |
| tɐu²² fu²² | 豆腐 | tɐi²² ji²² | 第二（HL） |

我们按照 LH 型和 HL 型分别做出两类的音高曲线图,如下图:

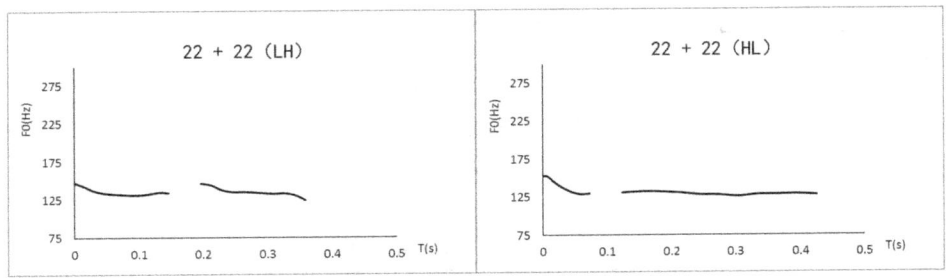

图 2-27　广州话 22+22 组合 LH 型和 HL 型轻重模式

从图 2-27 中的 LH 型音高曲线来看,其前后字音高值接近,前字音高值高点为 148Hz,后字高点为 146Hz,但是前后字的时长不同,前字 146ms,后字 162ms,后字时长值长于前字。这样,我们发现在音高值相等时,音长值的前短后长对应我们听辨结果的前轻后重(LH 型)。

从图 2-27 中的 HL 型音高曲线来看,前字音高值明显高于后字,前字音高值高点有 153Hz,后字高点只有 132Hz。音高值上的前高后低对应了我们听辨结果的前重后轻(HL 型)。虽然时长上后字远远长于前字,听辨结果还是 HL 型,用实验数据充分说明衡量轻重韵律时,音高相对于时长的优先性。

2.3.4　广州话轻重韵律类型与传统双音节词连读连调的关系

黄平文(2000),曾晓渝和牛顺心(2006),侯兴泉(2011),徐荣(2015)等的研究表明,粤语和壮语的双音节词连读变调都存在前字变调、后字不变调的一般规律,但是究其动因,学界尚无定论,侯兴泉(2011),黄平文(2000),曾晓渝和牛顺心(2006)都发现了这种连读变调模式和前轻后重的轻重音相关,曾文还称其为"韵律变调",但是在探索二者的关联模式过程中,曾和侯引入语法,着眼于语法和语音的相互关系,采用了包含句法结构的辅重论,可是徐荣(2015)的分析明确指出,不同的句法结构"鸡公(正偏)"和"鸡肉(偏正)","教师(偏正)"和"教书(述宾)",都是前字变调,说明辅重论不适合用作轻重音和连读变调的关联模式。

本文假设轻重音是连读变调的动因,而轻重音和连读变调的关联模式是通过音高值实现的。既然如此,相同的轻重音应该有相同的连读变调模式,音高值作为关联内容,相同的连读变调模式应该表现为相同的音高值组合,也就是说相同的轻重音(前轻后重型、前重后轻型)在连读变调后表现的音高值组合应该是相同的(前高后低型、前低后高型)。广州话双音节词的 LH 型轻重模式在音高值上统一表现为前低后高或等高情况下的前短后长,反之亦然,HL 型在音高值的表现上一样统一,都是前高后低或等高情况下的前长后短。广州话的语音实验数据验证了我们假设的可行性。

2.4 本章小结

我们对广州话双音节词进行了轻重听辨调查,从听辨结果上可以看出,广州话双音节词既有 LH 型韵律模式,又有 HL 型韵律模式,但是以 LH 型为主。在我们调查的 487 项词汇中,LH 型有 307 项,HL 型有 180 项。

在轻重听辨的基础上,我们对 LH 和 HL 两种轻重模式进行了语音实验,发现 LH 型在音高值上主要实现为组合 55+55,21+55,21+35,35+35,35+55,33+35,33+55,21+33,22+35,22+55,53+35,21+22,22+33,23+35 等,HL 型的音高值组合主要为 53+21,33+21,22+21,21+21,35+21,35+53,35+33,23+21,53+35,53+23,55+53 等。联系轻重听辨的结果,我们发现前后音节的音高对比,LH 型表现为前低后高,HL 型表现为前高后低,但都是音高值高的对应了重,音高值低的对应了轻;前后音节音高值相等或相近时,LH 型表现为时长上的前短后长,HL 型表现为前长后短,但都是时长长的对应了重,时长短的对应了轻。

由此,我们发现 LH 型和 HL 型的轻重都集中体现在前后音节的音高值对比上(包含时长因素),广州话的实验数据证实了我们的假设:重音主要表现为包括时长在内的音高凸显,而连读变调研究中前字变调,后字不变调的模式,恰好和粤方言是以 LH 型韵律模式为主的分布相对应。

第3章
闽方言的韵律类型(福州话)

3.1 闽语和福州话

闽方言形成于福建并以福建为主要分布地域,因此按传统习惯称为闽语。但是闽语的分布范围大大超出了福建省的界限。就目前所知,闽语集中分布在福建、台湾、海南三省以及广东省的潮汕地区和雷州半岛。浙江省(主要是南部)、广西壮族自治区、江苏省南部、安徽省南部、江西省东北部也有闽方言分布(李小凡、项梦冰,2010)。东南亚各地数百万华裔和华侨,也以闽方言为日常交际语之一。

闽方言内部比较复杂,不但闽南与闽北不能通话,就是闽南或闽北内部也还有许多分歧很大的土语。研究闽语的专家把福建闽语分为五个区,闽东、莆仙、闽南、闽中和闽北(袁家骅,1980),其中闽东区以福州话为代表。

福州在历史上一直是府治所在,近代又是省城,因此福州话在区内影响很大,自然成为代表方言。福州话作为闽东方言的代表点,在语音上有以下特点:明微/泥日来/疑母大多读 m-/n-/ŋ-,部分微母和日母文读音,读零声母;部分从母字白读为 s(与心、邪书母混);单韵母多,常有 y、ø、œ 等圆唇元音,y 可作韵腹、韵头和韵尾;支和脂多读-ŋ 韵尾,各地均不读鼻化韵;入声字一般读-ʔ 塞尾韵;全浊上归阳去,7 个声调,入声读为促韵;多音连读时常有声、韵、调的变化,非末字变调、非首字变声(详参侯精一,2002)。

3.2 福州话的声调

闽语单字调多为 7 个调类,少数为 8 个调类(潮雷琼)或 6 个调类(闽中、闽北),其中多数点有 2 个入声调。福州话单字调与多数闽语一样,有 7 个调类,2 个入声调,我们采用《汉语方音字汇》(2003)的声韵调,具体如下:

表 3-1　福州话单字调

阴平 44	上声 31	阴去 213	阴入 23
阳平 52		阳去 242	阳入 4

福州话双音节词里,一般是前字变调,后字不变调。变调后产生了两个新调:半阴去 21 和半阳去 24,前者调值与上声 31 相近,较难分辨,因此有人把它们混同了,例如《汉语方音词汇》(1995 第二版,1964 第一版),本文主要考察对象之一是音高值,因此还是采取把 21 和 31 区分开的做法。梁玉璋先生 1986 年《福州方言的语流音变》一文中详细描写了福州话双音节词的变调规则,提出后字 7 个声调按照Ⅰ、Ⅱ、Ⅲ三种方法规定前字变调的读法,前字 7 个声调的变调类型也具体分为甲、乙、丙三种,具体参看表 3-2。本文在对福州话双音节词调查的时候,发现双音节词的变调规律基本上与梁先生的总结一致,只有前字阳平 52、阳入 4 和后字阴平 44 组合时,其变调结果稍有不同,前字变成了 44/4,不是上声 31,后字不变。

表 3-2 福州话双音节变调规律表①

变调 上字调	下字调	I 阴平 阳平 阳入	II 上声	III 阴去 阳去 阴入
甲	阴平 41 阴去 213 阳去 242 阴入乙 23	阴平 44		阳平 53
乙	上声 31 阴入甲 23	半阴去 21	半阳去 24	阴平 44
丙	阳平 53 阳入 5	上声 31		半阴去 21

资料来源：梁玉璋，1986。

关于闽语双音节词连读变调的研究很多，例如闽北方言，冯爱珍(1986)描写福建顺昌话的两字组连读变调，后字一律不变调，阴平、阴上、阳去、阳入作为前字不变调，阳平、阳上、阴去作为前字，有时变调，有时不变调。闽南方言的就更多了，一般都是前字变调，后字一律不变调，例如张振兴(1983)描写的闽南漳平永福方言，陈宝贤(2010)描写的漳平新桥方言，陈宝贤(2017)描写的漳平菁城方言，等等。只是陈宝贤在描写新桥方言和菁城方言的连读变调时，采用了公式法，认为连调组的构成可以表示为 $(q_1 \cdots\cdots q_2 q_1) J (h_1 \cdots\cdots h_n)$，连调组有且只有一个基字 J，前基字 $q_n(n \geq 1)$ 和后基字 $h_n(n \geq 1)$ 可有可无。一般情况下，基字读单字调，基前字、基后字分别读前变调、后变调。同一单字调在不同基前字位置上的变调大体遵循相同的变调规则，同一单字调在不同基后字位置上的变调相同，变调前后舒促一致，变调调值没有超出单字调系统。这是一种新的描写方言连读变调的方法，突出音节位置在连读中的重要性，但是还停留在对连读变调规律的总结上，并没有揭示连读变调的内在动因。本文主要研究的就是驱动双音节词连读变调的轻重音，按照我们的理论

---

① 阴入字变调有两种形式：甲类：保留塞音韵尾-ʔ，此类字较多；乙类：塞音韵尾-ʔ消失，此类较少。

假设,音高(包括时长因素在内)的凸显是重音的表现,而重音是驱动音节连读变调的动力,因此福州话双音节词连读之后的变调结果,在音高上的表现,应该是和福州话双音节词轻重韵律模式的表现是一致的。因此,我们对福州话的双音节词进行轻重听辨和语音实验,用数据来验证我们的理论假设。

本文首先针对福州话的双音节词展开调查,采用一个包含复合词、派生词、单纯词、译名、ABB 式等共 710 词的词表,因为有的词不只有一种说法,因此最终获取的词条是 732 条,其中双音节词 583 条[①]。本文的语料来源都是一手资料,使用专业的声卡(Komplete Audio 6)和话筒(AKG-C544L)进行数据采样,采样软件为斐风 F2.0.2(Field Phon),语言样品为 WAV 格式(采样率 44100 字节/秒,数据位宽 16 比特)。发音人为中老年男性,具体信息参见表 1-4。

然后,我们通过听辨的形式记录福州话双音节词的轻重,H 表示重,L 表示轻,HL 型就是前重后轻的重轻型韵律模式,LH 型就是前轻后重的轻重型韵律模式。鉴于我们的理论假设中音高和轻重音的密切关系,我们用记录音高值的方法来表示听辨的轻重,音高值用基频赫兹值表示。为与单音节词声调描述配合,我们对双音节词的轻重特征也采用五度标记法来赋值,例如福州话的 LH 型呈现的前后音节声调或凸显轻重的音高值分别是:44+52,31+52,21+44,21+23,21+52,21+242 等。像表 3-3 中的例词"芝麻",前字音高值 44,后字音高值 52,对应的轻重听辨结果是 LH 型,更多例词如下:

表 3-3　音高值与轻重对应示例

tsie	44	muai	52	芝麻	LH	pa	44	lei	52	巴黎	LH
mi	31	mɔ	52	眉毛	LH	mi	31	xu	52	迷糊	LH
ieu	21	œy	242	犹豫	LH	muei	21	lei	242	茉莉	LH
pa	52	zuŋ	31	巴掌	HL	tsʰu	52	lu	31	粗鲁	HL
xyɔŋ	52	nzai	213	香菜	HL	kaŋ	52	zia	213	甘蔗	HL

3.3　福州话的韵律类型与音高组合

福州话双音节词轻重韵律的听辨结果有两种模式:LH 型和 HL 型,其中

---

① 732 条词例去除单音节词、三音节词、四音节词等,剩余双音节词 583 条。

以 LH 型为主(346 词),同时存在部分 HL 型(237 词),每种轻重模式表现为多种音高值组合。

3.3.1 福州话轻重型双音节词与音高组合

福州话双音节词的第一种轻重类型是 LH 型(轻重型)。LH 型韵律模式的前后音节的音高值分别是:44+44、44+52、31+52、21+44、21+23、21+52、21+242、24+31、44+4 等(按照数量从多到少排列)。

下面我们用实验语音学的方法观测 LH 型轻重模式具体的音高表现。我们对每种音高值组合取一词例,列出其声波和音高图,如图 3-1 左。接着,我们再从每个音高值组合中抽取一定数量的词例(音高值组合的词例数量在 8 个以上的取 8 个样本,8 个以下的全取),手动标注音高的始末位置,用 Praat 脚本提取时长和音高数据,取其平均值,画出音高曲线,得到福州话双音节词 LH 型的韵律模型,如图 3-1 右。

(1) 44+52,这类音高值组合占了全部双音节词的 9.95%(58/583),是 LH 型韵律模式的第二主体(第一主体是音高值组合 44+44,在 3.2.3 详细分析)。词例[pʰa⁴⁴ lai⁵²]拍雷(打雷),此音高值组合的轻重模式如下图:

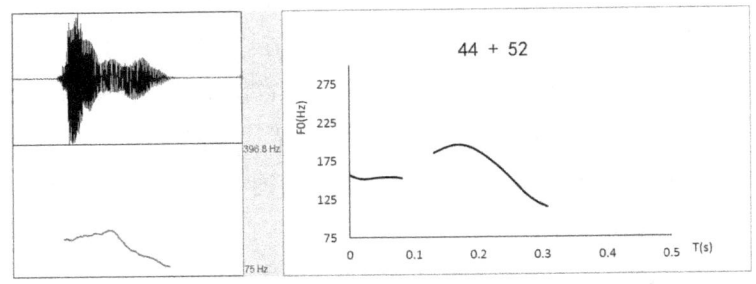

图 3-1 音高值组合 44+52 的词例和轻重模式

从图中我们可以看出,44+52 的音高值组合明显后字较高,前字音高值高点大概在 156Hz 左右,后字音高值高点却在 195Hz 左右,这样就形成了音高值上的前低后高,对应了我们听感上前轻后重的韵律模式,音高值高的对应了重,音高值低的对应了轻。例词具体如下:

tsʰouŋ⁴⁴ nieŋ⁵²	窗帘	tsie⁴⁴ muai⁵²	芝麻
pʰa⁴⁴ lai⁵²	拍雷(打雷)	pa⁴⁴ lei⁵²	巴黎
uŋ⁴⁴ niŋ⁵²	塕尘(灰尘)	pɔ⁴⁴ xɔ⁵²	薄荷

souŋ²¹³⁻⁴⁴ muaŋ⁵²	算盘		tiʔ²⁴²⁻⁴⁴ lyŋ⁵²	地龙(蚯蚓)
kʰɔ²¹³⁻⁴⁴ nieŋ⁵²	去年		kʰa²³⁻⁴⁴ p-βuŋ⁵²	客房

（2）31+52，此音高值组合占听辨双音节词的 6.69%(39/583)。词例[sieʔ⁴⁻³¹ ta⁵²]食茶(喝茶)：

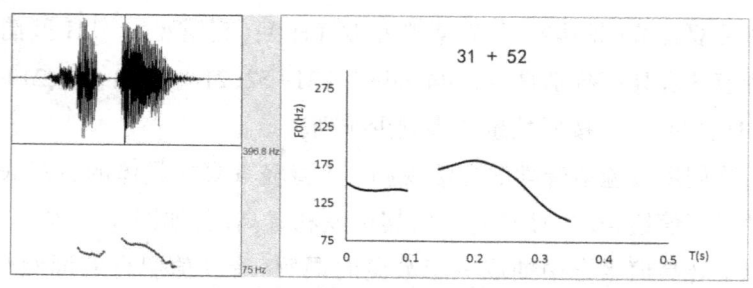

图 3-2 音高值组合 31+52 的词例和轻重模式

从音高曲线图我们可以看出 31+52 的音高值组合，后字明显较高，前字音高值高点只在 152Hz 左右，后字音高值高点却在 181Hz 左右，这样就形成了音高值上前低后高的分布，和我们听感上前轻后重的韵律模式相对应。例词具体如下：

pu⁵²⁻³¹ liŋ⁵²	*菩蝇(苍蝇)		sieʔ⁴⁻³¹ ta⁵²	食茶(喝茶)
mi⁵²⁻³¹ mɔ⁵²	眉毛		xouʔ⁴⁻³¹ tʰɔ⁵²	核桃
mi⁵²⁻³¹ xu⁵²	迷糊		xuaʔ⁴⁻³¹ tʰau⁵²	滑头
tɛu⁵²⁻³¹ tɛu⁵²	条条		peiʔ⁴⁻³¹ nøyŋ⁵²	别人
pɔ⁵²⁻³¹ lɔ⁵²	葡萄		ŋyʔ⁴⁻³¹ laŋ⁵²	玉兰

（3）21+44，此音高值组合在听辨的双音节词中占 4.8%(28/583)。词例[tsɔʔ²³⁻²¹ ka⁴⁴]作家：

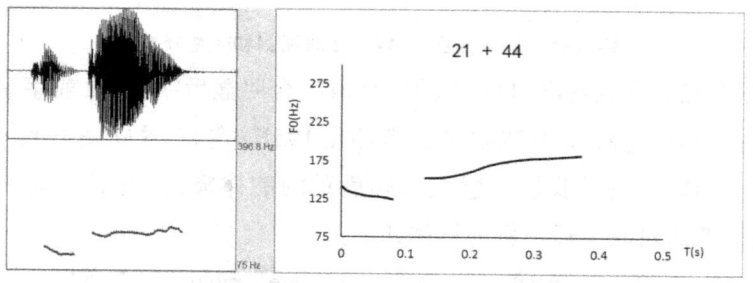

图 3-3 音高值组合 21+44 的词例和轻重模式

* 表示后面的汉字不确定是否准确。

从音高曲线图我们可以看出,21+44 音高值组合明显后字较高,前字音高值高点在 142Hz 左右,后字音高值高点在 183Hz 左右,这样在音高值上的前低后高的分布,对应了我们听感上前轻后重的韵律模式。例词具体如下:

xuaʔ²³⁻²¹ sieu⁴⁴	发烧		pieŋ³¹⁻²¹ naŋ⁴⁴	扁担
kuɔʔ²³⁻²¹ ka⁴⁴	国家		tieŋ³¹⁻²¹ liŋ⁴⁴	点心
kʰiʔ²³⁻²¹ kʰuei⁴⁴	*噢亏(难过)		tiŋ³¹⁻²¹ nzeiŋ⁴⁴	顶针
keiʔ²³⁻²¹ tʰa⁴⁴	吉他		xuei³¹⁻²¹ zia⁴⁴	火车
tsɔʔ²³⁻²¹ ka⁴⁴	作家		tsuei³¹⁻²¹ lieŋ⁴⁴	水仙

(4) 21+23,此音高值组合在听辨的双音节词中占 3.43%(20/583)。词例[møyʔ⁴⁻²¹ saiʔ²³]木虱(臭虫):

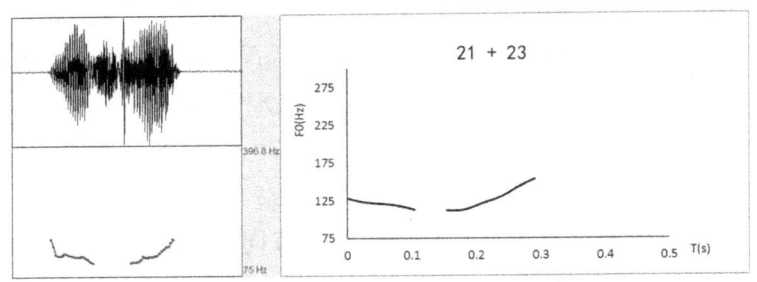

图 3-4　音高值组合 21+23 的词例和轻重模式

从音高曲线图我们可以看出,21+23 音高值组合明显后字较高,前字音高值高点在 129Hz,后字音高值高点在 154Hz,由此就形成了音高值上的前低后高,和我们听感上前轻后重的韵律模式相对应。例词具体如下:

ŋu⁵²⁻²¹ køyʔ²³	牛公(公牛)	yɔŋ⁵²⁻²¹ xaiʔ²³	羊血
mɔ⁵²⁻²¹ βeiʔ²³	毛笔	møyʔ⁴⁻²¹ saiʔ²³	木虱(臭虫)
tʰau⁵²⁻²¹ uɔʔ²³	头发	laʔ⁴⁻²¹ tsuʔ²³	蜡烛
mɔ⁵²⁻²¹ tʰauʔ²³	摩托	touʔ⁴⁻²¹ nɔʔ²³	夺毛(抢东西)
nøyŋ⁵²⁻²¹ ŋaʔ²³	人客(客人)	sieʔ⁴⁻²¹ pieʔ²³	食鳖

(5) 21+52,此音高值组合在听辨的双音节词中占 3.09%(18/583)。词例[tsʰuɔ²³⁻²¹ ta⁵²]啜茶(喝茶):

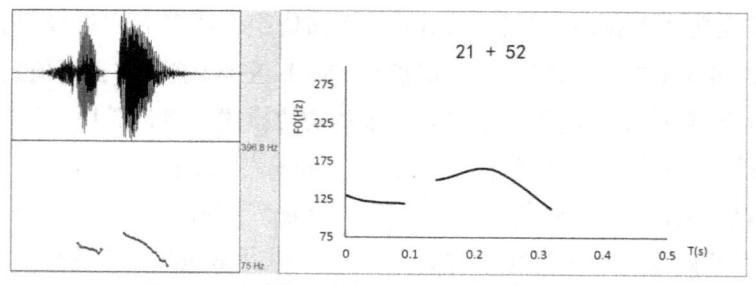

图 3-5　音高值组合 21+52 的词例和轻重模式

从音高曲线图我们可以看出，21+52 音高值组合明显后字高于前字，前字音高值高点在 130Hz，后字音高值高点在 167Hz，音高值上这样的前低后高，就对应了我们之前听感上前轻后重的韵律模式。例词具体如下：

sɔ³¹⁻²¹ lie⁵²	锁匙	ma³¹⁻²¹ lau⁵²	码头
sai³¹⁻²¹ nøyŋ⁵²	使人（用人）	tsʰuɔ²³⁻²¹ ta⁵²	啜茶（喝茶）
ŋy³¹⁻²¹ ŋuɔŋ⁵²	语言	xuaʔ²³⁻²¹ louŋ⁵²	发廊
pi³¹⁻²¹ i⁵²	比尔	xeiʔ²³⁻²¹ yɔŋ⁵²	血缘
muei³¹⁻²¹ li⁵²	尾梨（荸荠）	tsʰeiʔ²³⁻²¹ luɔŋ⁵²	测量

（6）24+31，此音高值组合在听辨的双音节词中占 2.92%（17/583）。词例 [tsʰieu³¹⁻²⁴ li³¹] 手里（戒指）：

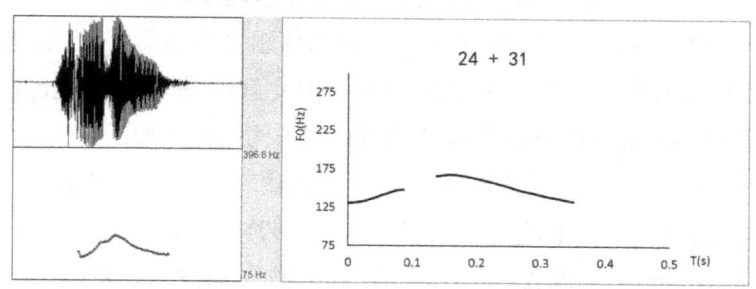

图 3-6　音高值组合 24+31 的词例和轻重模式

从音高曲线图我们可以看出，24+31 音高值组合前字的调值虽记作 24，但实际的基频赫兹值反而是后字 31 较高。前字在 148Hz 左右，后字音高值高点在 168 Hz 左右，由此就形成音高值上的前低后高，和我们听感上前轻后重的韵律模式相对应。例词具体如下：

| tsʰieu³¹⁻²⁴ li³¹ | 手里（戒指） | tsiŋ³¹⁻²⁴ tsiŋ³¹ | 仅仅 |

ka³¹⁻²⁴ zau³¹	□①蚤(跳蚤)	lɔ³¹⁻²⁴ zy³¹	老鼠
tsi³¹⁻²⁴ muɔŋ³¹	□□(现在)	tsuai³¹⁻²⁴ nœ³¹	这里
tsɔ³¹⁻²⁴ tsʰieu³¹	左手	kaʔ²³⁻²⁴ kiaŋ³¹	甲团(背心)
tsʰa³¹⁻²⁴ li³¹	查理	tʰuaʔ²³⁻²⁴ tsuei³¹	脱水

(7) 21+242,此音高值组合在听辨的双音节词中有 2.92%(17/583)。词例[i⁵²⁻²¹ zɔ²⁴²(ts-)]胰皂(肥皂):

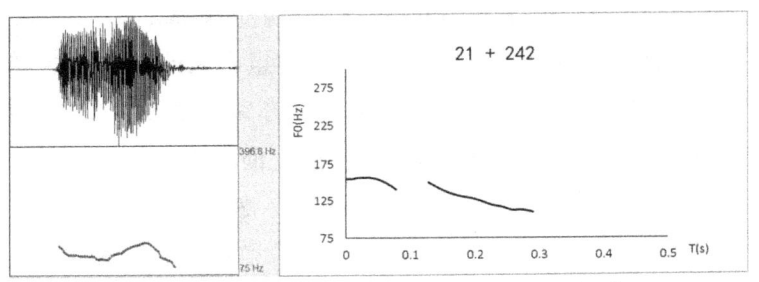

图 3-7 音高值组合 21+242 的词例和轻重模式

从音高曲线图我们可以看出,21+242 音高值组合前后音节的音高值高点接近,前字音高值的高点在 157Hz 左右,后字是 150Hz 左右。然后我们观测前后音节的时长值,发现后字的时长明显长于前字,前字时长值是 78ms,后字时长值是 162ms。联系听辨结果,发现在前后字音高值接近的情况下,时长值上前短后长的分布对应了听感上前轻后重的韵律模式,时长值长的对应了重,时长值短的对应了轻。例词具体如下:

i⁵²⁻²¹ zɔ²⁴²	胰皂(肥皂)	kieu⁵²⁻²¹ tei²⁴²	乔治
uɔŋ⁵²⁻²¹ nau²⁴²	豆团(黄豆)	ieu⁵²⁻²¹ œy²⁴²	犹豫
mɔ⁵²⁻²¹ βaŋ²⁴²	毛病	muei⁵²⁻²¹ lei²⁴²	茉莉
muɔŋ⁵²⁻²¹ lou²⁴²	门路	saʔ⁴⁻²¹ lɔuŋ²⁴²	煠卵(水煮蛋)
miaŋ⁵²⁻²¹ ŋei²⁴²	名字	pʰuɔʔ⁴⁻²¹ ua²⁴²	曝画

(8) 31+4,比较少,在听辨的双音节词中只占 1.38%(8/583)。词例[luɔŋ⁵²⁻³¹ siʔ⁴]粮食:

---

① □,虚缺号,在本文中表示无法查明的字,一个□表示一个缺失的字。

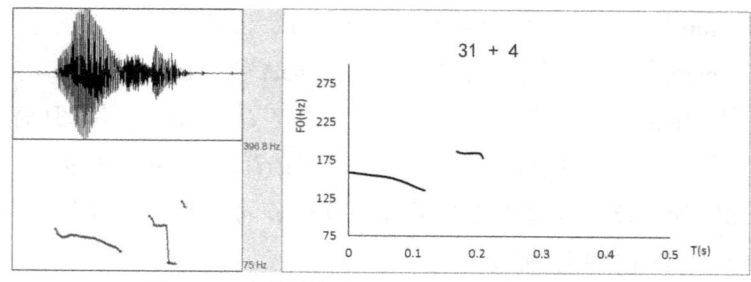

图 3-8　音高值组合 31+4 的词例和轻重模式

从音高曲线图我们可以看出，31+4 音高值组合虽然后字很短，但是后字明显高于前字，前字音高值高点在 159Hz，后字音高值高点在 187Hz，由此就形成了音高值上的前低后高的分布，和我们听感上前轻后重的韵律模式相对应。这也说明了在衡量轻重时音高是优先于时长的。例词具体如下：

uɔŋ⁵²⁻³¹ liʔ⁴　　黄历　　　　　xu⁵²⁻³¹ lieʔ⁴　　蝴蝶

miŋ⁵²⁻³¹ paʔ⁴　　明白　　　　　lieu⁵²⁻³¹ x-ouʔ⁴　留学

luɔŋ⁵²⁻³¹ siʔ⁴　　粮食　　　　　øyŋ⁵²⁻³¹ uaʔ⁴　　红袜

muɔ⁵²⁻³¹ teiʔ⁴　　模特　　　　　ua⁴⁻³¹ lɔʔ⁴　　　活络

（9）21+4，在听辨的双音节词中占 1.37%（8/583）。词例[kieʔ²³⁻²¹ siʔ⁴]结实：

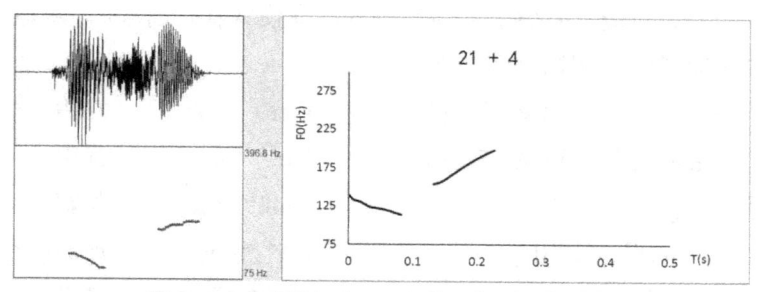

图 3-9　音高值组合 21+4 的词例和轻重模式

从音高曲线图我们可以看出，21+4 音高值组合明显后字较高，前字音高值高点在 139Hz，后字音高值高点在 198Hz，这样就形成了音高值上的前低后高，对应了我们听感上前轻后重的韵律模式。例词具体如下：

pieŋ³¹⁻²¹ nyʔ⁴　　扁肉（馄饨）　　puaʔ²³⁻²¹ laʔ⁴　　泼辣

tʰɛ³¹⁻²¹ yʔ⁴　　　体育　　　　　tsʰuɔʔ²³⁻²¹ yɔʔ⁴　芍药

kieʔ²³⁻²¹ siʔ⁴　　结实　　　　　tyʔ²³⁻²¹ tsʰuɔʔ⁴　竹蓆

LH 型轻重模式的音高值组合还有 4+44,44+4,44+44,31+31,我们将在 3.3.3 小节详细介绍。

3.3.2 福州话重轻型双音节词与音高组合

福州话双音节词的第二种轻重类型是 HL 型(重轻型)。HL 型韵律模式的前后音节的音高值分别是:52+31,52+213,52+242,52+23,44+213,21+213,44+242,4+31 等(按照数量从多到少)。

下面我们用实验语音学的方法观测 HL 型轻重模式在福州话双音节词中的音高表现。我们采用和 LH 型一样的分析方法,对每种音高组合取一词例,列出其声波和音高图,如图 3-10 左。接着,我们再从每个音高组合中抽取一定数量的词例(8 个以上的取 8 个,8 个以下的全取),手动标注音高的始末位置,用 Praat 脚本提取时长和音高数据,取其平均值,画出音高曲线,得到福州话双音节词 HL 型的韵律模型,如图 3-10 右。

(1) 52+31,在听辨的双音节词中占 7.72%(45/583),是 HL 型轻重模式中数量最多的音高值组合。词例[ti$^{242\text{-}52}$ tsiŋ^{31}]地震,此音高值组合的轻重模式如下图:

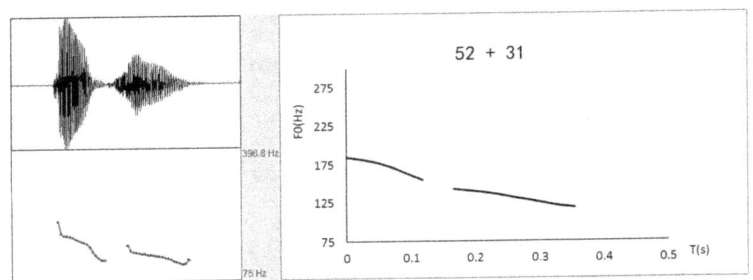

图 3-10　音高值组合 52+31 的词例和轻重模式

从音高曲线图我们可以看出,52+31 音高值组合明显前字高于后字,前字音高值高点在 185Hz,后字音高值高点在 143Hz,由此形成了音高值上的前高后低,和我们听感上前重后轻的韵律模式相对应。例词具体如下:

pa$^{44\text{-}52}$ zuɔŋ^{31}	巴掌	pia$^{23\text{-}52}$ lie^{31}	壁里(床里沿)
tsʰu$^{44\text{-}52}$ lu^{31}	粗鲁	tɔ$^{23\text{-}52}$ muei^{31}	桌尾
kie$^{44\text{-}52}$ iaŋ^{31}	鸡团(小鸡)	tɔ$^{242\text{-}52}$ li^{31}	道理
ieŋ$^{213\text{-}52}$ nzɛu^{31}	燕鸟(燕子)	ti$^{242\text{-}52}$ tsiŋ^{31}	地震
lu$^{213\text{-}52}$ zuei^{31}	露水	ŋi$^{242\text{-}52}$ iaŋ^{31}	耳团(耳朵)

（2）52+213，在听辨的双音节词中占 7.03%（41/583），是 HL 型韵律模式的第二主体。词例 [xau²¹³⁻⁵² louŋ²¹³] 孝顺，此音高值组合的轻重模式如下图：

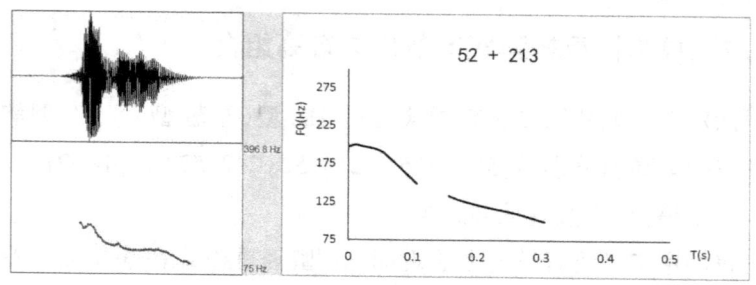

图 3-11　音高值组合 52+213 的词例和轻重模式

从音高曲线图我们可以看出，52+213 音高值组合明显前字较高，前字音高值高点在 200Hz，后字音高值高点却在 133Hz，这样就形成了音高值上前高后低的分布，和我们听感上前重后轻的韵律模式相对应。例词具体如下：

kaŋ⁴⁴⁻⁵² zia²¹³	甘蔗	kei²¹³⁻⁵² leiŋ²¹³	记性
kiŋ⁴⁴⁻⁵² naŋ²¹³	今旦(今天)	taŋ²⁴²⁻⁵² neiŋ²¹³	弹性
xyɔŋ⁴⁴⁻⁵² nzai²¹³	香菜	paŋ²⁴²⁻⁵² nia²¹³	病泄(泻肚)
tsu²¹³⁻⁵² zuei²¹³	咒嘴(发誓)	sɔ²³⁻⁵² tei²¹³	索蒂(小短绳)
tsʰy²¹³⁻⁵² tsʰy²¹³	处处	tɔ²³⁻⁵² meiŋ²¹³	桌面

（3）52+242，在听辨的双音节词中占 5.32%（31/583），是 HL 型韵律模式的第三主体。词例 [tsʰaŋ⁴⁴⁻⁵² nau²⁴²] 青豆，此音高值组合的轻重模式如下图：

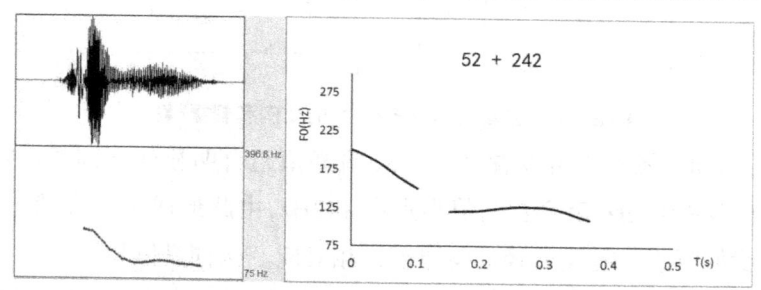

图 3-12　音高值组合 52+242 的词例和轻重模式

从音高曲线图我们可以看出，52+242 音高值组合明显前字高于后字，前字音高值高点在 200Hz，后字音高值高点只在 127Hz，由此就形成了前高后低的音高值分布，对应了我们听感上前重后轻的韵律模式。例词具体如下：

aŋ⁴⁴⁻⁵² tseiŋ²⁴²	安静		kʰa²³⁻⁵² zaŋ²⁴²	客栈
piŋ⁴⁴⁻⁵² pau²⁴²	冰雹		tie²³⁻⁵² tau²⁴²	摘豆
tsʰaŋ⁴⁴⁻⁵² nau²⁴²	青豆		tauŋ²⁴²⁻⁵² tauŋ²⁴²	荡荡
pʰuai²¹³⁻⁵² βaŋ²⁴²	破病		touŋ²⁴²⁻⁵² tseiŋ²⁴²	动静
eiŋ²¹³⁻⁵² tou²⁴²	印度		ta²⁴²⁻⁵² au²⁴²	豆腐

（4）52+23，在听辨的双音节词中占 4.12%（24/583），是 HL 型韵律模式的第四主体。词例［paiŋ²⁴²⁻⁵² xuaʔ²³］办法，此音高值组合的轻重模式如下图：

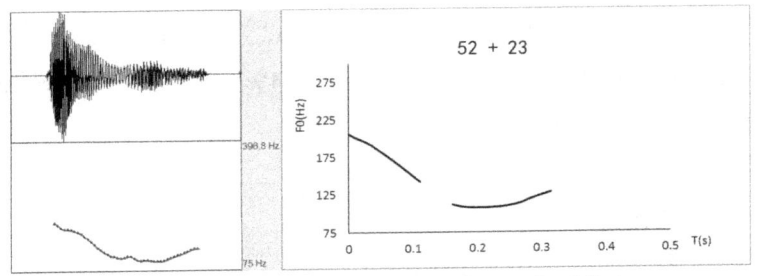

图 3-13　音高值组合 52+23 的词例和轻重模式

从音高曲线图我们可以看出，52+23 音高值组合明显前字较高，前字音高值高点在 206Hz，后字音高值高点却只在 128Hz，由此形成了音高值上的前高后低的分布，对应于我们听感上前重后轻的韵律模式。例词具体如下：

souŋ⁴⁴⁻⁵² pʰaʔ²³	相拍（打架）		kau²¹³⁻⁵² leiʔ²³	教室
kaŋ⁴⁴⁻⁵² mieʔ²³	隔壁（邻居）		ai²¹³⁻⁵² kuɔʔ²³	爱国
tsʰiŋ⁴⁴⁻⁵² nzeiʔ²³	亲戚		ta²⁴²⁻⁵² auʔ²³	胆胞（脖子）
ty⁴⁴⁻⁵² œyʔ²³	猪角（公猪）		touŋ²⁴²⁻⁵² suɔʔ²³	挏雪（下雪）
sa⁴⁴⁻⁵² xuaʔ²³	沙发		tɛ²⁴²⁻⁵² eiʔ²³	第一

（5）44+213，在听辨的双音节词中占 3.6%（21/583）。词例［kieu³¹⁻⁴⁴ zai²¹³］韭菜，此音高值组合的轻重模式如下图：

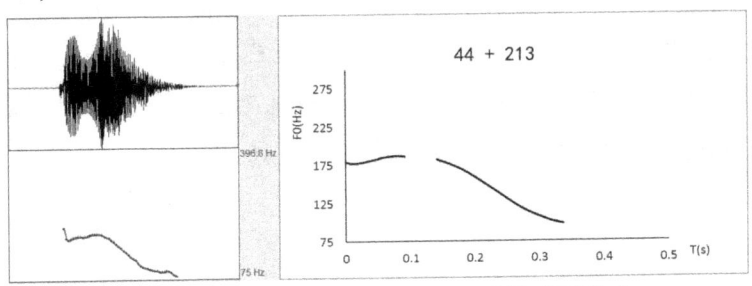

图 3-14　音高值组合 44+213 的词例和轻重模式

从音高曲线图我们可以看出，44+213 音高值组合前后字音高值差不多，前字略高于后字，前字音高值高点在 186Hz，后字音高值高点在 176Hz，微弱地形成了音高值上的前高后低，和我们听感上前重后轻的韵律模式相对应。例词具体如下：

tsʰuaŋ³¹⁻⁴⁴ kʰei²¹³	喘气	xɔ³¹⁻⁴⁴ tsʰy²¹³	好处
kuaŋ³¹⁻⁴⁴ naiŋ²¹³	馆店	tsieʔ²³⁻⁴⁴ kʰei²¹³	节气
kouŋ³¹⁻⁴⁴ ieu²¹³	讲究	taʔ²³⁻⁴⁴ eiŋ²¹³	答应
kieu³¹⁻⁴⁴ zai²¹³	韭菜	xuaʔ²³⁻⁴⁴ tsʰai²¹³	发菜

（6）21+213，在听辨的双音节词中占 2.74%（16/583）。词例［muei⁵²⁻²¹ kuei²¹³］玫瑰，此音高值组合的轻重模式如下图：

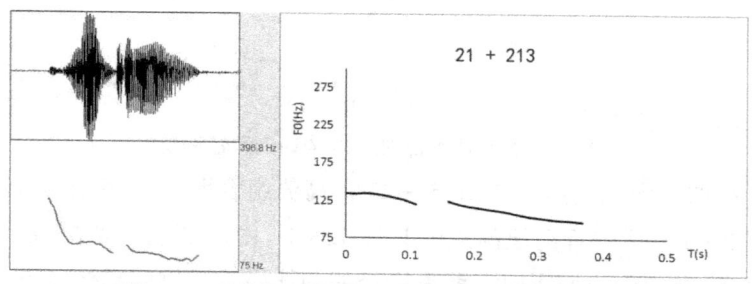

图 3-15　音高值组合 21+213 的词例和轻重模式

从音高曲线图我们可以看出，21+213 组合前后字音高值接近，前字略高于后字，前字音高值高点在 134Hz，后字音高值高点在 124Hz，这样就形成了音高值上的前高后低，和我们听感上前重后轻的韵律模式相对应。例词具体如下：

xaŋ⁵²⁻²¹ ŋa²¹³	*闲*架（家具）	ŋuɔʔ⁴⁻²¹ kie²¹³	月桂
miŋ⁵²⁻²¹ naŋ²¹³	明旦	luɔʔ⁴⁻²¹ xua²¹³	绿化
ki⁵²⁻²¹ kuai²¹³	奇怪	liʔ⁴⁻²¹ kʰei²¹³	力气
liŋ⁵²⁻²¹ lei²¹³	伶俐	ɔʔ⁴⁻²¹ xie²¹³	学戏

（7）44+242，在听辨的双音节词中占 2.06%（12/583）。词例［puɒŋ³¹⁻⁴⁴ s-nøŋ²⁴²］本事，此音高值组合的轻重模式如图 3-16：

第3章 闽方言的韵律类型(福州话) | 73

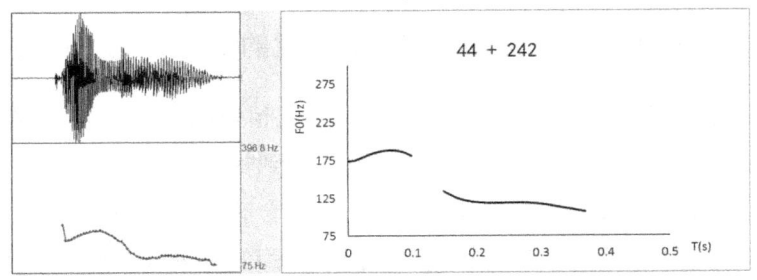

图 3-16 音高值组合 44+242 的词例和轻重模式

从音高曲线图我们可以看出,44+242 音高值组合明显前字高于后字,前字音高值高点在 188Hz,后字音高值高点在 134Hz,由此就形成了音高值上典型的前高后低,和我们听感上前重后轻的韵律模式相对应。例词具体如下：

kai$^{31\text{-}44}$ sieŋ^{242}	改善	puɔŋ$^{31\text{-}44}$ s-nøŋ^{242}	本事
tsia$^{31\text{-}44}$ muei^{242}	姐妹	xɔ$^{31\text{-}44}$ yɔŋ^{242}	好样
mɛ$^{31\text{-}44}$ ma^{242}	买卖	tsʰuʔ$^{23\text{-}44}$ tai^{242}	出事
ma$^{31\text{-}44}$ lei^{242}	玛丽	tsʰuʔ$^{23\text{-}44}$ søy^{242}	出仕

（8）44+23,在听辨的双音节词中占 1.72%（10/583）。词例 [tsieŋ$^{31\text{-}44}$ ŋaʔ^{23}] 指甲,此音高值组合的轻重模式如下图：

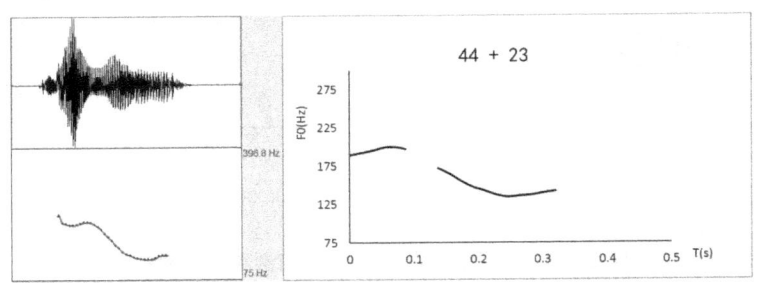

图 3-17 音高值组合 44+23 的词例和轻重模式

从音高曲线图我们可以看出,44+23 音高值组合明显前字较高,前字音高值高点在 199Hz,后字音高值高点在 172Hz,这样就形成了前高后低的音高值分布,和我们听感上前重后轻的韵律模式相对应。例词具体如下：

kouŋ$^{31\text{-}44}$ xuaʔ^{23}	讲法(说法)	tsieʔ$^{23\text{-}44}$ kɔuʔ^{23}	接骨
suɔŋ$^{31\text{-}44}$ xuaʔ^{23}	想法	pʰøyʔ$^{23\text{-}44}$ tsʰieʔ^{23}	迫切
tsieŋ$^{31\text{-}44}$ ŋaʔ^{23}	掌甲(指甲)	tsuɔ$^{23\text{-}44}$ peiʔ^{23}	借笔
tsʰieu$^{31\text{-}44}$ zaʔ^{23}	手册	sie$^{23\text{-}52}$ tøyʔ^{23}	削竹

3.3.3 福州话等高型双音节词的轻重韵律类型

等高型双音节词是指前后音节音高值大致相似的双音节词,如福州话的44+44,44+4,4+44,31+31。从上文我们可以看到福州话双音节词有两种听辨结果 LH 型和 HL 型,但是这些等高的音高值组合有的只出现在一种听辨结果中,如 44+44,44+4 和 4+44 组合,有的则出现在 LH 型和 HL 型两种听辨结果中,如 31+31 组合,那么出现在一种和出现在两种听辨结果中的音高值上组合会有什么不同的表现呢?我们借助语音实验的方法来分析。

首先,对上述 5 种组合,分别取一词例,列出其声波和音高图,如图 3-18 左。接着,我们再从每个音高值组合中抽取一定数量的词例(8 个以上的取 8 个,8 个以下的全取),手动标注音高的始末位置,用 Praat 脚本提取时长和音高数据,取其平均值,画出音高曲线,如图 3-18 右。

(1)44+44,听辨结果是 LH 型,这类 44+44 音高值组合数量非常多,占全部听辨双音节的 15.44%(90/583),是 LH 型轻重模式最多的一种音高组合。词例[xa⁴⁴ naŋ⁴⁴]□朗(衬衫),此音高值组合的轻重模式如下图:

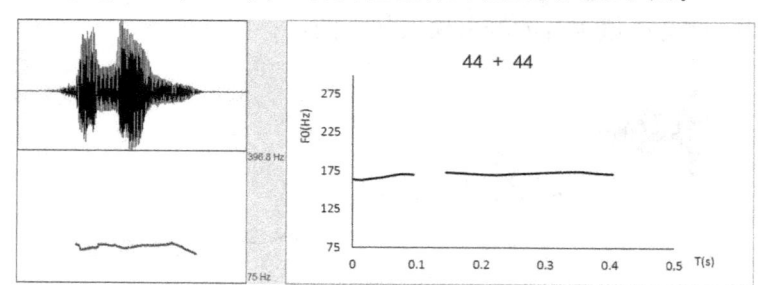

图 3-18 音高值组合 44+44 的词例和轻重模式

从图中我们可以看出,44+44 的音高值组合前后字音高值差不多,前字在 171Hz 左右,后字音高值高点 175Hz,这时候音高值就不能够帮助我们衡量轻重,但是我们发现后字时长值明显长于前字,前字时长 95ms,后字时长 259ms,在等高情况下,时长值的前短后长刚好对应我们在听感上的前轻后重,时长值长的对应了重,时长值短的对应了轻。因此,我们认为在音高值相等或相近的情况下,音高不足以帮我们衡量轻重时,第二个衡量轻重的因素——时长就会发挥作用,时长值长的就会"重",时长值短的就会"轻"。例词具体如下:

uoŋ⁴⁴ ŋa⁴⁴   冤家   xi⁴⁴ ki⁴⁴   飞机

xa⁴⁴ naŋ⁴⁴	[衤朗]（衬衫）	luŋ⁴⁴ tuŋ⁴⁴	伦敦
tʰau⁵²⁻⁴⁴ laŋ⁴⁴	头牲（畜生）	tsia²¹³⁻⁴⁴ ku⁴⁴	鹧鸪
xɔ⁵²⁻⁴⁴ ly⁴⁴	豪猪（刺猬）	tu²⁴²⁻⁴⁴ kyɔŋ⁴⁴	杜鹃
tsʰai²¹³⁻⁴⁴ ua⁴⁴	菜瓜（黄瓜）	paʔ⁴⁻⁴⁴ s-laŋ⁴⁴	白衫

（2）44+4，听辨结果是 LH 型，占全部听辨双音节的 2.92%（17/583）。词例[ty⁴⁴ nyʔ⁴]（猪）肉，此音高组合的轻重模式如下图：

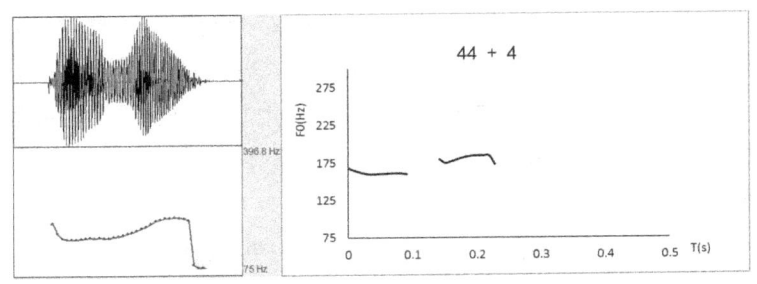

图 3-19　音高值组合 44+4 的词例和轻重模式

从图中我们可以看出，44+4 的音高值组合后字音高值稍高于前字，前字音高值高点在 169Hz，后字音高值高点在 185Hz，这样就形成了音高值上的前低后高，和我们听感上前轻后重的韵律模式相对应。例词具体如下：

liŋ⁴⁴ nɔʔ⁴	伶落（勤快）	ka⁴⁴ laʔ⁴	蟑螂
ty⁴⁴ nyʔ⁴	（猪）肉	kie⁴⁴ møyʔ⁴	鸡目（鸡眼）
kie²¹³⁻⁴⁴ xeiʔ⁴	计划	iŋ²¹³⁻⁴⁴ ø-ŋaʔ⁴	印盒
tsʰy²¹³⁻⁴⁴ lieʔ⁴	嘴舌（舌头）	uaʔ⁴⁻⁴⁴ x-ieʔ⁴	活页
tsøyŋ²¹³⁻⁴⁴ nuɔʔ⁴	粽箬（裹粽叶）	ŋuɔʔ⁴⁻⁴⁴ s-lɔʔ⁴	玉镯

（3）4+44，听辨结果是 LH 型，这类组合数量很少，占全部双音节的 0.86%（5/583）。词例[xuaʔ⁴ ki⁴⁴]滑稽，此音高值组合的轻重模式如下图：

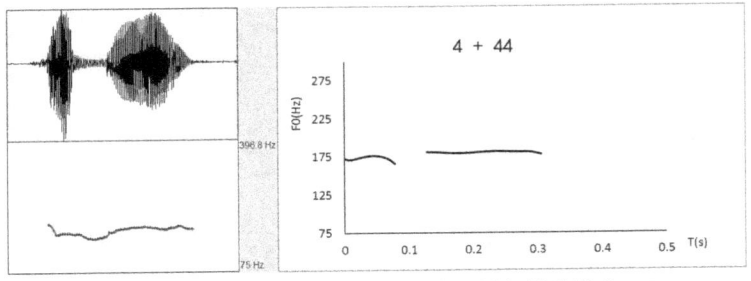

图 3-20　音高值组合 4+44 的词例和轻重模式

从图中我们可以看出,4+44 的音高值组合前后字音高值差不多,前字音高值高点在 176Hz,后字高点也差不多,在 181Hz 左右,音高值这时候失去衡量轻重的作用,但是我们发现后字时长值明显长于前字,前字时长 78ms,后字时长 176ms,在等高情况下,时长值的前短后长刚好和我们听感上的前轻后重相对应。例词具体如下:

xuaʔ⁴ ki⁴⁴	滑稽	miʔ⁴ pʰuŋ⁴⁴	蜜蜂
laʔ⁴ tsieu⁴⁴	辣椒	sieʔ⁴ xouŋ⁴⁴	食薰(吸烟)
niʔ⁴ touŋ⁴⁴	日中(白天)		

(4) 31+31,占全部听辨双音节的 3.77%(22/583),其中听辨结果有两种,LH 型和 HL 型。LH 型的有 10 个,HL 型的有 12 个。

LH 型有 10 个,具体例词有:

nyʔ⁴⁻³¹ ma³¹	肉麻	lai⁵²⁻³¹ uɔŋ³¹	来往
sieʔ⁴⁻³¹ tsieu³¹	食酒(喝酒)	lieŋ⁵²⁻³¹ i³¹	莲子
tuʔ⁴⁻³¹ tsia³¹	读者	sie⁵²⁻³¹ taŋ³¹	蛇胆
niʔ⁴⁻³¹ tsi³¹	日子	uɔŋ⁵²⁻³¹ ie³¹	王椅(太师椅)
la⁵²⁻³¹ sai³¹	拉屎	muŋ⁵²⁻³¹ ku³¹	蒙古

HL 型有 12 个,具体例词有:

ŋu⁵²⁻³¹ mɔ³¹	牛母(母牛)	iŋ⁵²⁻³¹ tsʰieu³¹	人手
peiŋ⁵²⁻³¹ ieu³¹	朋友	tsʰeiŋ⁵²⁻³¹ ŋeiŋ³¹	蚕茧
yŋ⁵²⁻³¹ tsʰai³¹	云彩	ta⁵²⁻³¹ zuei³¹	茶水
ŋa⁵²⁻³¹ uŋ³¹	均蚓(蚯蚓)	taʔ⁴⁻³¹ tau³¹	踏斗(楼梯)
mouŋ⁵²⁻³¹ kuɔ³¹	芒果	nyʔ⁴⁻³¹ piaŋ³¹	肉饼

我们按照 LH 型和 HL 型分别做出两类的音高曲线图,如下图:

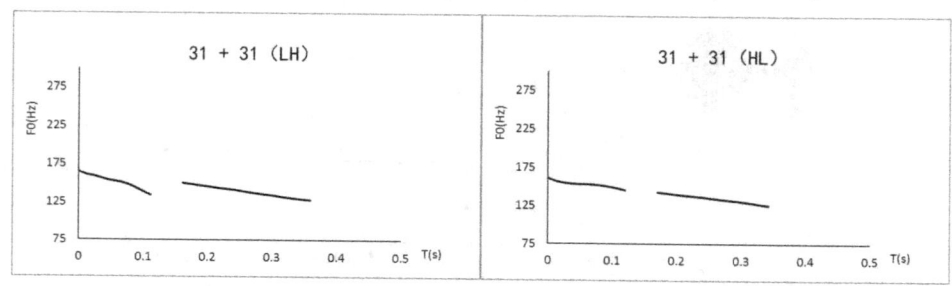

图 3-21　福州话 31+31 组合 LH 型和 HL 型轻重模式

从图 3-21 的 LH 型和 HL 型的轻重模式来看,在音高曲线的高低长短上,LH 型和 HL 型是相似的,都是前高后低,前短后长。所以我们推测在 31+31 音高值组合中,LH 型和 HL 型轻重模式的分布具有一定的随机性,这样的随机性其实反映了福州话整体轻重模式处在一个变化的过程中。这个变化是从 HL 型向 LH 型转变还是从 LH 型向 HL 型转变,还需要从方言历史的角度做深度研究。

3.3.4 福州话轻重韵律类型与传统双音节词连读变调的关系

福州话双音节词的连读变调,按照梁玉璋先生(1986)的变调规则,后字 7 个声调按照Ⅰ、Ⅱ、Ⅲ三种方法规定前字变调的读法,前字 7 个声调的变调类型也具体分为甲、乙、丙三种,具体参看表 3-2。本文对变调后的双音节词进行了轻重听辨,发现了福州话的轻重韵律类型和音节的音高值之间对应的规律,即音高值高者对应了重,低者对应了轻,若音高值相等或相近,则时长长者对应重,短者对应轻。这种规律的发现证实了我们之前的假设,重音表现为包括时长在内的音高凸显。反过来,相同的音高值组合在轻重听辨结果上的一致,使我们推测轻重韵律模式才是推动连读变调的动因。

3.4 本 章 小 结

我们对福州话双音节词进行了轻重听辨调查,从听辨结果上可以看出,福州话双音节词既有 LH 型韵律模式,又有 HL 型韵律模式,但是以 LH 型为主。在我们调查的 583 项词汇中,LH 型有 346 项,HL 型有 237 项。

在轻重听辨的基础上,我们对 LH 和 HL 两种轻重模式进行了语音实验,发现 LH 型在音高值上主要实现为组合 44+44,44+52,31+52,21+44,21+23,21+52,21+242,24+31,44+4 等,HL 型的音高值组合主要为 52+31,52+213,52+242,52+23,44+213,21+213,44+242,4+31 等,联系轻重听辨的结果,我们发现前后音节的音高对比,LH 型表现为前低后高,HL 型表现为前高后低,但都是音高值高的对应了重,音高值低的对应了轻;前后音节音高值相等或相近时,LH 型表现为时长上的前短后长,HL 型表现为前长后短,但都是时长长的对应了重,时长短的对应了轻。

由此，我们发现 LH 型和 HL 型的轻重都集中体现在前后音节的音高值对比上（包含时长因素），福州话的实验数据证实了我们的假设：重音主要表现为包括时长在内的音高凸显，而连读变调研究中前字变调，后字不变调的模式，恰好和闽方言是以 LH 型韵律模式为主的分布相对应。

第4章
客家方言的韵律类型(梅县话)①

4.1 客家方言和梅县话

所谓"客家",是相对"土著"说的。根据晚近学者的考证,客家先民本来是古代中原一带的汉族居民,由于种种历史原因,逐渐向南方迁徙而形成今天的客家分布情况。他们的南迁始于东晋,前后经历了五次大的迁徙(具体见表4-1),前三期的迁徙,是客家方言形成的重要社会历史原因。客家先民南迁后,定居在闭塞的山地,保存了他们固有的传统,这一方面是由于自然条件的限制,不容易受外来影响的渗透,另一方面强烈的宗族观念和保守思想,也增强了他们对外来影响的抵抗,因此在语言上形成了独立的系统。后两期的迁徙使客家分布的范围大大扩展,形成了今天全国各地的"客家话岛屿"(袁家骅,1959)。

表4-1 客家先民的五次大迁徙

迁徙次序	迁徙时代	迁徙原因	迁徙起点	到达地点
第一次	由东晋至隋唐	匈奴族及其他外族入侵,对汉族大肆蹂躏,迫使汉族南迁避难	并州司豫州等地	远者达江西中部,近者到达颍淮汝三水之间

---

① 1912年设梅县。1978年城区设梅州市。1983年梅州市改名梅县市,同时撤销梅县,并入梅县市。1988年梅县市升级为地级市,复名梅州市,同时恢复梅县。习惯上仍沿旧名把梅州话叫作梅县话。

续表

迁徙次序	迁徙时代	迁徙原因	迁徙起点	到达地点
第二次	由唐末到宋	黄巢起义,为战乱所迫	河南西南部,江西中部北部及安徽南部	远者达循州、惠州、韶州,近者达福建宁化、湘州、上杭、永定,更近者到达江西中部和南部
第三次	宋末到明初	蒙元南侵	闽西,赣南	广东东部和北部
第四次	自康熙中叶到乾嘉之际	客家人口繁殖,而客地山多田少,逐步向外发展	广东东部北部,江西南部	有的到了四川,有的到了台湾,有的进入广东中部和西南部,有的迁入湖南和广西
第五次	乾嘉以后	因土客械斗,调解后地方当局协助一批客民向外迁徙	粤中(如新兴、恩平、台山、鹤山等地)	近者到粤西(高、雷、钦、廉诸州),远者到达海南岛(如崖县、定安)

资料来源:袁家骅,1959。

客家方言以梅县话为代表,分布于我国的广东省、广西壮族自治区、福建省、台湾省、江西省、海南地区、湖南省、四川省等八个省区以及香港特别行政区,二百多个县市。其中以广东省中部、东部地区,福建省西部地区,江西省南部地区的客家人住得最集中,这些地区有很多纯客家话县(侯精一,2002)。在海外,马来西亚、新加坡、印度尼西亚、菲律宾、泰国、婆罗洲、南太平洋诸岛国以及欧洲、美洲、非洲等地的华侨、华裔,也有不少是说客家话的。根据《中华人民共和国行政区划简册》(2004),使用客家话的人口江西大约800万,广东大约2300万,福建大约300万,湖南大约300万。加上广西、四川、海南、台湾、香港以及海外华人、华裔的客家话人口,总计4400多万左右(谢留文,2007)。

《中国语言地图集》将分布比较集中的客家话分为8片,分别是:粤台片(下分嘉应小片、光华小片、新惠小片、邵南小片),粤中片,惠州片,粤北片,汀州片,宁龙片,于桂片,铜鼓片。《现代汉语方言概论》又增设粤西片(参侯精一,2002)。

广东梅县是过去的嘉应州,辖兴宁、五华、平远、蕉岭四县,人口约有50万,在地势上各县相互毗邻,连成一片,成为客家聚居区的中心。梅县话在语音上的特点主要有:古全浊声母字,不论四声,今逢塞音、塞擦音读送气清音;有些古浊音声母上声字(次浊上声字多,全浊上声字少)今读阴平;平声入声分阴阳,上声去声不分阴阳,阴平是高平调,阳平是低平调,古清音入声字今读阴入,古全浊入声字今读阳入,阳入的调值比阴入的调值高;鼻音韵尾[-m -n -ŋ]与入声韵尾[-p -t -k]俱全。

4.2 梅县话的声调

客家话多数方言是 6 个声调,少数方言是 7 个声调或 5 个声调,个别地区是 4 个声调。梅县话有 6 个声调,2 个入声调,我们采用北大版《汉语方音字汇》(2003)的声韵调系统,具体如下:

表 4-2 梅县话单字调

阴平 44	上声 31	去声 52	阴入 1
阳平 11			阳入 5

梅县话双音节词里,黄雪贞(1995:6)认为:"作为前字的阴平与去声,在阴平与阳入的前头不变调,在阳平、上声、去声、阴入、轻声字的前头变调。阴平变读 35 调,去声变读 55 调。作为前字的阳平、上声、阴入、阳入不变调。梅县话两字组的后字,除读轻声外一律不变调。"但本研究参考北大版《汉语方言字汇》音系,认为阴平 44 变读为 45 调,去声 52 变读为 55 调。

关于客家话双音节词的连读变调,前人还做了一些研究,但是总体上还停留在描写变调、总结规律的阶段,至于客家话连读变调的动因,还未进行进一步探索。比如谢留文(1992)描写了江西南部于都县的于桂片客家方言,该方言有六个单字调,五个变调(31/44/42/5/2),其中前四个跟单字调调值相同,2 是变调产生的新调值,两字组连读变调的具体规律跟其他客家话类似,也是一般前字变调,后字不变调。阳平在阳平前变 42 调,其他情况下,均不变调。上声作前字,变 31 调,入声作前字,变 42 调。阴平、阳去作前字,一般也不变调。还有詹伯慧、刘镇发(2014)描写了粤东饶平县北部地区的一种客家话——上饶客家话,其两字连读变调也是前字变调后字不变。阳平 55 调会变为低降 31 调或中平 33 调,上声 53 调会变为中平 33 调或低平 11 调,去声 35 调会变为中平33调,阴入调21会变读为55调。黄小平(2010)描写了江西南部宁都田头客家话的两字组连读变调,但是本文主要关注变调与语法结构的关系,提出动宾式结构只是前字变调,后字不变调;非动宾式结构字组前后字都可变调。田头客家话两字组连读变调的具体情况可以参看黄小平2010年的《江西宁都田头客家话两字组连读变调》。客家话这样的连读变调呈现出了一个什么样的轻重韵律面貌?这样的轻重韵律面貌和连读变调之间有什么关系?是否像粤方言和闽方言一样,可以通过音高值探索出轻重韵律模式和连读变调之间的关系?

鉴于以上疑问,本文针对梅县话的双音节词展开调查,采用一个包含复合词、派生词、单纯词、译名、ABB式等共593词的词表,因为有的词不止一种说法,因此最终获取的词条是676条,其中双音节词534条①。本文的语料来源都是一手资料,使用专业的声卡(Komplete Audio 6)和话筒(AKG-C544L)进行数据采样,采样软件为斐风F2.0.2(Field Phon),语言样品为WAV格式(采样率44100字节/秒,数据位宽16比特)。发音人为中老年男性,具体信息参见附表1-4。

本研究的对象是梅县话的双音节词,我们通过听辨的形式记录梅县话双音节词的轻重,H表示重,L表示轻,HL型就是前重后轻的重轻型韵律模式,LH型就是前轻后重的轻重型韵律模式。我们用记录音高值的方法来表示听辨的轻重,音高值用基频赫兹值表示。为与单音节词声调描述配合,我们对双音节词的轻重特征也采用五度标记法来赋值,例如梅县话的LH型呈现的前后音节声调或凸显轻重的音高值分别是:44+44,11+44,31+52,44+52,11+52,11+11,55+52,11+31,31+44等。像表4-3中的例词"父母",前字音高值11,后字音高值44,对应的轻重听辨结果是LH型,更多例词如下:

表4-3 音高值与轻重对应示例

fan	44	tʰɛu	52	花生	LH	tsʰ ɿ	44	pʰau	52	粗鲁	LH
tʰɛu	11	saŋ	44	畜生	LH	ia	11	ɔi	44	父母	LH
mɔ	45	tʰɔ	31	摩托	HL	mɔŋ	45	kuɔ	31	芒果	HL
sɿ	31	kau	52	屎窖	LH	kua	31	fu	52	寡妇	LH
sɔn	55	pʰan	11	算盘	HL	ŋɔi	55	hɔŋ	11	外行	HL

① 去除单音节词、三音节词、四音节词等,剩余双音节词536条。

4.3 梅县话的韵律类型与音高值组合

梅县话双音节词的轻重听辨结果有两种模式:LH 型和 HL 型,其中 LH 型(280)和 HL 型(254)对半存在,每种轻重模式表现为多种音高值组合。

4.3.1 梅县话轻重型双音节词与音高值组合

梅县话双音节词的第一种轻重类型是 LH 型(轻重型)。LH 型韵律模式的前后音节的音高值分别是:44+44,11+44,31+52,44+52,11+52,11+11,55+52,11+31,31+44 等(按照数量从多到少排列)。

下面我们观察 LH 型轻重模式具体的音高表现。我们对每种音高值组合取一词例,列出其声波和音高图,如图 4-1 左。接着,我们再从每个音高值组合中抽取一定数量的词例(音高值组合的词例数量在 8 个以上的取 8 个样本,8 个以下的全取),手动标注音高的始末位置,用 Praat 脚本提取时长和音高数据,取其平均值,画出音高曲线,得到梅县话双音节词 LH 型的韵律模型,如图 4-1 右。

(1) 11+44,这类音高值组合数量很多,是 LH 型韵律模式的第二主体(第一主体是音高值组合 44+44,在 4.3.3 详细分析),占全部听辨双音节词的 5.81%(31/534)。词例[tʰɛu¹¹ saŋ⁴⁴]头牲(畜生),此音高值组合的轻重模式如下图:

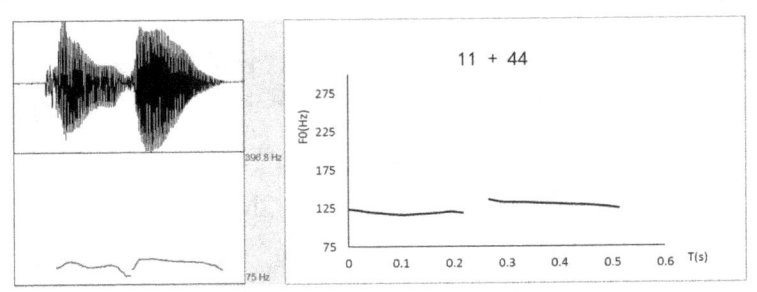

图 4-1 音高值组合 11+44 的词例和轻重模式

从图中我们可以看出,11+44 的音高值组合前后字音高值差别不大,前字音高值高点在 124Hz 左右,后字音高值高点在 136Hz 左右。接着,我们观察前后字时长值,前字时长值 216ms,后字 246ms,后字明显长于前字。联系之前轻重听辨的结果,我们发现在音高值差不多的情况下,时长上的前短后长,对应了我们听感上前轻后重的 LH 型韵律模式,时长值长的对应了重,时长值短的对应了轻。例词具体如下:

tʰɛu¹¹ saŋ⁴⁴	畜生	vɔŋ¹¹ kua⁴⁴	黄瓜
ia¹¹ ɔi⁴⁴	父母	tsʰən¹¹ fɔi⁴⁴	灰尘
tʰɛu¹¹ siɛn⁴⁴	刚才	tsʰa¹¹ li⁴⁴	查理
tʰiau¹¹ kaŋ⁴⁴	调羹	lɛu¹¹ tʰɔi⁴⁴	楼梯
lun¹¹ tun⁴⁴	伦敦	mɔi¹¹ fa⁴⁴	梅花

(2) 44+52,这类音高值组合占全部双音节词的 5.43%(29/534)。词例 [fan⁴⁴ tʰɛu⁵²]花生,此音高值组合的轻重模式如下图:

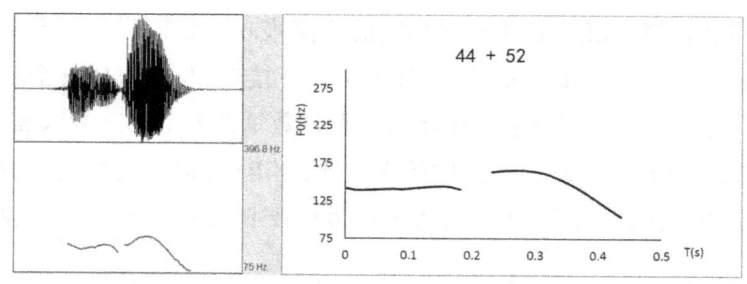

图 4-2　音高值组合 44+52 的词例和轻重模式

从图中我们可以看出,44+52 的音高值组合的后字较高,前字音高在 144Hz 左右,后字音高高点在 166Hz 左右。这样前低后高的音高值组合与听感上前轻后重的结果相对应,音高值高的对应了重,音高值低的对应了轻。例词具体如下:

tsʰɿ⁴⁴ pʰau⁵²	粗鲁	mai⁴⁴ mai⁵²	买卖
fan⁴⁴ tʰɛu⁵²	花生	ma⁴⁴ li⁵²	玛丽
kɛ⁴⁴ tɛu⁵²	鸡窝	kam⁴⁴ kɛ⁵²	尴尬
tsʰɿ⁴⁴ kuɔ⁵²	可怜	kin⁴⁴ ha⁵²	现在
kau⁴⁴ tsi⁵²	交际(来往)	siɔŋ⁴⁴ sin⁵²	相信

(3) 11+52,这类音高值组合占全部双音节词的 5.43%(29/534)。词例 [laŋ¹¹ li⁵²]伶俐(干净),此音高值组合的轻重模式如下图:

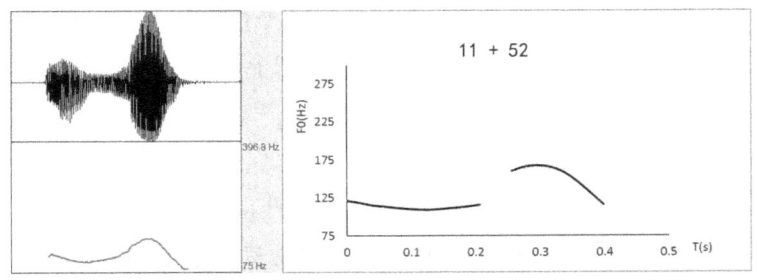

图 4-3　音高值组合 11+52 的词例和轻重模式

从图中我们可以看出,11+52 的音高值组合明显后字高于前字,前字音高在 115Hz 左右,后字音高值高点在 167Hz。由此前低后高的音高值分布,对应于听感上前轻后重的结果。例词具体如下:

tsʰəm¹¹ tsʰɔŋ⁵²	沉重	miaŋ¹¹ sɿ⁵²	名字
tɛt¹¹ tsʰui⁵²	得罪	kʰiau¹¹ tsɿ⁵²	乔治
vɔŋ¹¹ tʰɛu⁵²	黄豆	iu¹¹ i⁵²	犹豫
liɔŋ¹¹ kʰuai⁵²	凉快	siɔŋ¹¹ sɛ⁵²	详细
lin¹¹ sa⁵²	邻居	tsʰɛn¹¹ kʰuai⁵²	勤快

(4) 31+52,这类音高值组合占全部双音节词的 5.43%(29/534)。词例 [laŋ¹¹ li⁵²]讲究,此音高值组合的轻重模式如下图:

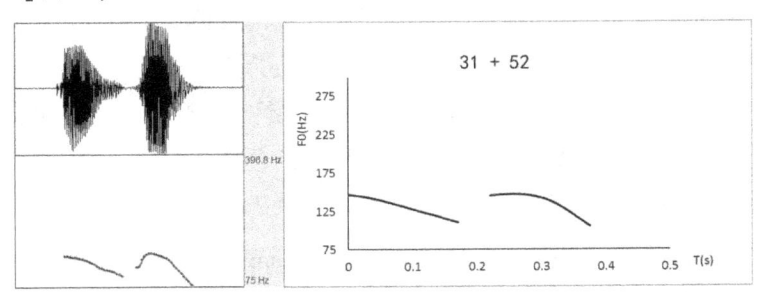

图 4-4　音高值组合 31+52 的词例和轻重模式

从图中我们可以看出,31+52 音高值组合的前后字在音高值上很接近,前字音高值高点为 147Hz,后字高点也是 147Hz。我们观察前后字的时长值也比较接近,前字时长值 170ms,后字 155ms,和听感上的 LH 型没有明显对应关系。我们推测梅县话的轻重韵律模式可能处在一个变化的过程中,这个变化可能是从 HL 型向 LH 型转变,也可能是从 LH 型向 HL 型转变,需要从历时的角度进行分析。例词具体如下:

ɔn³¹ tsʰin⁵²　　　唉静(安静)　　　kua³¹ fu⁵²　　　寡妇

sɿ³¹ kau⁵²　　　屎窖(厕所)　　　ku³¹ kuai⁵²　　　古怪(滑稽)

ta³¹ pʰan⁵²　　　打扮　　　　　kɔŋ³¹ kiu⁵²　　　讲究

kai³¹ san⁵²　　　改善　　　　　tsi³¹ mɔi⁵²　　　姊妹(姐妹)

an³¹ tsʰiaŋ⁵²　　唉净(干净)　　 kiu³¹ tsʰɔi⁵²　　 韭菜

（5）55+52，这类音高值组合占全部双音节词的3.56%（19/534）。词例[pau⁵²⁻⁵⁵ kau⁵²]报告，此音高值组合的轻重模式如下图：

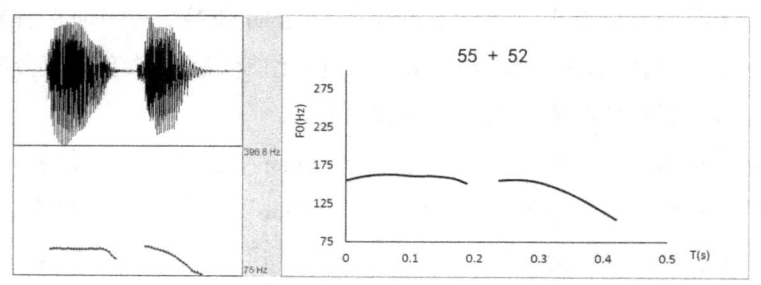

图4-5　音高值组合55+52的词例和轻重模式

从音高曲线图我们可以看出55+52组合，虽然前字后字的音高值高点差不多，但是后字52是一个高降调，根据三角函数原理，等高情况下，斜调长于平调，在时长上就构成了前短后长的分布，跟听感上前轻后重的模式相对应，时长值长的对应了重,时长值短的对应了轻。例词具体如下：

pau⁵²⁻⁵⁵ kau⁵²　　　报告　　　　　kʰuai⁵²⁻⁵⁵ tsʰɔi⁵²　　快菜(韭菜)

tʰai⁵²⁻⁵⁵ i⁵²　　　　大意　　　　　tsau⁵²⁻⁵⁵ ku⁵²　　　照顾

tʰuŋ⁵²⁻⁵⁵ tsʰin⁵²　　动静　　　　　ku⁵²⁻⁵⁵ i⁵²　　　　故意

tʰɛu⁵²⁻⁵⁵ fu⁵²　　　豆腐　　　　　in⁵²⁻⁵⁵ tʰu⁵²　　　印度

fan⁵²⁻⁵⁵ tiam⁵²　　饭店(饭馆)　　tsʰiam⁵²⁻⁵⁵ tsʰiam⁵²　渐渐

（6）11+31，这类音高值组合占全部双音节词的2.81%（15/534）。词例[tsʰa¹¹ sui³¹]茶水，此音高值组合的轻重模式如下图：

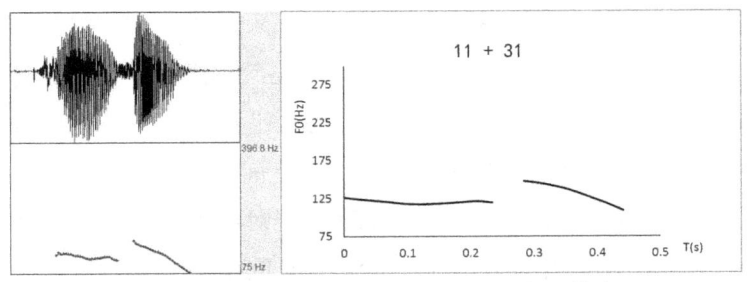

图 4-6　音高值组合 11+31 的词例和轻重模式

从图中我们可以看出,11+31 的音高值组合明显后字较高,前字音高在 120Hz 左右,后字音高高点却在 147Hz。这样,就形成了前低后高的音高值分布,与听感上前轻后重的结果相对应。例词具体如下:

tsʰa¹¹ sui³¹	茶水	lioŋ¹¹ sɔŋ³¹	凉爽(凉快)
tsʰiau¹¹ sa³¹	柴火	ŋa¹¹ tsʰʅ³¹	牙齿
fu¹¹ su³¹	扶手	iu¹¹ sui³¹	游水(游泳)
ȵiu¹¹ ku³¹	公牛	ma¹¹ ɛ³¹	芝麻
liɛn¹¹ tsʅ³¹	莲子	muŋ¹¹ ku³¹	蒙古

(7) 31+44,这类音高值组合占全部双音节词的 2.81%(15/534)。词例 [ȵi³¹ kuŋ⁴⁴]耳公(耳朵),此音高值组合的轻重模式如下图:

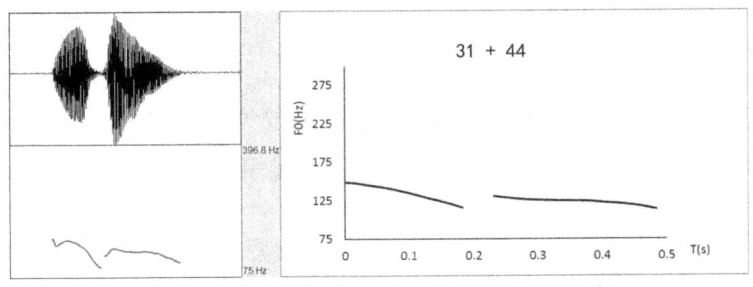

图 4-7　音高值组合 31+44 的词例和轻重模式

从图中我们可以看出,31+44 的音高值组合前后字音高值差不多,前字高点音高值 149Hz,后字高点音高值 131Hz,但是我们观察前后字的时长值,发现后字明显长于前字,前字时长值 182ms,后字时长值 252ms。在音高值差不多情况下,前短后长的时长分布,对应了我们听感上前轻后重的 LH 型韵律模式。例词具体如下:

| tiam³¹ sim⁴⁴ | 点心 | fu³¹ kua⁴⁴ | 苦瓜 |

ki³¹ tɔ⁴⁴	几多(多少)	hɛu³¹ lan⁴⁴	口澜(唾沫)
ŋi³¹ kuŋ⁴⁴	耳公(耳朵)	ŋian³¹ tsu⁴⁴	眼珠(眼睛)
hi³¹ fuŋ⁴⁴	起风(刮风)	hian³¹ kuŋ⁴⁴	蟪公(蚯蚓)
hɛu³¹ lan⁴⁴	口澜(口水)	fɔ³¹ tsʰa⁴⁴	火车

（8）11+5，这类音高值组合占全部双音节词的 1.12%（6/534）。词例 [iu¹¹ kʰiuk⁵]邮局，此音高值组合的轻重模式如下图：

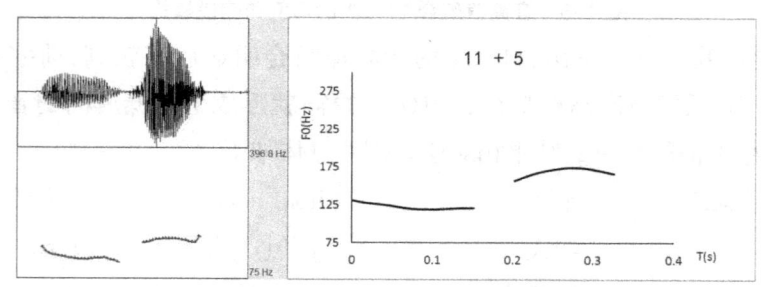

图 4-8　音高值组合 11+5 的词例和轻重模式

从图中我们可以看出，11+5 的音高值组合明显后字较高，前字音高值高点在 130Hz 左右，后字音高高点在 174Hz。由此形成了音高值上前低后高的分布，对应于听感上前轻后重的结果。例词具体如下：

vɔŋ¹¹ lak⁵	黄历	mu¹¹ tit⁵	模特
liɔŋ¹¹ sət⁵	粮食	fu¹¹ tʰiap⁵	蝴蝶
iu¹¹ kʰiuk⁵	邮局	lɔ¹¹ pʰɛt⁵	萝卜

（9）1+52，这类音高值组合占全部双音节词的 0.94%（5/534）。词例 [pɔt¹ pʰiaŋ⁵²]发病(生病)，此音高值组合的轻重模式如下图：

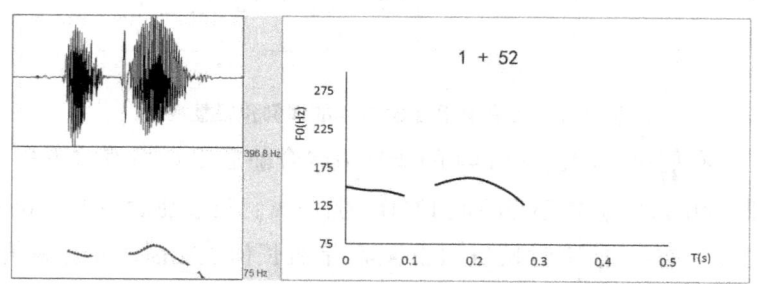

图 4-9　音高值组合 1+52 的词例和轻重模式

从图中我们可以看出，1+52 的音高值组合前后字音高值相似，前字音高值高点在 150Hz 左右，后字音高高点在 162Hz。但是我们观察前后字的时长值,发现后字明显长于前字,前字时长值 89ms,后字时长值 136ms。在音高值差不多情况下,前短后长的时长分布,对应了我们听感上前轻后重的韵律模式。例词具体如下:

fat¹ sɿ⁵²　　　　发誓　　　　　　kit¹ hi⁵²　　　　生气
pɔt¹ pʰiaŋ⁵²　　发病(生病)　　　it¹ ha⁵²　　　　一起

(10) 1+44,这类音高值组合占全部双音节词的 0.82%(4/534)。词例 [fat¹ sau⁴⁴] 发烧,此音高值组合的轻重模式如下图:

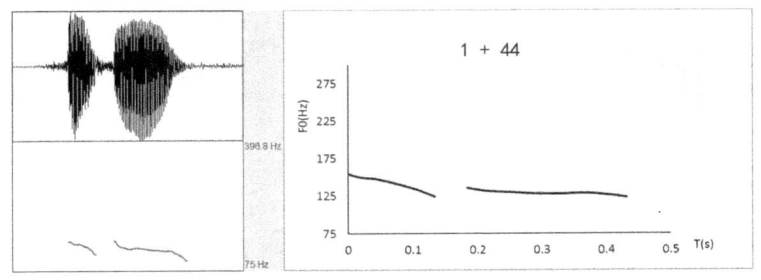

图 4-10　音高值组合 1+44 的词例和轻重模式

从图中我们可以看出,1+44 的音高值组合前后字音高值接近,前字音高值高点在 155Hz 左右,后字音高高点在 136Hz。但是我们观测了前后字的时长值,发现后字明显长于前字,前字时长值 134ms,后字时长值 248ms。在音高值差不多情况下,前短后长的时长分布,对应了我们听感上前轻后重的韵律模式。例词具体如下:

tsak¹ ha⁴⁴　　　　□下(厨房)　　　pɔt¹ fuŋ⁴⁴　　　发风(刮风)
fat¹ sau⁴⁴　　　　发烧　　　　　　kiat¹ pɛn⁴⁴　　　结冰

LH 型轻重模式的音高值组合还有 44+44,11+11,11+1,1+1,5+5,我们将在 5.2.3 小节的等高型组合中详细介绍。

4.3.2　梅县话重轻型双音节词与音高值组合

梅县话双音节词的第二种轻重类型是 HL 型(重轻型)。HL 型韵律模式的前后音节的音高值分别是:45+11,45+31,52+44,55+31,55+11,31+11,44+31 等(按照数量从多到少)。

下面我们看 HL 型轻重模式具体的音高表现。我们对每种音高值组合取一词例,列出其声波和音高图,如图 4-11 左。接着,我们再从每个音高值组合中抽取一定数量的词例(音高值组合的词例数量在 8 个以上的取 8 个样本,8 个以下的全取),手动标注音高的始末位置,用 Praat 脚本提取时长和音高数据,取其平均值,画出音高曲线,得到梅县话双音节词 HL 型的韵律模型,如图 4-11 右。

（1）45+11,这类音高值组合在 HL 型中数量最多,占全部听辨双音节词的 5.62%(30/534)。词例[tau⁴⁴⁻⁴⁵ ma¹¹]刀嫲(菜刀),此音高值组合的轻重模式如下图：

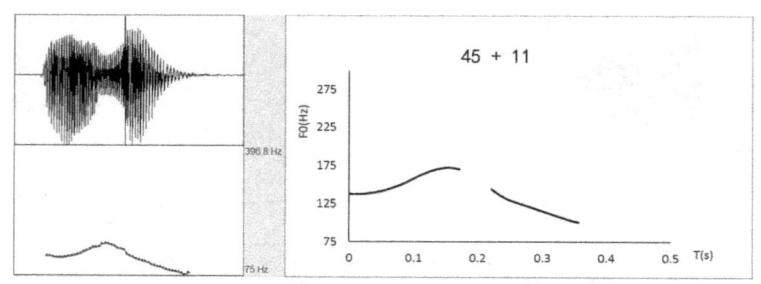

图 4-11　音高值组合 45+11 的词例和轻重模式

从音高曲线图我们可以看出 45+11 组合,前字明显较高,前字音高高点在 172Hz 左右,后字在 144Hz 左右,这样前高后低的音高值组合与听感上前重后轻的结果相对应,音高值高的对应了重,音高值低的对应了轻。例词具体如下：

tau⁴⁴⁻⁴⁵ ma¹¹	刀嫲(菜刀)	tsɔn⁴⁴⁻⁴⁵ tʰeu¹¹	砖头
vu⁴⁴⁻⁴⁵ in¹¹	苍蝇	tʰɔi⁴⁴⁻⁴⁵ pʰai¹¹	台排(楼梯)
tsʰuŋ⁴⁴⁻⁴⁵ liam¹¹	窗帘	ma⁴⁴⁻⁴⁵ tsʰi¹¹	马荠(荸荠)
kuɔn⁴⁴⁻⁴⁵ tsʰɔi³¹	棺材	tsʰin⁴⁴⁻⁴⁵ tsʰit¹¹⁻³¹	亲戚
kin⁴⁴⁻⁴⁵ tʰeu¹¹	肩头(肩膀)	pa⁴⁴⁻⁴⁵ li¹¹	巴黎

（2）45+31,这类音高值组合占全部听辨双音节词的 5.06%(27/534)。词例[pa⁴⁴⁻⁴⁵ tsɔŋ³¹]巴掌,此音高值组合的轻重模式如下图：

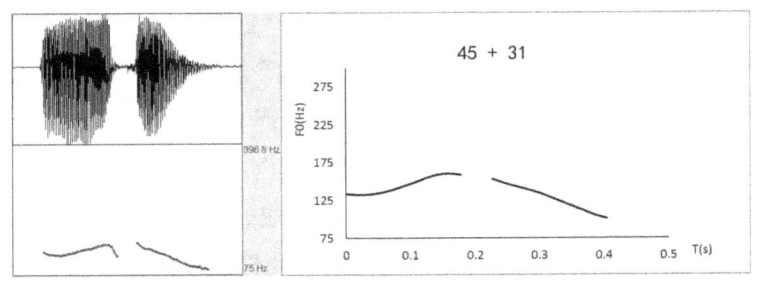

图 4-12　音高值组合 45+31 的词例和轻重模式

从音高曲线图我们可以看出,45+31 组合前后字音高值接近,前字音高高点在 159Hz 左右,后字在 152Hz 左右。然后我们观察前后字的时长值,发现前后字也是差不多,前字时长值 177ms,后字时长值 176ms。前后音节的音高值和时长值都和听感上的前重后轻(HL 型)没有对应关系,其原因还需进一步研究。例词具体如下:

tsu$^{44\text{-}45}$ ku^{31}	猪牯(公猪)	fɔn$^{44\text{-}45}$ si^{31}	欢喜(高兴)
pa$^{44\text{-}45}$ tsɔŋ^{31}	巴掌	kui$^{44\text{-}45}$ ɛ^{31}	龟□(乌龟)
lau$^{44\text{-}45}$ ɛ^{31}	褛□(大衣)	kɛ$^{44\text{-}45}$ lɔn^{31}	鸡卵(鸡蛋)
fan$^{44\text{-}45}$ kian^{31}	番枧(肥皂)	mɔ$^{44\text{-}45}$ tʰɔ^{31}	摩托
kɔn$^{44\text{-}45}$ liaŋ^{31}	干粮	mɔŋ$^{44\text{-}45}$ kuɔ^{31}	芒果

(3)52+44,这类音高值组合占全部双音节词的 5.06%(27/534)。词例 [tʰau^{52} li^{44}] 道理,此音高值组合的轻重模式如下图:

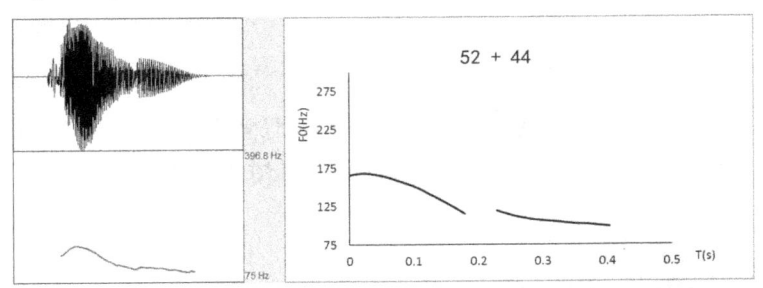

图 4-13　音高值组合 52+44 的词例和轻重模式

从图中我们可以看出,52+44 的音高值组合前字明显高于后字,前字音高值高点在 168Hz 左右,后字高点在 119Hz 左右,由此形成了前高后低的音高值分布与听感上前重后轻的结果相对应。例词具体如下:

sɿ^{52} fi^{44}　　　　　是非　　　　　tsʰun^{52} sam^{44}　　　　　衬衫

sin⁵² fuŋ⁴⁴	信封	pʰi⁵² kuŋ⁴⁴	鼻公(鼻子)
tʰu⁵² kian⁴⁴	杜鹃	mɔi⁵² ka⁴⁴	外家(娘家)
tam⁵² kɔn⁴⁴	扁担	tʰau⁵² li⁴⁴	道理
tsʰɔi⁵² tau⁴⁴	菜刀	kuai⁵² kiaŋ⁴⁴	害怕

（4）55+31，这类音高值组合占全部听辨双音节词的 3.93%（21/534）。词例[pʰi⁵²⁻⁵⁵ sui³¹]鼻水(鼻涕)，此音高值组合的轻重模式如下图：

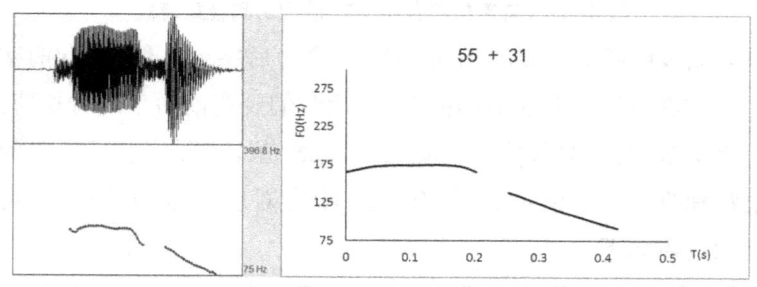

图 4-14　音高值组合 55+31 的词例和轻重模式

从音高曲线图我们可以看出，55+31 组合前字明显较高，前字音高高点在 174Hz 左右，后字在 138Hz 左右，这样，音高值上前高后低的分布与听感上前重后轻的结果就形成对应。例词具体如下：

pʰi⁵²⁻⁵⁵ sui³¹	鼻水(鼻涕)	lu⁵²⁻⁵⁵ ɛ³¹	路□(门路)
tʰi⁵²⁻⁵⁵ tsən³¹	地震	miɛn⁵²⁻⁵⁵ tʰiau³¹	面条
tsu⁵²⁻⁵⁵ kui³¹	咒鬼(发誓)	tiam⁵²⁻⁵⁵ mɛ³¹	店□(商店)
kai⁵²⁻⁵⁵ tsʅ³¹	戒指	sin⁵²⁻⁵⁵ tsʅ³¹	信纸
lu⁵²⁻⁵⁵ sui³¹	露水	iu⁵²⁻⁵⁵ su³¹	右手

（5）55+11，这类音高值组合占全部听辨双音节词的 3.18%（17/534）。词例[sɔn⁵²⁻⁵⁵ pʰan¹¹]算盘，此音高值组合的轻重模式如下图：

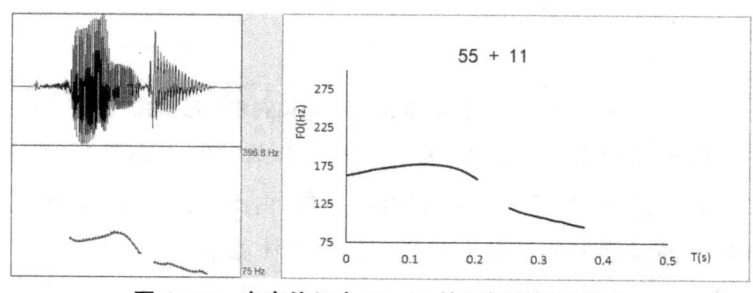

图 4-15　音高值组合 55+11 的词例和轻重模式

从音高曲线图我们可以看出,55+11 组合前字明显高于后字,前字音高高点在 178Hz 左右,后字在 121Hz 左右,由此形成了前高后低的音高值组合与听感上前重后轻的结果相对应。例词具体如下：

pau⁵²⁻⁵⁵ su¹¹	报仇	sɔn⁵²⁻⁵⁵ pʰan¹¹	算盘
pau⁵²⁻⁵⁵ tsʰu¹¹	报酬	ŋɔi⁵²⁻⁵⁵ hɔŋ¹¹	外行
liɛn⁵²⁻⁵⁵ sip¹¹	练习	tsʰɔŋ⁵²⁻⁵⁵ ŋian¹¹	状元
nui⁵²⁻⁵⁵ hɔŋ¹¹	内行	tsʰɿ⁵²⁻⁵⁵ ian¹¹	自然
sai⁵²⁻⁵⁵ kɔn¹¹	晒干	kʰiu⁵²⁻⁵⁵ ȵian¹¹	旧年(去年)

（6）31+11,这类音高值组合占全部听辨双音节词的 2.62%（14/534）。词例[ki³¹ va¹¹]计划,此音高值组合的轻重模式如下图：

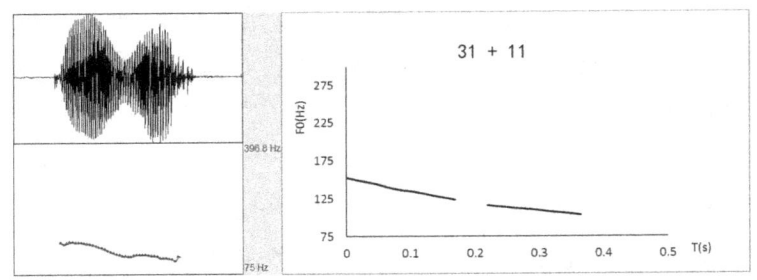

图 4-16　音高值组合 31+11 的词例和轻重模式

从图中我们可以看出,31+11 的音高值组合前字高于后字,前字音高在 152Hz 左右,后字高点在 115Hz 左右,这样前高后低的音高值组合与听感上前重后轻的结果相对应。例词具体如下：

fɔ³¹ tsʰai¹¹	火柴	su³¹ kin¹¹	手巾
sui³¹ nai¹¹	水泥	kaŋ³¹ fa¹¹	讲法(说法)
hiɔŋ³¹ lui¹¹	响雷(打雷)	ŋian³¹ fuŋ¹¹	眼红
ki³¹ va¹¹	计划	fɔ³¹ tʰɛu¹¹	伙头(厨师)
miau³¹ tan¹¹	牡丹	tsu³¹ ȵin¹¹	主人

（7）44+31,这类音高值组合占全部双音节词的 2.43%（13/534）。词例[kɛ⁴⁴ tʰiau¹¹⁻³¹]计调(办法),此音高值组合的轻重模式如下图：

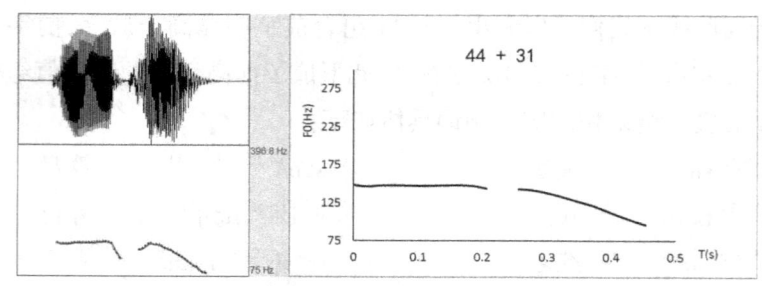

图 4-17　音高值组合 44+31 的词例和轻重模式

从音高曲线图我们可以看出,44+31 组合前后字音高值差不多,前字略高于后字,前字音高值高点有 148Hz,后字高点有 143Hz。然后我们观察前后字的时长值,发现前后字也是差不多,前字略长于后字,前字时长值 206ms,后字时长值 197ms。这样,前字以微弱的优势形成了前高后低,前短后长的分布,对应于听感上前重后轻的结果。例词具体如下:

sui³¹⁻⁴⁴ kiau³¹	馄饨	kɔŋ³¹⁻⁴⁴ ku³¹	讲古(故事)
iaŋ³¹⁻⁴⁴ ŋɛ³¹	影子	sui³¹⁻⁴⁴ su³¹	水手
taŋ³¹⁻⁴⁴ tsʅ³¹	顶针	kɛ⁴⁴ tʰiau¹¹⁻³¹	计调(办法)
tin³¹⁻⁴⁴ tsʅ³¹	顶针	laŋ⁴⁴ pau³¹	□饱(吃饱)

(8)45+1,这类音高值组合占全部听辨双音节词的 2.25%(12/534)。词例[siau⁴⁴⁻⁴⁵ sit¹]消息,此音高值组合的轻重模式如下图:

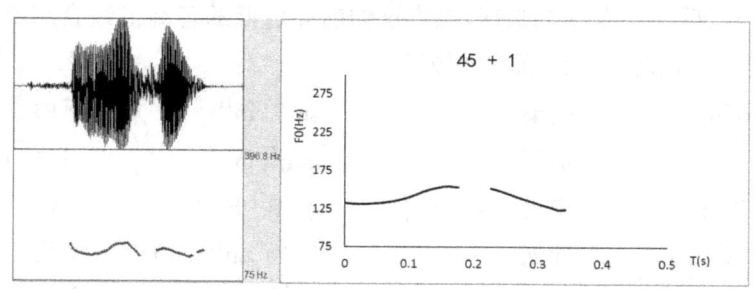

图 4-18　音高值组合 45+1 的词例和轻重模式

从音高曲线图我们可以看出 45+1 组合,前后字音高值接近,前字音高值高点有 155Hz,后字高点有 152Hz。但是我们观察前后字的时长值,发现前字明显长于后字,前字时长值 176ms,后字时长值 116ms。在前后字音高值接近的情况下,前后字时长上的前长后短,对应了听感上前重后轻的 HL 型韵律模式。例词具体如下:

kau⁴⁴⁻⁴⁵ kiap¹	高级	mau⁴⁴⁻⁴⁵ pit¹	毛笔
hɛu⁴⁴⁻⁴⁵ ŋit¹	后日(后天)	siau⁴⁴⁻⁴⁵ sit¹	消息
kin⁴⁴⁻⁴⁵ ŋit¹	今日(今天)	hiu⁴⁴⁻⁴⁵ sit¹	休息
ma⁴⁴⁻⁴⁵ kiɔk¹	马脚	pau⁴⁴⁻⁴⁵ siuk¹	包黍(玉米)

（9）5+11，这类音高值组合占全部听辨双音节词的2.25%（12/534）。词例[hɛt⁵ tʰau¹¹]核桃，此音高值组合的轻重模式如下图：

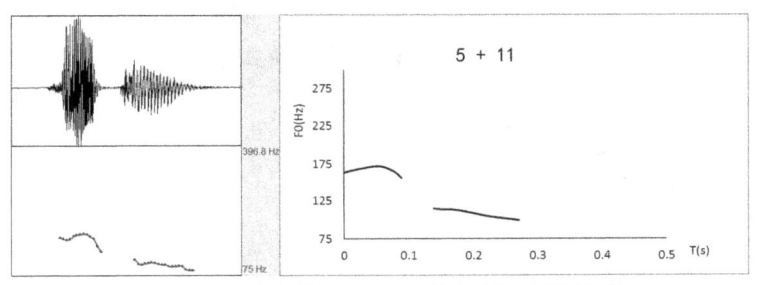

图4-19 音高值组合5+11的词例和轻重模式

从图中我们可以看出，5+11的音高值组合明显前字较高，前字音高值高点在172Hz左右，后字高点在114Hz左右，这样，形成前高后低的音高值分布与听感上前重后轻的结果相对应。例词具体如下：

ŋiuk⁵ lan¹¹	玉兰	sat⁵ ma¹¹	舌嫲(舌头)
sət⁵ tsʰa¹¹	食茶(喝茶)	hɔk⁵ tʰɔŋ¹¹	学堂(学校)
hɛt⁵ tʰau¹¹	核桃	tsʰɔk⁵ liɔŋ¹¹	着凉
wat⁵ tʰɛu¹¹	滑头	pʰɛt⁵ ŋin¹¹	别人
sak⁵ tʰɛu¹¹	石头	kiɔk⁵ tʰɛu¹¹	钁头(锄头)

（10）44+11，这类音高值组合占全部听辨双音节词的1.5%（8/534）。词例[fan⁴⁴ tʰɛu⁵²]枕头，此音高值组合的轻重模式如下图：

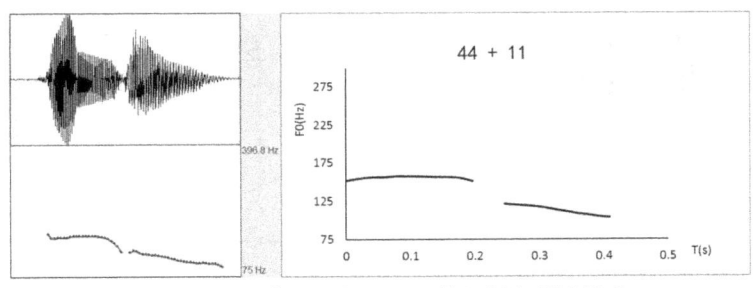

图4-20 音高值组合44+11的词例和轻重模式

从图中我们可以看出,44+11 的音高值组合前字高于后字,前字音高值高点在 157Hz 左右,后字高点在 121Hz 左右,这样前高后低的音高值组合与听感上前重后轻的结果相对应。例词具体如下:

han⁴⁴ pʰi¹¹　　　很肥(胖乎乎)　　　hɔi⁴⁴ tʰɔŋ¹¹　　　海棠

tsʰŋ⁴⁴ man¹¹　　　粗蛮(粗鲁)　　　li⁴⁴ tʰɛu¹¹　　　里头(里边)

ŋam⁴⁴ tʰiɛu¹¹　　　按头(磕头)　　　lau⁴⁴ phɔ¹¹　　　老婆(妻子)

(11) 5+31,这类音高值组合占全部双音节词的 1.31%(7/534)。词例[sət⁵ tsiu³¹]食酒(喝酒),此音高值组合的轻重模式如下图:

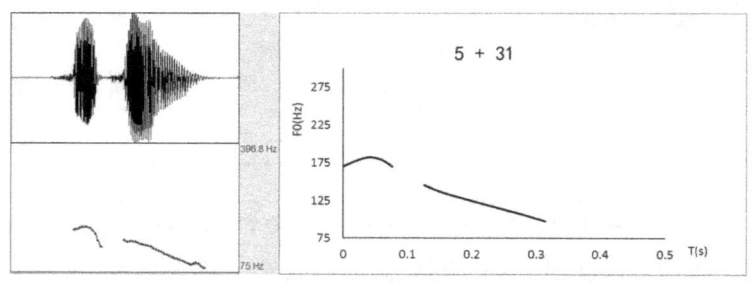

图 4-21　音高值组合 5+31 的词例和轻重模式

从图中我们可以看出,5+31 的音高值组合明显前字较高,前字音高值高点在 182Hz 左右,后字高点在 145Hz 左右,由此,呈现出前高后低的音高值组合与听感上前重后轻的结果相对应。例词具体如下:

sət⁵ pau³¹　　　食饱(吃饱)　　　tʰuk⁵ tsa³¹　　　读者

sət⁵ tsiu³¹　　　食酒(喝酒)　　　mak⁵ ɛ³¹　　　麦□(麦子)

lɔk⁵ i³¹　　　落雨(下雨)　　　kit⁵ ta³¹　　　吉他

lɔk⁵ sui³¹　　　落水(下雨)

(12) 5+52,原字调是阳入+去声,这类音高值组合占全部听辨双音节词的 1.12%(6/534)。词例[ȵiat⁵ kui⁵²]月桂,此音高值组合的轻重模式如下图:

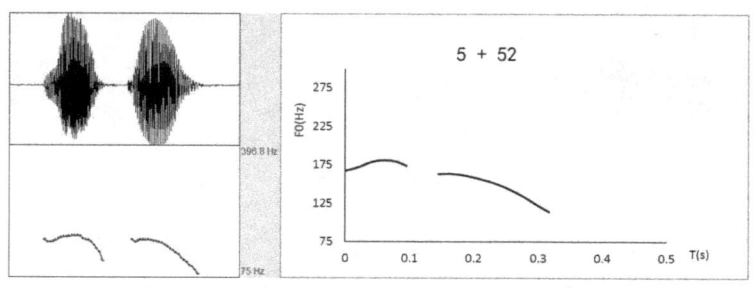

图 4-22　音高值组合 5+52 的词例和轻重模式

从图中我们可以看出,5+52 的音高值组合前后字音高值接近,前字音高在 180Hz 左右,后字高点在 163Hz 左右。这样前高后低的音高值组合与听感上前重后轻的结果相对应。虽然后字时长明显长于前字,但依旧是前重后轻的听辨结果,说明音高在轻重中的衡量作用优于时长。例词具体如下:

lɔk⁵ kʰɛn⁵²	落□(结冰)	ta⁵ mɛ⁵²	肮脏/腌臢
liuk⁵ fa⁵²	绿化	mat⁵ li⁵²	茉莉
lit⁵ hi⁵²	力气	ȵiat⁵ kui⁵²	月桂

(13) 55+1,这类音高值组合占全部双音节词的 1.12%(6/534)。词例 [nɔŋ⁵²⁻⁵⁵ pʰɛt¹] 浪费,此音高值组合的轻重模式如下图:

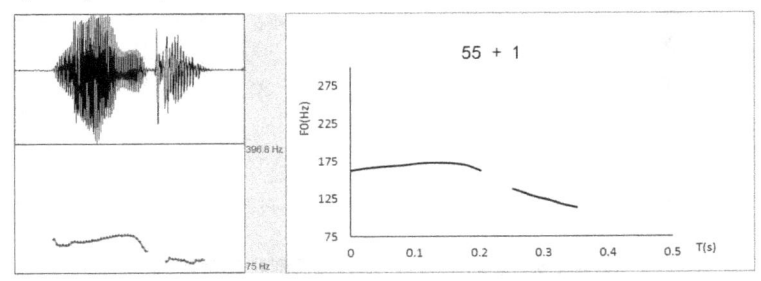

图 4-23　音高值组合 55+1 的词例和轻重模式

从音高曲线图我们可以看出,55+1 组合前字明显高于后字,前字音高值高点在 172Hz 左右,后字在 137Hz 左右,这样前高后低的音高值组合对应于听感上前重后轻的结果。例词具体如下:

sɔi⁵²⁻⁵⁵ muk¹	睡目(睡觉)	kau⁵²⁻⁵⁵ sət¹	教室
tʰi⁵²⁻⁵⁵ it¹	第一	kʰɔ⁵²⁻⁵⁵ sət¹	课室(教室)
kʰuai⁵²⁻⁵⁵ tsak¹	筷子	nɔŋ⁵²⁻⁵⁵ pʰɛt¹	浪费

(14) 5+44,这类音高值组合占全部双音节词的 0.94%(5/534)。词例 [ȵiat⁵ kuɔŋ⁴⁴] 月光(月亮),此音高值组合的轻重模式如下图:

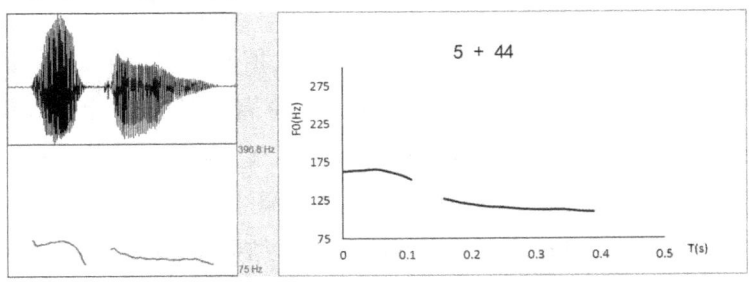

图 4-24　音高值组合 5+44 的词例和轻重模式

从图中我们可以看出,5+44 的音高值组合明显前字较高,前字音高值高点在 165Hz 左右,后字高点在 127Hz 左右,由此形成的前高后低的音高值组合与听感上前重后轻的结果相对应。例词具体如下:

lat⁵ tɕiau⁴⁴	辣椒	ȵiat⁵ kuɔŋ⁴⁴	月光(月亮)
pak⁵ ian⁴⁴	哺烟(吸烟)	sət⁵ tsau⁴⁴	食朝(早饭)
sət⁵ ian⁴⁴	食烟(吸烟)		

(15) 5+1,这类音高值组合占全部双音节词的 0.75%(4/534)。词例[it⁵ kak¹]翼胛(翅膀),此音高值组合的轻重模式如下图:

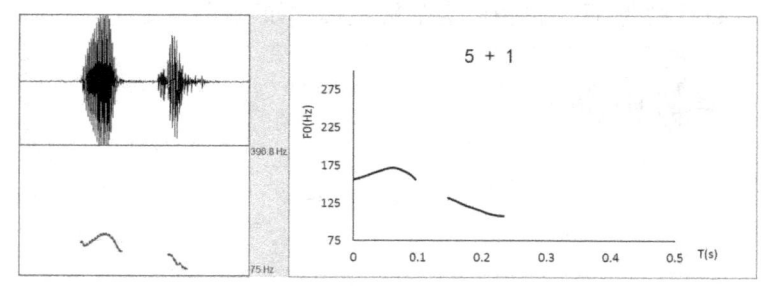

图 4-25　音高值组合 5+1 的词例和轻重模式

从图中我们可以看出,5+1 的音高值组合明显前字高于后字,前字音高值高点在 171Hz 左右,后字高点在 132Hz 左右,这样前高后低的音高值组合对应于听感上前重后轻的结果。例词具体如下:

| tap⁵ səp¹ | 大湿(湿漉漉) | lap⁵ tsuk¹ | 蜡烛 |
| it⁵ kak¹ | 翼胛(翅膀) | lɔk⁵ siɛt¹ | 落雪(下雪) |

HL 型轻重模式的音高值组合还有 1+11,我们将在 4.3.3 小节的等高型组合中详细介绍。

4.3.3　梅县话等高型双音节词的轻重韵律类型

等高型双音节词是指前后音节音高值大致相似的双音节词,如梅县话的 44+44,11+11,11+1,1+11,1+1,5+5,31+31 等音高值组合,从上文我们可以看到梅县话双音节词有两种听辨结果 LH 型和 HL 型,但是这些等高的音高值组合出现的情况不同,有的只出现在一种听辨结果中,如 11+1,1+1,1+11,5+5 等组合,有的则出现在 LH 型和 HL 型两种听辨结果中,如 44+44,11+11,31+31 等组合,这些组合在音高值上会有什么不同的表现呢?我们借助语音实验的方法来分析。

首先,我们对所有等高型组合中例词数量大于 2 个的组合,分别取一词例,列出其声波和音高图,如图 4-26 左。接着,我们再从每个音高值组合中抽取一定数量的词例(8 个以上的取 8 个,8 个以下的全取),手动标注音高的始末位置,用 Praat 脚本提取时长和音高数据,取其平均值,画出音高曲线,如图 4-26 右。

(1)44+44,这类音高值组合的数量非常多,占全部双音节词的 8.99%(48/534),不仅 LH 型和 HL 型听辨结果都有,而且是 LH 型轻重模式中数量最多的一种音高值组合。

LH 型有 46 个,具体例词如下:

kɔn⁴⁴ pi⁴⁴	干蜱(臭虫)	tsɔŋ⁴⁴ kiun⁴⁴	将军
tsʰɿ⁴⁴ lu⁴⁴	粗鲁	mau⁴⁴ sam⁴⁴	毛衫(毛衣)
tuŋ⁴⁴ si⁴⁴	东西	siɛn⁴⁴ li⁴⁴	先礼(生意)
fu⁴⁴ tsʰi⁴⁴	夫妻	saŋ⁴⁴ im⁴⁴	声音
tsʰiaŋ⁴⁴ kua⁴⁴	青瓜(黄瓜)	tʰiɛn⁴⁴ kuɔŋ⁴⁴	天光(天亮)

HL 型的有 2 个,具体例词如下:

lan⁴⁴ sɿ⁴⁴ 懒尸　　sau⁴⁴ nɔn⁴⁴ 烧暖

我们按照 LH 型和 HL 型轻重模式分别做出两类的音高曲线图,如下图:

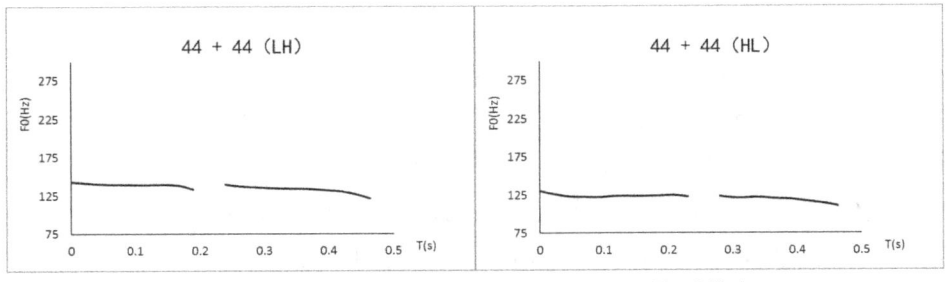

图 4-26　梅县话 44+44 组合 LH 型和 HL 型轻重模式

从图中我们可以看出,44+44 的音高值组合不论 LH 型还是 HL 型,它们各自的前后字音高差不多,LH 型在 135Hz 左右,HL 型在 115—125Hz 之间,这时候音高就不能够帮助我们衡量轻重,第二个衡量轻重的因素——音长就会被启动,LH 型前字时长 189ms,后字时长 225ms,后字明显长于前字,典型的前短后长对应了听辨上前轻后重的结果;HL 型前字时长 230ms,后字时长

183ms,前字明显长于后字,典型的前长后短对应了听辨上前重后轻的结果。

(2) 11+11,这类音高值组合占全部双音节词的 5.81%(31/534),听辨结果既有 HL 型也有 LH 型。

LH 型有 19 个,具体例词如下:

tsʰai¹¹ foŋ¹¹	裁缝	pʰiɛn¹¹ i¹¹	便宜
ŋiu¹¹ ma¹¹	牛嫲(母牛)	ioŋ¹¹ iu¹¹	洋油(煤油)
miau¹¹ tan¹¹	牡丹	miau¹¹ tʰiau¹¹	苗条
miaŋ¹¹ ȵian¹¹	明年	mu¹¹ fu¹¹	模糊

HL 型有 12 个,具体例词如下:

moŋ¹¹ moŋ¹¹	茫茫	tsok¹⁻¹¹ ka⁴⁴⁻¹¹	作家
fu¹¹ li¹¹	狐狸	fu¹¹ tʰu¹¹	糊涂
fai¹¹ ȵi¹¹	怀疑	tʰoŋ¹¹ loŋ¹¹	螳螂
nam¹¹ ȵin¹¹	男人	laŋ¹¹ tʰɛu¹¹	零头

我们按照 LH 型和 HL 型轻重模式分别做出两类的音高曲线图,如下图:

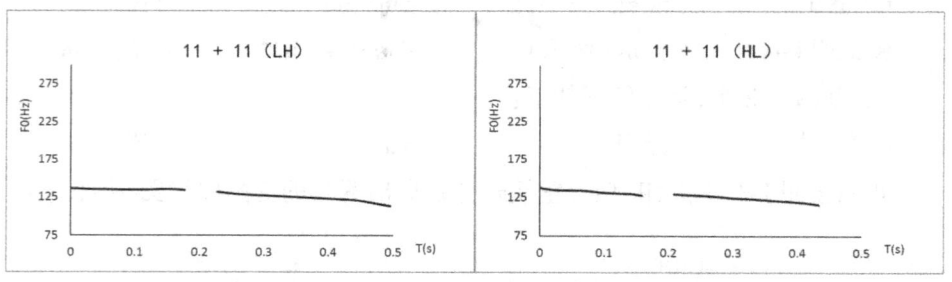

图 4-27 梅县话 11+11 组合 LH 型和 HL 型轻重模式

从图中我们可以看出,LH 型和 HL 型 11+11 音高值组合的音高曲线很相似,音高值上都是前后字接近,LH 型前字音高值高点大概 136Hz,后字大概 131Hz,HL 型前字音高值高点大概 137Hz,后字大概 129Hz;时长值上都是前短后长,LH 型前字时长 176ms,后字时长 268ms,HL 型前字时长 158ms,后字时长 225ms。

从 LH 型和 HL 型相似的音高曲线上看,前后字音高值相近,时长值呈现为前短后长,也就是说时长值长的既对应了轻,又对应了重,时长值短的也是如此。根据前面观测的经验,衡量轻重时,音高值是第一要素,当第一要素音高值接近时,第二要素时长值就会显示出差异,时长值长的会重,时长值短的会轻,绝大多数案例都是前短后长的时长值和前轻后重的 LH 型是相互对应的,和前重后轻的 HL 型是对应的非常少。这再次验证我们的推测,梅县话轻重韵律模式处在一个不稳定有变化的过程中。

(3) 31+31,这类音高值组合一共 8 个,占全部听辨双音节词的 1.5%(8/534),其中 4 个是 LH 型,另外 4 个是 HL 型,具体例词如下(未标注的是 LH 型):

tsɿ³¹ pau³¹	纸宝(烧纸)	fɔ³¹ sui³¹	火水(煤油)(HL)
su³¹ tsɔŋ³¹	手掌	sɔ³¹ sɿ³¹	锁匙(钥匙)(HL)
su³¹ tsɿ³¹	手指	tsɔ³¹ su³¹	左手(HL)
tsiun³¹ tsiun³¹	仅仅	a³¹ ɛ³¹	哑口(哑巴)(HL)

我们按照 LH 型和 HL 型轻重模式分别做出两类的音高曲线图,如下图:

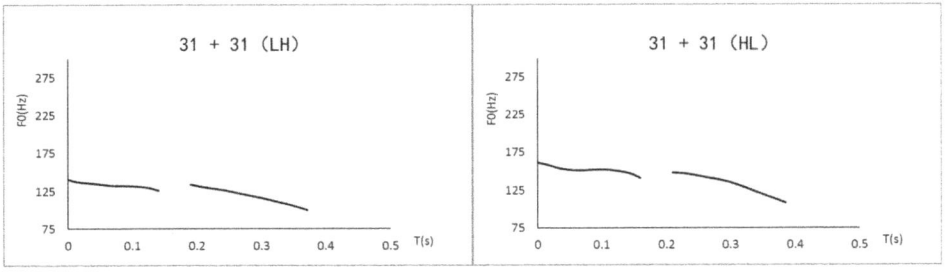

图 4-28 梅县话 31+31 组合 LH 型和 HL 型轻重模式

从图中我们可以看出,31+31 的音高值组合的情况跟上面的 11+11 组合类似,都是 LH 型和 HL 型音高曲线很相似,31+31 组合两种轻重类型都是在音高值上前后字接近,LH 型前字音高值高点大概 140Hz,后字大概 136Hz,HL 型前字音高值高点大概 162Hz,后字大概 148Hz;31+31 组合两种轻重类型在时长值上都是前短后长,LH 型前字时长 140ms,后字时长 181ms,HL 型没有 LH 型明显,前字时长 159ms,后字时长 175ms。

从上面 11+11 组合的分析可知,图中 LH 型的音高曲线在音高值相等或相近时,时长上呈现前短后长的分布,这种声学分布既和前轻后重的 LH 型听辨结果相对应,又和前重后轻的 HL 型对应。但是根据我们前面观测的经验,时长值长的会重,时长值短的会轻,绝大多数案例都是前短后长的时长值和前轻后重的 LH 型是相互对应的,和前重后轻的 HL 型是对应的非常少。我们推测,梅县话轻重韵律模式处在一个不稳定有变化的过程中,少见的 HL 型现象反映了韵律模式已经先一步有了变化,这样从 LH 型向 HL 型的韵律变化会逐渐支配音高曲线的高低长短趋合于"规律"。

但是我们发现 31+31 组合的 HL 型和 11+11 组合的 HL 型相比有些变化，31+31 组合在时长上呈现明显的前短后长（前字时长 158ms，后字时长 225ms），11+11 组合前后字的时长已经比较接近（前字时长 159ms，后字时长 175ms），从这种变化中，我们推测 HL 型韵律模式已经发生作用，正在支配音高曲线的高低长短向规律趋合。

（4）1+1，这类音高值组合数量不多，只有 4 个，占全部双音节词的 0.75%（4/534），听辨结果都是 LH 型，例词具体如下：

tsɔk¹ tsʰak¹　着装（打扮）　　　　kap¹ kap¹　恰恰
muk¹ tsəp¹　目汁（眼泪）　　　　sit¹ sut¹　蟋蟀

我们做出 1+1 音高值组合的音高曲线，如下图：

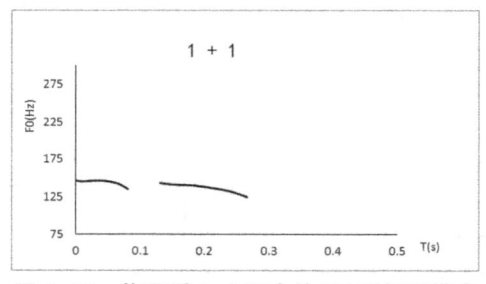

图 4-29　梅县话 1+1 组合的 LH 型轻重模式

从图中我们可以看出，1+1 的音高值组合前后字音高值差不多，前字在 142Hz 左右，后字的高点也在 142Hz，这时候音高就不能够帮助我们衡量轻重，需要我们启动第二个衡量因素——音长，前字时长 81ms，后字时长 136ms，后字明显长于前字，前短后长的时长分布对应了听辨上前轻后重的结果。

4.3.4　梅县话轻重韵律类型与传统双音节词连读变调的关系

国内外前人关于梅县话甚至其他各地客家方言的双音节词连读变调研究，为大家勾勒了客家方言双音节词变调后的语音面貌，本文进一步对这样的音节组合进行了轻重听辨实验，逐渐明确梅县话客家方言在轻重韵律上既有 HL 型，也有 LH 型，二者对半分布。这样的轻重韵律类型和前人研究的双音节词连读变调有什么关系呢？

本文通过语音实验发现，双音节词变调后的音高值组合和轻重听辨实验的结果有着规律性的对应关系，音高值高的和听辨上的重相对应，音高值低的和听辨上的轻相对应，而在音高值相等或相近的时候，时长值长的就会和听辨上的重相对应,时长值短的就会和听辨上的轻相对应。这样规律的对应关系,使音高(包含时长因素在内)在大家争论不休的一大串重音的声学相关物中脱颖而出,同时也让人深思可能是轻重韵律模式内在地驱动着连读变调,直至变得和轻重模式一致,而那些不一致的,可能正在变化过程中,例如梅县话的 11+11 音高值组合,听辨结果为 HL 型的音高曲线在音高值相等或相近时,时长上呈现前短后长的分布,这种声学分布和其他的都不一致,我们大胆推测梅县话轻重韵律模式可能处在一个不稳定有变化的过程中,南方方言双音节词较多的 LH 型正在逐渐向普通话较多的 HL 型转变。

4.4 本章小结

我们对梅县话双音节词进行了轻重听辨调查,从听辨结果上可以看出,梅县话双音节词既有 LH 型韵律模式,又有 HL 型韵律模式,而且 LH 型和 HL 型呈现对半存在的状态。在我们调查的 534 项词汇中,LH 型有 280 项,HL 型有 254 项。

在轻重听辨的基础上,我们对 LH 和 HL 两种轻重模式进行了语音实验,发现 LH 型在音高值上主要实现为组合 44+44,11+44,31+52,44+52,11+52,11+11,55+52,11+31,31+44 等,HL 型的音高值组合主要为 45+11,45+31,52+44,55+31,55+11,31+11,44+31 等,联系轻重听辨的结果,我们发现前后音节的音高对比,LH 型表现为前低后高,HL 型表现为前高后低,但都是音高值高的对应了重,音高值低的对应了轻;前后音节音高值相等或相近时,LH 型表现为时长上的前短后长,HL 型表现为前长后短,但都是时长长的对应了重,时长短的对应了轻。

由此,我们发现 LH 型和 HL 型的轻重都集中体现在前后音节的音高值对比上(包含时长因素),梅县话的实验数据证实了我们的假设:重音主要表现为包括时长在内的音高凸显,变调后结果的一致性也说明了轻重音是变调的内在动因。而连读变调研究中前字变调,后字不变调的模式,和客家方言中占了一半的 LH 型韵律模式相对应,但客家方言轻重韵律模式也表现出向另一半 HL 型韵律模式演变的态势。

第 5 章
吴方言的韵律类型(上海松江话)

5.1 吴方言和上海话

吴语,一般也叫江浙话或江南话,形成的历史可以追溯到春秋战国时期,吴语的"吴"就是古代国名和地域名称的沿用。现代吴语主要分布在江苏省南部、上海市和浙江省的全境,以及江西省、福建省和安徽省的小部分地区,根据《中国语言地图集》(1987)里的统计数字,现代吴语全部分布面积约 13.75 万平方公里,人口约 7000 余万(侯精一,2002)。

"塞音三分"作为现代吴语的重要特点,既将吴语和闽语赣语等其他方言区别开来,又对吴语内部方言片的划分有重要作用。我们参考《中国语言地图集》汉语方言部分将吴语分为 6 片:太湖片、台州片、瓯江片、婺州片、处衢片和宣州片。其中太湖片最大,又分为毗陵、苏沪嘉、苕溪、杭州、临绍、甬江等 6 个小片,我们调查的上海松江话就属于吴语太湖片苏沪嘉小片。其在语音上有自己的特点,主要有:澄从两母多读 z;臻摄合口三等知章组字变开口;唐阳江韵多读鼻化韵;歌戈韵与模韵多混;侯韵、尤韵(知系)读单元音;仙韵合口精知章组字不读 y 介音;"嘴"读 ʅ 韵;"鱼"字白读读 ŋ̍;"梳"与"蔬"古代同为合口三等同音字,现"梳"字白读读 ʅ 韵,与"蔬"字读 u 已不同韵;哈韵与谈韵寒韵多混;平上去入各分阴阳,上海话阳平、阳上、阳去三者已经合一;入声收喉塞尾。

5.2 上海话的声调

吴语大体保持了完整的四声：平上去入，并依声母的清浊各分阴阳。可是吴语调值一般不很明朗清晰，不容易分辨和掌握。阳调平上去的分辨似乎更困难，上海话就是个典型代表。我们参考许宝华、陶寰（2015）的音系，上海松江话①单字调有 8 种，具体如下：

表 5-1　上海松江话单字调

阴平 53	阴上 44	阴去 35	阴入 4
阳平 31	阳上 22	阳去 13	阳入 2

上海松江话的双音节词变调，据许宝华、陶寰（2015），"两字组广用式在连读变调中产生了 3 种新调形：55、24、ʔ31。在连读变调中，连读前字对调形的作用比后字大。阴调类后字和阳调类后字的调层都部分高低。"

谈到上海话的连读变调就绕不开广用式和窄用式的区别，早期张惠英（1979）在讨论崇明方言的连读变调时，就将其分为广用式和专用式两类，简单来说二者的区别就是广用式使用范围广，专用式使用范围窄，张文中的专用式包括数量谓补式、动趋式、动代式、重叠式四项。后来许宝华、汤珍珠、钱乃荣（1981）在讨论新派上海方言的连读变调时，也用到了广用式和窄用式，广用式对两字组是否成词，以及两字组的结构没有限制，窄用式主要是动宾式、后补式、主谓式和联合式中的不成词的两字组。本文的双音节词主要指使用范围广的广用式。

同样注意到语法结构和连读变调关系的，还有一篇重要的文章，就是 Kennedy（1953）在《Language》上发表的《Two tone patterns in Tangsic》，他在文章中提出了两种著名的变调形式，就是浙江塘栖话的"高山型"和"烧汤型"，"高山型"指前字的单字调扩展到整个两字组，偏正式两字组重音必须在前字，用此变调形式；"烧汤型"指无论后字是什么调，前字都变为一种平调，动宾组两字组重音必须在后字，用"烧汤"型变调形式。

---

①　参照《上海方言词典》（1997）的音系，上海话单字调有 6 种，分别是阴平 53、阴上 55、阴去 35、阴入 5、阳舒 13、阳入 13。但是鉴于上海松江话保留的单字调更丰富，我们在调查的时候发音人选取的是松江人，因此本章中提到的上海话实指的是上海松江话。

还有更多的关于吴方言的连读变调的研究成果，包括上述前人的研究，不仅细致地分析了连读变调的规律，而且表现了内部差异的变化，并从一开始就注意到变调同语义、语法结构之间的密切关系。但是正如陈忠敏(1993)在进行连读变调研究综述中说到的，"连读变调的研究很少联系重音等因素"，而"研究它们之间的相互关系，可以扩大连读变调研究的视野，同时，也是对连读变调研究的深化"。本文将就此展开调查，针对轻重音和连读变调的关系进行轻重听辨和语音实验，暂不讨论各种变调的具体规律，先关注变调结果的音高值表现和轻重听辨结果之间是否存在规律，以此为出发点设计以下实验。

首先针对上海话的双音节词展开调查，采用一个包含复合词、派生词、单纯词、译名、ABB 式等共 672 词的词表，因为有的词不止一种说法，因此最终获取的词条是 777 条，其中双音节词 614 条①。本文的语料来源都是一手资料，使用专业的声卡(Komplete Audio 6)和话筒(AKG-C544L)进行数据采样，采样软件为斐风 F2.0.2(Field Phon)，语言样品为 WAV 格式(采样率 44100 字节/秒，数据位宽 16 比特)。发音人为中老年男性，具体信息参见附表 1-4。

本研究的对象是上海话的双音节词，我们通过听辨的形式记录上海话双音节词的轻重，H 表示重，L 表示轻，HL 型就是前重后轻的重轻型韵律模式，LH 型就是前轻后重的轻重型韵律模式。我们用记录音高值的方法来表示听辨的轻重，音高值用基频赫兹值表示。为与单音节词声调描述配合，我们对双音节词的轻重特征也采用五度标记法来赋值，例如上海话的 LH 型呈现的前后音节声调或凸显轻重的音高值分别是：44+44,11+44,31+52,44+52,11+52,11+11,55+52,11+31,31+44 等。像表 5-2 中的例词"父母"，前字音高值 11，后字音高值 44，对应的轻重听辨结果是 LH 型，更多例词如下：

表 5-2 音高值与轻重对应示例

fan	44	tʰɛu	52	花生	LH	tʂʅ	44	pʰau	52	粗鲁	LH
tʰɛu	11	saŋ	44	畜生	LH	ia	11	ɔi	44	父母	LH
mɔ	45	tʰɔ	31	摩托	HL	mɔŋ	45	kuɔ	31	芒果	HL
sʅ	31	kau	52	屎窖	LH	kua	31	fu	52	寡妇	LH
sɔn	55	pʰan	11	算盘	HL	ŋɔi	55	hɔŋ	11	外行	HL

---

① 去除单音节词、三音节词、四音节词等，剩余双音节词 614 条。

5.3 上海话的韵律类型与音高值组合

上海话双音节词的轻重听辨结果有两种模式:LH 型和 HL 型,其中 LH 型(311)和 HL 型(303)对半存在,每种轻重模式表现为多种音高值组合。

5.3.1 上海话轻重型双音节词与音高值组合

上海话双音节词的第一种轻重类型是 LH 型(轻重型)。LH 型韵律模式的前后音节的音高值分别是:55+53,11+53,11+33,11+13,1+13,33+53,11+55,3+53,33+31,33+33,1+53 等(按照数量从多到少排列)。

下面我们观察 LH 型轻重模式具体的音高表现。我们对每种音高值组合取一词例,列出其声波和音高图,如下图左。接着,我们再从每个音高值组合中抽取一定数量的词例(音高值组合的词例数量在 8 个以上的取 8 个样本,8 个以下的全取),手动标注音高的始末位置,用 Praat 脚本提取时长和音高数据,取其平均值,画出音高曲线,得到上海话双音节词 LH 型的韵律模型,如下图右。

(1) 55+53,这类音高值组合数量很多,占全部双音节词的 7.82%(48/614)。词例[tsoŋ⁵³⁻⁵⁵ sã⁵³] 众牲(畜生),此音高值组合的轻重模式如下图:

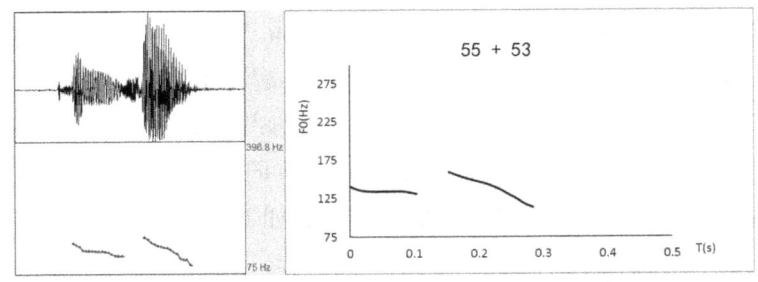

图 5-1 音高值组合 55+53 的词例和轻重模式

从图中我们可以看出,55+53 的音高值组合明显后字较高,前字音高值高点 140Hz,后字高点 159Hz,这样在音高值上前低后高的分布对应了我们听感上前轻后重的 LH 型韵律模式,音高值高的对应了重,音高值低的对应了轻。例词具体如下:

koŋ⁵³⁻⁵⁵ tsɿ⁵³	工资（报仇）	kɔ⁵³⁻⁵⁵ liã¹³⁻⁵³	高粱
tsʰã⁵³⁻⁵⁵ fiiŋ¹³⁻⁵³	苍蝇	kʰe⁵³⁻⁵⁵ siŋ⁵³	开心（高兴）
tsoŋ⁵³⁻⁵⁵ sã⁵³	众牲（畜生）	tɕʰi⁵⁵ ɸoŋ⁵³	起风（刮风）
tie⁵⁵ siŋ⁵³	点心	ku⁵³⁻⁵⁵ sən⁵³	孤孀（寡妇）
ɸu⁵³⁻⁵⁵ tsʰi⁵³	夫妻	kue⁵³⁻⁵⁵ ze¹³⁻⁵³	棺材

（2）11+53，这类音高值组合占全部双音节词的7.17%（44/614）。词例[le¹³⁻¹¹ ɕia⁵⁵⁻⁵³]雷响（打雷），此音高值组合的轻重模式如下图：

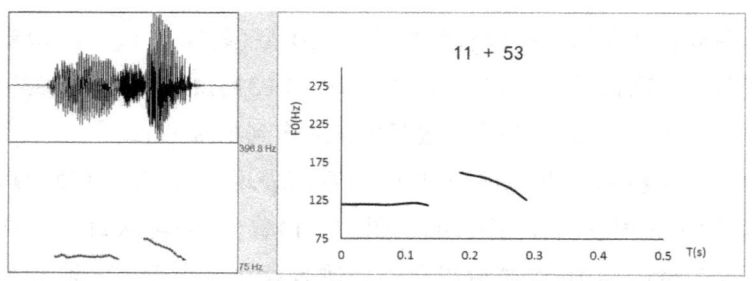

图5-2 音高值组合11+53的词例和轻重模式

从图中我们可以看出，11+53的音高值组合明显后字高于前字，前字音高值高点122Hz，后字高点162 Hz，由此形成在音高值上前低后高的分布就对应了我们听感上前轻后重的韵律模式。例词具体如下：

zo¹³⁻¹¹ sɿ⁵⁵⁻⁵³	茶水	βu¹³⁻¹¹ koŋ⁵³	护工（看护）
le¹³⁻¹¹ ɕia⁵⁵⁻⁵³	雷响（打雷）	lie¹³⁻¹¹ tsɿ⁵⁵⁻⁵³	莲子
βu¹³⁻¹¹ sɣ⁵⁵⁻⁵³	扶手	βu¹³⁻¹¹ tʰi⁵³	扶梯（楼梯）
ȵi¹³⁻¹¹ siŋ⁵³	疑心（怀疑）	me¹³⁻¹¹ ho⁵³	梅花
βã¹³⁻¹¹ ko⁵³	黄瓜	mo¹³⁻¹¹ tiɔ⁵⁵⁻⁵³	麻鸟（麻雀）

（3）11+33，这类音高值组合占全部双音节词的5.86%（36/614）。词例[pu¹³⁻¹¹ dɔ¹³⁻³³]核桃，此音高值组合的轻重模式如下图：

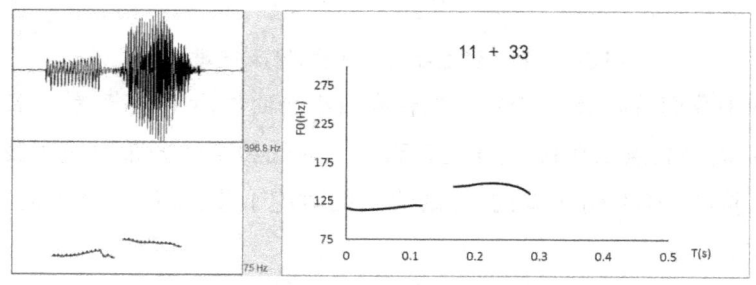

图5-3 音高值组合11+33的词例和轻重模式

从图中我们可以看出，11+33 的音高值组合明显后字较高，前字音高值高点 120Hz，后字高点 149Hz，这样在音高值上前低后高的分布就对应了我们听感上前轻后重的 LH 型韵律模式。例词具体如下：

ze¹³⁻¹¹ βoŋ¹³⁻³³ 裁缝	pu¹³⁻¹¹ dɔ¹³⁻³³ 核桃
zəŋ¹³⁻¹¹ zoŋ³³ 沉重	boŋ¹³⁻¹¹ zəŋ¹³⁻³³ 埲尘（灰尘）
zɿ¹³⁻¹¹ βã¹³⁻³³ 厨房	mi¹³⁻¹¹ mɔ¹³⁻³³ 眉毛
dɑ¹³⁻¹¹ i³⁵⁻³³ 大意	le¹³⁻¹¹ uã³⁵⁻³³ 来往
ŋã¹³⁻¹¹ ŋã¹³⁻³³ 刚刚（刚才）	lã¹¹ ɸi³³ 浪费

（4）11+13，这类音高值组合占全部双音节词的 4.4%（27/614）。词例 [dɤ¹³⁻¹¹ βu¹³]豆腐，此音高值组合的轻重模式如下图：

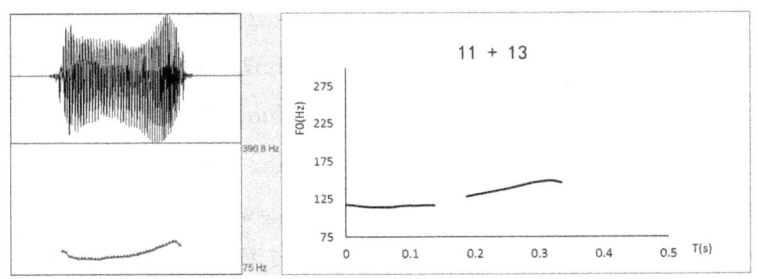

图 5-4　音高值组合 11+13 的词例和轻重模式

从图中我们可以看出，11+13 的音高值组合明显后字高于前字，前字音高值高点 117Hz，后字高点 149Hz，由此形成在音高值上前低后高的分布，和我们听感上前轻后重的韵律模式相对应。例词具体如下：

dɤ¹³⁻¹¹ βu¹³ 豆腐	se¹¹ ku¹³ 罪过（可怜）
ia¹³⁻¹¹ ȵiã¹³ 爷娘（父母）	ma¹¹ ma¹³ 买卖
fiɤ¹³⁻¹¹ ȵieʔ¹³ 后日（后天）	mi¹³⁻¹¹ dɔ¹³ 味道
βu¹³⁻¹¹ li¹³ 狐狸	ɦie¹³⁻¹¹ ze¹³ 现在
uɑ¹³⁻¹¹ ȵi¹³ 怀疑	ŋɛ¹³⁻¹¹ li¹³ 眼泪

（5）1+13，这类音高值组合占全部双音节词的 3.75%（23/614）。词例 [ȵyøʔ¹³⁻¹ liã¹³]月亮，此音高值组合的轻重模式如下图：

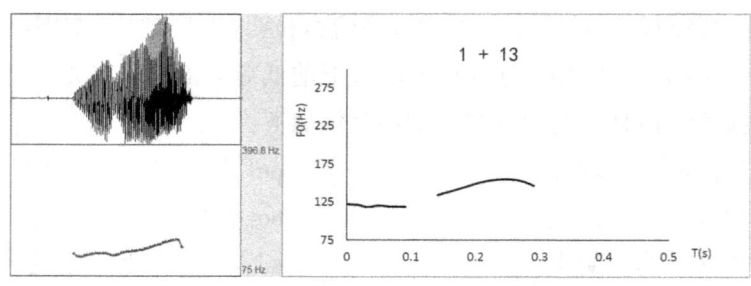

图 5-5　音高值组合 1+13 的词例和轻重模式

从图中我们可以看出,1+13 的音高值组合明显后字较高,前字音高值高点 122Hz,后字高点 155Hz,这样在音高值上前低后高的分布就对应了我们听感上前轻后重的韵律模式。例词具体如下:

ŋyoʔ¹³⁻¹ mo¹³	肉麻	zaʔ¹³⁻¹ liɣ¹³	石榴
məʔ¹³⁻¹ zɿ¹³	物事(东西)	ɦoʔ¹³⁻¹ dã¹³	学堂(学校)
tɕʰiəʔ⁵⁻¹ zo¹³	吃茶(喝茶)	ɦiaʔ¹³⁻¹ zɿ¹³	钥匙
ßaʔ¹³⁻¹ dɣ¹³	滑头	iaʔ⁵⁻¹ ße¹³	约会
ŋieʔ¹³⁻¹ nɔ¹³	热闹	ŋyøʔ¹³⁻¹ liã¹³	月亮

(6) 33+53,这类音高值组合占全部双音节词的 2.93%(18/614)。词例 [y⁵³⁻³³ tɕiŋ¹³⁻⁵³] 安静,此音高值组合的轻重模式如下图:

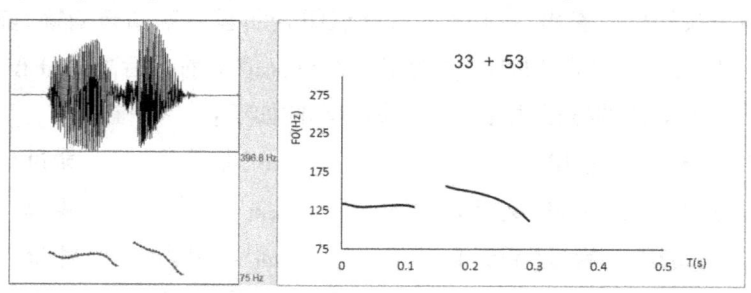

图 5-6　音高值组合 33+53 的词例和轻重模式

从图中我们可以看出,33+53 的音高值组合明显后字高于前字,前字音高值高点 134Hz,后字高点 157Hz,由此形成在音高值上前低后高的分布对应于我们听感上前轻后重的 LH 型韵律模式。例词具体如下:

y⁵³⁻³³ tɕiŋ¹³⁻⁵³	安静	po⁵³⁻³³ tsã³⁵⁻⁵³	巴掌
tsʰəŋ⁵³⁻³³ li¹³⁻⁵³	窗帘	ɕia⁵⁵⁻³³ tã⁵⁵⁻⁵³	相打(打架)
tɕiɔ⁵³⁻³³ ziŋ¹³⁻⁵³	交情	toŋ⁵³⁻³³ si⁵³	东西

| βo⁵³⁻³³ zʅ¹³⁻³⁵ | 服侍(看护) | tʰɑ³⁵⁻³³ ɦiã¹³⁻⁵³ | 日头(太阳) |
| tsʅ⁵³⁻³³ mo¹³⁻⁵³ | 脂麻(芝麻) | tsʅ⁵³⁻³³ kø⁵³ | 猪肝 |

（7）11+55，这类音高值组合占全部双音节词的 2.44%（15/614）。词例 [di¹³⁻¹¹ tsəŋ³⁵⁻⁵⁵] 地震，此音高值组合的轻重模式如下图：

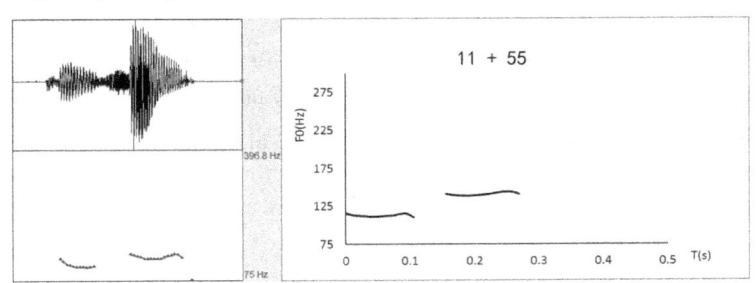

图 5-7　音高值组合 11+55 的词例和轻重模式

从图中我们可以看出，11+55 的音高值组合明显后字较高，前字音高值高点 116Hz，后字高点 144Hz，这样在音高值上前低后高的分布就对应了我们听感上前轻后重的韵律模式。例词具体如下：

di¹³⁻¹¹ tsəŋ³⁵⁻⁵⁵	地震	βɑ¹³⁻¹¹ tsʰų³⁵⁻⁵⁵	坏处
βɛ¹³⁻¹¹ tie³⁵⁻⁵⁵	饭店(饭馆)	lɔ¹³⁻¹¹ koŋ⁵³⁻⁵⁵	老公(丈夫)
mã¹³⁻¹¹ tɕi³⁵⁻⁵⁵	忘记	lɔ¹³⁻¹¹ ho⁵³⁻⁵⁵	老化
du¹³⁻¹¹ tɕyø⁵³⁻⁵⁵	杜鹃	ze¹³⁻¹¹ ku³⁵⁻⁵⁵	罪过
kə¹¹ ta⁵⁵	这里	dɑ¹³⁻¹¹ sɸ³⁵⁻⁵⁵	大蒜

（8）3+53，这类音高值组合占全部双音节词的 2.28%（14/614）。词例 [koʔ³ ka⁵³] 国家，此音高值组合的轻重模式如下图：

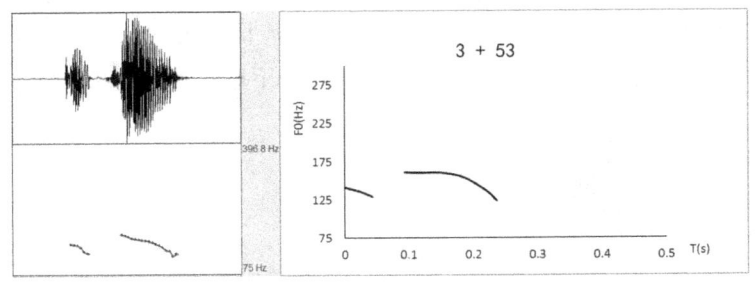

图 5-8　音高值组合 3+53 的词例和轻重模式

从图中我们可以看出，3+53 的音高值组合明显后字高于前字，前字音值高点 141Hz，后字高点 161Hz，由此形成在音高值上前低后高的分布，和我们听感上前轻后重的 LH 型韵律模式相对应。例词具体如下：

kʰəʔ⁵⁻³dɣ¹³⁻⁵³	磕头	aʔ⁵⁻³ku⁵³	阿哥（哥哥）
tsʰɑʔ⁵⁻³ sʅ⁵³	拆尿（撒尿）	aʔ⁵⁻³ bu¹³⁻⁵³	阿婆（婆婆）
ieʔ⁵⁻³doŋ¹³⁻⁵³	一同（一起）	tɕieʔ⁵⁻³ tsʮ⁵³	结蛛（蜘蛛）
tɕieʔ⁵⁻³piŋ⁵³	结冰	pɑʔ⁵⁻³liŋ¹³⁻⁵³	百灵
tɕyøʔ⁵⁻³ho⁵³	菊花	poʔ⁵⁻³ɸã⁵³	北方

（9）33+31，这类音高值组合占全部双音节词的 1.79%（11/614）。词例 [tɕi⁵³⁻³³ piŋ⁵⁵⁻³¹] 煎饼，此音高值组合的轻重模式如下图：

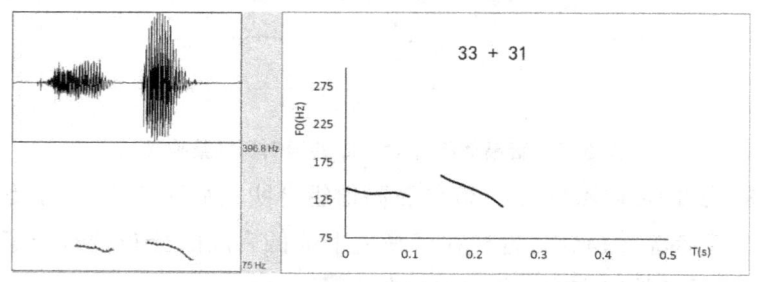

图 5-9　音高值组合 33+31 的词例和轻重模式

从图中我们可以看出，33+31 的音高值组合明显后字较高，前字音高值高点 141Hz，后字高点 158Hz，这样在音高值上前低后高的分布就对应了我们听感上前轻后重的 LH 型韵律模式。例词具体如下：

siŋ⁵³⁻³³ sʅ⁵⁵⁻³¹	薪水（报仇）	mi³⁵⁻³³ ɕy³¹	秘书
ɸe⁵³⁻³³ ɕi⁵⁵⁻³¹	欢喜（高兴）	po⁵³⁻³³ li⁵⁵⁻³¹	巴黎
tɕi⁵³⁻³³ piŋ⁵⁵⁻³¹	煎饼（名词）	u⁵³⁻³³ səŋ⁵⁵⁻³¹	莴笋（莴苣）
kʰe⁵³⁻³³ sʅ⁵⁵⁻³¹	开水	tɕiŋ⁵³⁻³³ tsʮ⁵⁵⁻³¹	金子
kuã⁵³⁻³³ ɸu⁵⁵⁻³¹	光火（生气）	siŋ⁵³⁻³³ kʰu⁵⁵⁻³¹	辛苦

（10）1+53，这类音高值组合占全部双音节词的 0.98%（6/614）。词例 [laʔ¹³⁻¹tsiɔ⁵³] 辣椒，此音高值组合的轻重模式如下图：

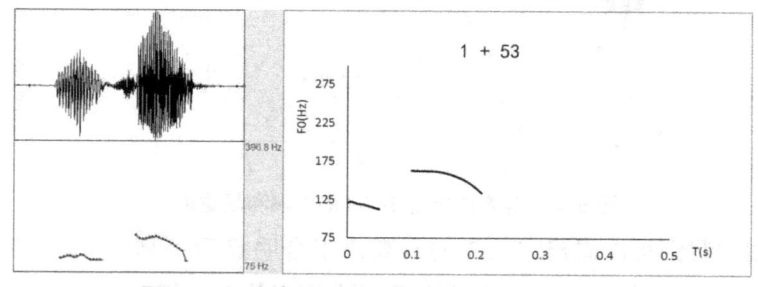

图 5-10　音高值组合 1+53 的词例和轻重模式

从图中我们可以看出,1+53 的音高值组合明显后字高于前字,前字音高值高点 123Hz,后字高点 163Hz,由此形成在音高值上前低后高的分布对应于我们听感上前轻后重的 LH 型韵律模式。例词具体如下:

boʔ¹³⁻¹tɔ⁵³　　　濮刀(菜刀)　　　　　bəʔ¹³⁻¹ku⁵³　　　鹁鸪(鹧鸪)

laʔ¹³⁻¹tsiɔ⁵³　　　辣椒　　　　　　　moʔ¹³⁻¹sŋ⁵³⁻⁵⁵　　木梳(梳子)

mieʔ¹³⁻¹ɸoŋ⁵³　　蜜蜂　　　　　　　zəʔ¹³⁻¹siŋ⁵³　　　实心

LH 型轻重模式的音高值组合还有 33+33,我们将在 5.3.3 小节的等高型组合中详细介绍。

5.3.2　上海话重轻型双音节词与音高值组合

上海话双音节词的第二种轻重类型是 HL 型(重轻型)。HL 型韵律模式的前后音节的音高值分别是:55+31,13+31,55+53,13+11,33+33,53+31,55+55,33+31,55+11,5+55,35+31 等(按照数量从多到少)。

下面我们看 HL 型轻重模式具体的音高表现。我们对每种音高值组合取一词例,列出其声波和音高图,如下图左。接着,我们再从每个音高值组合中抽取一定数量的词例(音高值组合的词例数量在 8 个以上的取 8 个样本,8 个以下的全取),手动标注音高的始末位置,用 Praat 脚本提取时长和音高数据,取其平均值,画出音高曲线,得到上海话双音节词 HL 型的韵律模型,如下图右。

(1) 55+31,这类音高值组合在 HL 型中数量最多,占全部双音节词的 9.61%(59/614)。词例 [pe³⁵⁻⁵⁵ siŋ⁵³⁻³¹] 背心,此音高值组合的轻重模式如下图:

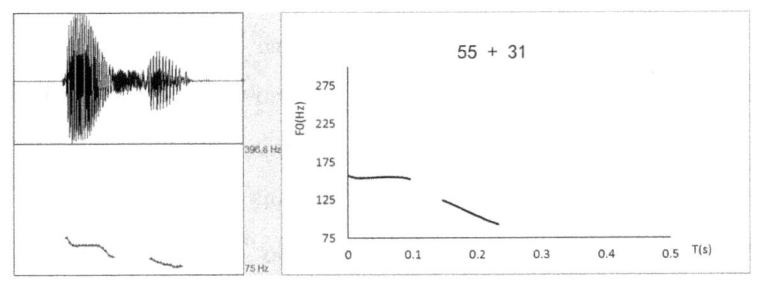

图 5-11　音高值组合 55+31 的词例和轻重模式

从图中我们可以看出,55+31 的音高值组合明显前字较高,前字音高值高点 157Hz,后字高点 124Hz,这样在音高值上前高后低的分布就对应了我们听感上前重后轻的 HL 型韵律模式,音高值高的对应了重,音高值低的对应了轻,跟前后音节的位置无关。例词具体如下:

tsʰe³⁵⁻⁵⁵ tɔ⁵³⁻³¹	菜刀	ke⁵³⁻⁵⁵ tso³⁵⁻³¹	甘蔗
siã⁵³⁻⁵⁵ mo¹³⁻³¹	相骂(吵架)	kø⁵³⁻⁵⁵ ziŋ¹³⁻³¹	干净
tsʰɣ³⁵⁻⁵⁵ zoŋ¹³⁻³¹	臭虫	tɕi⁵³⁻⁵⁵ ŋɛ¹³⁻³¹	鸡眼
tsɔ⁵³⁻⁵⁵ ke³⁵⁻³¹	灶间(厨房)	tɕi⁵³⁻⁵⁵ ka³¹	肩胛(肩膀)
tʰo⁵³⁻⁵⁵ tɕʰi³⁵⁻³¹	透气(喘气)	ka³⁵⁻⁵⁵ tsɣ⁵⁵⁻³¹	戒指

(2) 13+31,这类音高值组合占全部双音节词的 8.31%(51/614)。词例[dɔ¹³ li¹³⁻³¹]道理,此音高值组合的轻重模式如下图:

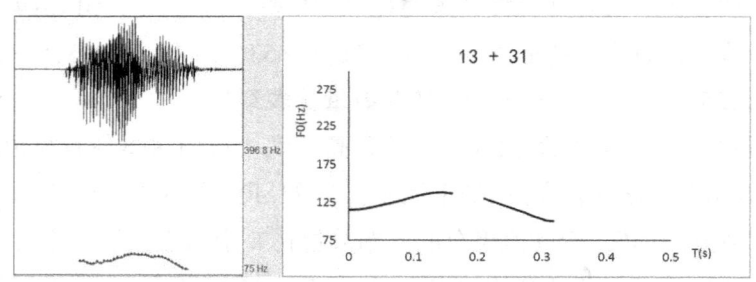

图 5-12　音高值组合 13+31 的词例和轻重模式

从图中我们可以看出,13+31 的音高值组合前后字音高值接近,前字音高值高点 139Hz,后字高点 131Hz。但是,我们观测发现前字时长值明显长于后字,前字 160ms,后字 107ms。由此发现,音高值接近的情况下,时长值上前长后短的分布就对应了我们听感上前重后轻的 HL 型韵律模式。例词具体如下:

dɔ¹³ li¹³⁻³¹	道理	mo¹³ tɕiaʔ⁵⁻³¹	马脚
bi¹³ zɔ¹³⁻³¹	肥皂	mɔ¹³ pieʔ⁵⁻³¹	毛笔
βã¹³ dɣ¹³⁻³¹	黄豆	mən¹³ lu¹³⁻³¹	门路
laʔ¹³ tso⁵⁻³¹	蜡烛	miŋ¹³ y¹³⁻³¹	名誉
lie¹³ zʔ¹³⁻³¹	练习	ŋy¹³ ŋie³¹	暖热(暖和)

(3) 55+53,这类音高值组合占全部双音节词的 6.19%(38/614)。词例[tɕi⁵⁵ ua⁵³]计划,此音高值组合的轻重模式如下图:

第5章 吴方言的韵律类型(上海松江话) | 115

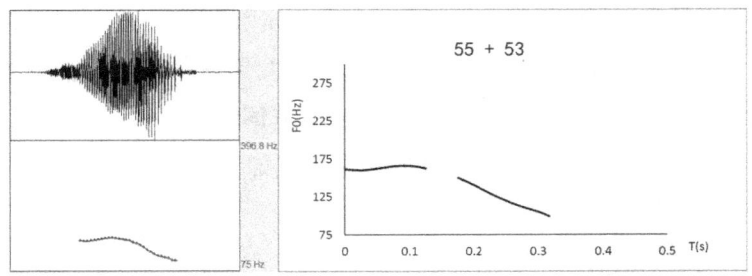

图 5-13 音高值组合 55+53 的词例和轻重模式

从图中我们可以看出，55+53 的音高值组合明显前字高于前字，前字音高值高点 166Hz，后字高点 150Hz，由此形成在音高值上前高后低的分布对应于我们听感上前重后轻的 HL 型韵律模式。例词具体如下：

kɛ⁵⁵ ze¹³⁻⁵³	改善	ɸoŋ⁵³⁻⁵⁵liã¹³⁻⁵³	风凉
kue⁵⁵ kɑ⁵³	管家(名词)	kʰɛ⁵³⁻⁵⁵ pieʔ⁵⁻⁵³	铅笔
tɕi⁵⁵ uɑ⁵³	计划	sɔ⁵⁵ kø⁵³	晒干
tsi⁵⁵ me¹³⁻⁵³	姊妹	tsɿ⁵⁵ diŋ¹³⁻⁵³	纸锭(烧纸)
kʰu⁵⁵ ko⁵³	苦瓜	sɤ⁵⁵ tɕiŋ⁵³	毛巾

（4）13+11，这类音高值组合占全部双音节词的 3.75%（23/614）。词例［ȵi¹³ tu⁵⁵⁻¹¹］耳朵，此音高值组合的轻重模式如下图：

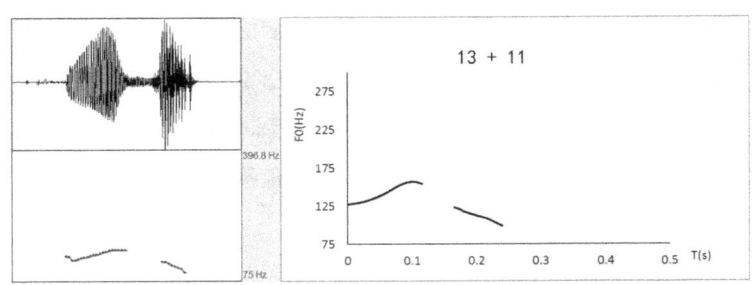

图 5-14 音高值组合 13+11 的词例和轻重模式

从图中我们可以看出，13+11 的音高值组合明显前字较高，前字音高值高点 157Hz，后字高点 124Hz，这样在音高值上前高后低的分布就对应了我们听感上前重后轻的 HL 型韵律模式。例词具体如下：

ȵi¹³tu⁵⁵⁻¹¹	耳朵	ɦiɤ¹³ pʰiɔ³⁵⁻¹¹	邮票
le¹³tɕʰy³⁵⁻¹¹	来去(来往)	li¹³ɕiã¹¹	里厢(里头)
liŋ¹³so³⁵⁻¹¹	邻舍(邻居)	lɔ¹³ ɸu⁵⁵⁻¹¹	老虎

nɛ¹³ku³⁵⁻¹¹　　难过　　　　　　　bi¹³tɕʰi³⁵⁻¹¹　　脾气

ɕiã¹³ɕɿ³⁵⁻¹¹　　详细　　　　　　　dɛ¹³siŋ³⁵⁻¹¹　　弹性

（5）53+31，这类音高值组合占全部双音节词的 2.44%（15/614）。词例 [tsʰəŋ⁵³ sɛ⁵³⁻³¹] 衬衫，此音高值组合的轻重模式如下图：

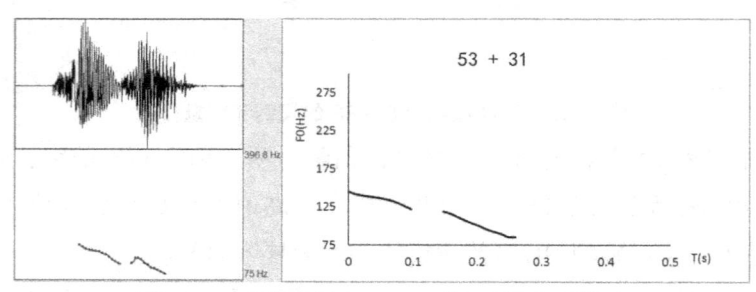

图 5-15　音高值组合 53+31 的词例和轻重模式

从图中我们可以看出，55+31 的音高值组合明显前字高于后字，前字音高值高点 145Hz，后字高点 119Hz，由此形成在音高值上前高后低的分布，和我们听感上前重后轻的韵律模式相对应。例词具体如下：

tsʰəŋ⁵³ sɛ⁵³⁻³¹　　衬衫　　　　　　tʰoŋ⁵³ ɦoŋ¹³⁻³¹　　通红

tɕɿ⁵³ ɦiɔ¹³⁻³¹　　几*何（多少）　　ɕiɔ⁵³ ho⁵³⁻³¹　　消化

tɕi⁵³ dɛ¹³⁻³¹　　鸡蛋　　　　　　tsɛ³⁵⁻⁵³ ɦiɣ¹³⁻³¹　　战友

sã ʔ⁵⁻⁵³ kʰuɑ³⁵⁻³¹　　爽快（麻利）　　kʰu³⁵⁻⁵³ dã¹³⁻³¹　　课堂（教室）

sɿ⁵³ βu³¹　　师傅　　　　　　tɕʰi³⁵⁻⁵³ ɦiɣ¹³⁻³¹　　汽油

（6）33+31，这类音高值组合占全部双音节词的 1.79%（11/614）。词例 [dɣ¹³⁻³³ tɕiŋ³¹] 头颈（脖子），此音高值组合的轻重模式如下图：

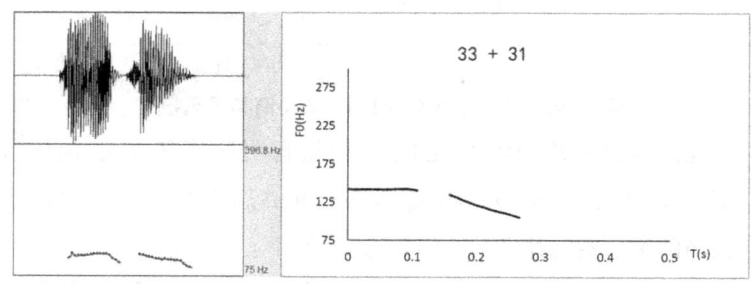

图 5-16　音高值组合 33+31 的词例和轻重模式

从图中我们可以看出，33+31 的音高值组合前后字音高值差不多，前字音高值高点 142Hz，后字高点 135Hz，然后，我们观察前后字的时长值，发现前后字时长值也差不多,前字107ms,后字108ms。前后字的音高值和时长值都接近时,一般来说,这样的音高值组合既可能对应 HL 型也可能对应 LH 型,但是上海话 33+31 组合都对应的 HL 型,由此,我们推测 HL 型可能是上海话轻重韵律的演化方向,部分组合已经完成,33+31 组合是正在演变的过程中,轻重韵律已经变成了 HL 型,下一步 HL 型韵律模式就会支配音高值的高低长短逐渐变得"规律"。例词具体如下:

tɕi³⁵⁻³³ le³¹	翅膀	zʅ¹³⁻³³ doŋ¹³⁻³¹	自动
tɕiu³³ tsʰe⁵³⁻³¹	韭菜	dɣ¹³⁻³³ tɕiŋ³¹	头颈(脖子)
mo¹³⁻³³ zã¹³⁻³¹	马上	tsəŋ¹³⁻³³ dɣ¹³⁻³¹	枕头
tɕʅ³³ kuɑ³⁵⁻³¹	奇怪	iɑ¹³⁻³³ li¹³⁻³¹	夜里(夜里)
ɦiɣ¹³⁻³³ i³⁵⁻³¹	有意(故意)	ɦyeŋ¹³⁻³³ tɕʰi³⁵⁻³¹	勇气

(7) 55+11,这类音高值组合占全部双音节词的 1.3%(8/614)。词例 [iŋ⁵⁵ tsʅ⁵⁵⁻¹¹]影子,此音高值组合的轻重模式如下图:

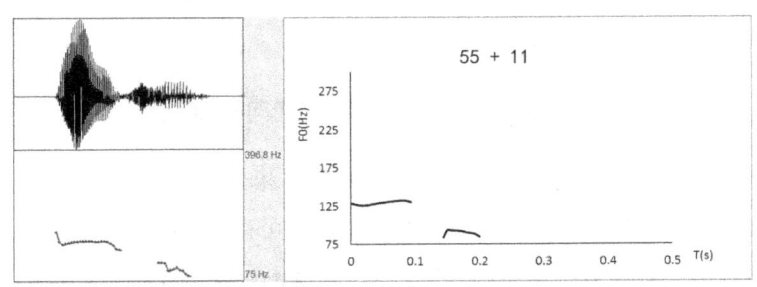

图 5-17　音高值组合 55+11 的词例和轻重模式

从图中我们可以看出,55+11 的音高值组合明显前字较高,前字音高值高点 132Hz,后字高点 93Hz,这样在音高值上前高后低的分布就对应了我们听感上前重后轻的 HL 型韵律模式。例词具体如下:

tã⁵⁵ tʰiŋ⁵³⁻¹¹	打听	iŋ⁵⁵ tsʅ⁵⁵⁻¹¹	影子
kuəŋ⁵⁵ sʅ⁵⁵⁻¹¹	滚水(开水)	i⁵⁵ tsʅ⁵⁵⁻¹¹	燕子
sã⁵³⁻⁵⁵ tɕʰi¹¹	声气(声音)	siɔ⁵⁵ tɕi⁵³⁻¹¹	小鸡
tsi⁵⁵ sɣ⁵⁵⁻¹¹	□手(左手)	tsɔ⁵⁵ tsʅ⁵⁵⁻¹¹	枣子

(8) 35+31,这类音高值组合占全部双音节词的 1.14%(7/614)。词例 [pɛ³⁵ ɸaʔ⁵⁻³¹]办法,此音高值组合的轻重模式如下图:

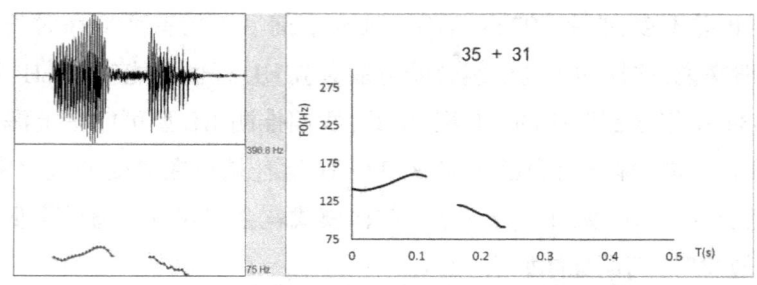

图 5-18　音高值组合 35+31 的词例和轻重模式

从图中我们可以看出,35+31 的音高值组合明显前字高于后字,前字音高值高点 161Hz,后字高点 120Hz,由此形成在音高值上前高后低的分布,对应于我们听感上前重后轻的韵律模式。例词具体如下:

pɛ³⁵ ɸaʔ⁵⁻³¹	办法	tɕiɔ³⁵ səʔ⁵⁻³¹	教室
tʰiɔ³⁵ səʔ⁵⁻³¹	跳蚤	mu³⁵ tʰɔ³¹	摩托
siŋ³⁵ kʰɔʔ⁵⁻³¹	信壳(信封)	se³⁵ tɕe³¹	蛇蜢(蟋蟀)

HL 型轻重模式的音高值组合还有 33+33,55+55,5+55 等,我们将在 5.3.3 小节的等高型组合中详细介绍。

5.3.3　上海话等高型双音节词的轻重韵律类型

等高型双音节词是指前后音节音高值大致相似的双音节词,如上海话的 33+33,55+55,5+55 等音高值组合,从上文我们可以看到上海话双音节词有两种听辨结果 LH 型和 HL 型,但是这些等高的音高值组合有的只出现在一种听辨结果中,如 55+55 和 53+53 组合,有的则出现在 LH 型和 HL 型两种听辨结果中,如 11+1,11+11,33+33,5+55 等组合,那么下面我们将借助语音实验的方法来分析这些组合在音高值上的表现。

首先,我们对所有等高型组合中例词数量大于 2 个的组合,分别取一词例,列出其声波和音高图。接着,我们再从每个音高值组合中抽取一定数量的词例(8 个以上的取 8 个,8 个以下的全取),手动标注音高的始末位置,用 Praat 脚本提取时长和音高数据,取其平均值,画出音高曲线。

(1) 33+33,这类音高值组合占全部双音节词的 4.23%(26/614),听辨结果既有 HL 型也有 LH 型。

LH 型有 9 个,具体例词如下:

lu¹³⁻³³ sʮ⁵⁵⁻⁵³		露水	kʰuəŋ³⁵⁻³³ kɔ³⁵⁻³³		困觉（睡觉）
lu¹³⁻³³ tsʮ⁵⁵⁻³³		路子（门路）	zʮ¹³⁻³³ zɛ¹³⁻³³		自然
ne¹³⁻³³ ɦia¹³⁻³³		内行	die¹³⁻³³ iŋ⁵⁵⁻³³		电影
ɔ³³ ɔ³³		噢噢	uã³⁵⁻³³ uã³⁵⁻³³		往往

HL 型有 17 个，具体例词如下：

pɔ³⁵⁻³³ kɔ³⁵⁻³³		报告	ŋɑ¹³⁻³³ ɦia¹³⁻³³		外行
hɔ⁵⁵⁻³³ ua³³		好坏（好歹）	ɦioŋ¹³⁻³³ ȵiŋ¹³⁻³³		用人
lɔ¹³⁻³³ tɕy⁵⁵⁻³³		老鬼（内行）	zəŋ¹³⁻³³ sɣ⁵⁵⁻³³		顺手（右手）
nɔ¹³⁻³³ mã¹³⁻³³		闹猛（热闹）	tsɔ³⁵⁻³³ ku³⁵⁻³³		照顾
ɕia³³ i³⁵⁻³³		惬意（舒服）	zã¹³⁻³³ ȵyø¹³⁻³³		状元

我们按照 LH 型和 HL 型轻重模式分别做出两类的音高曲线图如下：

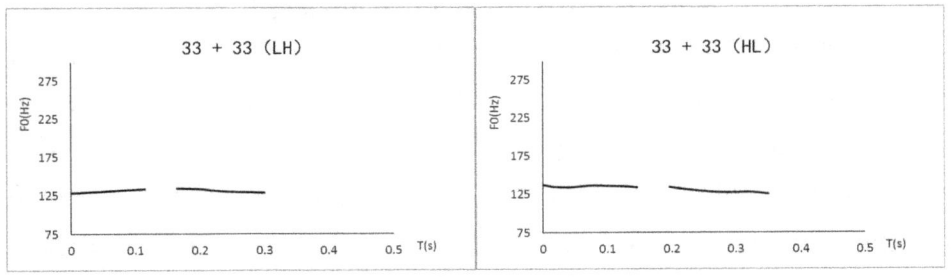

图 5-19　上海话 33+33 组合 LH 型和 HL 型轻重模式

从图中我们可以看出，LH 型的 33+33 组合，前后字音高值接近，前字音高值高点 133Hz，后字高点 134Hz。然后观测前后字的时长值，前字时长 114ms，后字时长 135ms，后字长于前字，由此，我们发现音高值接近的情况下，前短后长的时长分布对应了前轻后重的 LH 型韵律模式。

HL 型的 33+33 组合，前后字音高值也是接近，前字音高值高点 137Hz，后字高点 134Hz。然后观测前后字的时长值，前字时长 146ms，后字时长 154ms，二者相差不到 10ms，算很接近了。跟上文中的 33+31 组合情况相似，前后字的音高值和时长值都接近时，一般来说，这样的音高值组合既可能是 HL 型也可能是 LH 型，但是这类 33+33 组合都是 HL 型，由此，再次验证我们的推测 HL 型可能是上海话轻重韵律的演化方向。

（2）55+55，这类音高值组合占全部双音节词的（11/614），听辨结果都是 HL 型，例词具体如下：

pie⁵⁵ tɛ³⁵⁻⁵⁵	扁担	tsɔ⁵⁵ βɛ¹³⁻⁵⁵	早饭
tã⁵⁵ pɛ³⁵⁻⁵⁵	打扮	iŋ⁵⁵ ɕi³⁵⁻⁵⁵	影戏（电影）
kã⁵⁵ tɕiɣ³⁵⁻⁵⁵	讲究	hɔ⁵⁵ tsʰu³⁵⁻⁵⁵	好处
sɣ⁵⁵ ȵi³⁵⁻⁵⁵	手艺	kʰɣ⁵⁵ tɕʰi³⁵⁻⁵⁵	口气

我们做出 55+55 音高值组合的音高曲线，如下图：

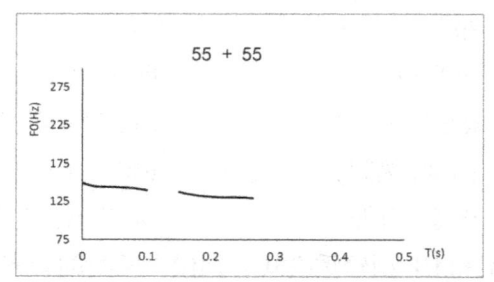

图 5-20　上海话 55+55 组合 HL 型轻重模式

从图中可以看出，55+55 的音高值组合前后字音高值差不多，前字音高值高点 149 Hz，后字高点 138 Hz。然后观测前后字的时长值，前字时长 100ms，后字时长 115ms，也比较接近。跟上文中的 33+31 组合、33+33 组合情况相似，前后字的音高值和时长值都接近时，一般来说，这样的音高值组合既可以是 HL 型也可以是 LH 型，但是上海话 55+55 组合都是 HL 型，由此推测 HL 型可能是上海话轻重韵律的演化方向，部分组合已经完成，55+55 组合是正在演变的过程中，轻重韵律已经变成了 HL 型，下一步 HL 型韵律模式就会支配音高值的高低长短逐渐变得"规律"，我们甚至可以推测韵律模式的支配作用可能首先作用于音高值的高低上，因为 55+55 组合的前字已经略高于后字了。

（3）5+55，这类音高值组合占全部双音节词的 1.47%（9/614），听辨结果既有 HL 型也有 LH 型。

LH 型有 2 个，具体例词如下：

tɕieʔ⁵kuəŋ⁵⁵	扎顿（结实）	ieʔ⁵tɕʰi⁵⁵	一起

HL 型有 7 个，具体例词如下：

tɕʰəʔ⁵pɔ⁵⁵	吃饱（吃饱）	ɔʔ⁵tiŋ⁵⁵	屋顶
tɕʰiəʔ⁵tsiɣ⁵⁵	吃酒（喝酒）	pieʔ⁵ɸu⁵⁵	壁虎
hɔʔ⁵ɕie⁵⁵	霍险（闪电）	taʔ⁵pie⁵⁵	踩扁

我们按照 LH 型和 HL 型轻重模式分别做出两类的音高曲线图,如下图:

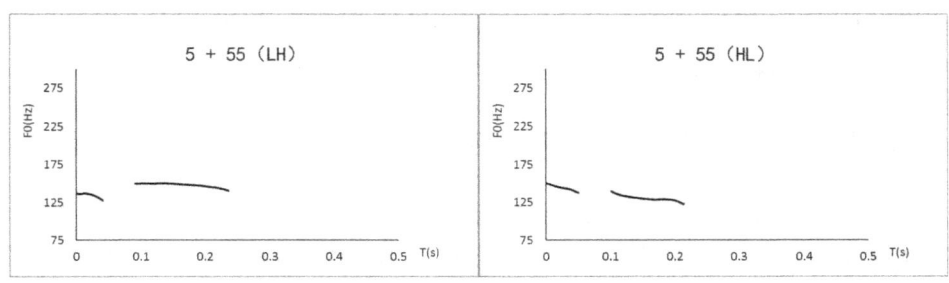

图 5-21 上海话 5+55 组合 LH 型和 HL 型轻重模式

从图中我们可以看出,LH 型的 5+55 组合,前后字音高值接近,前字音高值高点 137Hz,后字高点 150Hz。然后我们观测前后字的时长值,前字时长 41ms,后字时长 144ms,后字长于前字,音高值接近的情况下,前短后长的时长分布对应了前轻后重的 LH 型韵律模式。

HL 型的 5+55 组合,跟 LH 型的音高曲线很相似,前后字音高值也是接近,前字音高值高点 150Hz,后字高点 140Hz。然后观测前后字的时长值,前字时长 51ms,后字时长 112ms,明显的前短后长。这样前短后长的音高分布对应的听辨结果却都是 HL 型。再次验证我们的推测 HL 型可能是上海话轻重韵律的演化方向。

(4) 53+53,这类音高值组合占全部双音节词的 0.65%(4/614),听辨结果都是 LH 型,例词具体如下:

si⁵³ ko⁵³   西瓜   ɸi⁵³ tɕi⁵³   飞机
iɔ⁵³ sø⁵³   腰酸   pʰən⁵³ ɕiã⁵³   喷香

我们做出 53+53 音高值组合的音高曲线,如下图:

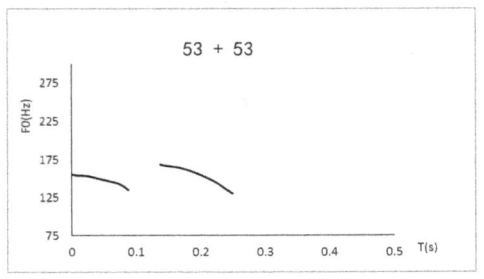

图 5-22 上海话 53+53 组合 LH 型轻重模式

从图中我们可以看出,53+53 音高值组合前后字音高差不多,前字音高值高点 156Hz，后字高点 168，但是，我们观测前后字时长值，发现后字长于前字，前字时长 87ms，后字时长 112，在音高值接近的情况下，前短后长的时长分布对应了前轻后重的 LH 型韵律模式。

5.3.4　上海话轻重韵律类型与传统双音节词连读变调的关系

对于上海话双音节词连读产生的变调，前人有很多关于变调规律的描写，还相继提出了一些术语，如窄用式、广用式、专用式等，而且密切关注变调和语义、语法结构之间的关系。而本文通过上海话双音节词的轻重听辨和声学实验，发现上海话的轻重韵律模式呈现出 LH 型和 HL 型对半分布的状态，这样的状态既不同于南部粤方言、闽方言的以 LH 型为主，也不同于北部官话方言的以 HL 型为主，处于中间位置的吴方言（以上海话为代表）呈现出一种过渡的状态。

正是这样的轻重韵律模式内在地驱动着传统研究中的双音节词在连读时产生变调。我们用声学方法，分析了上海话双音节词的音高值表现，其结果竟然跟轻重听辨的结果表现出强烈的规律性对应，音高值高的对应了听辨中重的，低的对应了听辨中轻的，若音高值相等或相近，则时长值长的对应听辨中重的，短的对应听辨结果中轻的。轻重听辨结果和音高值的这种强规律性对应，一方面可以验证我们在绪论中提出的关于汉语重音相关物的假设，即上海话的重音主要表现为包括时长在内的音高凸显。另一方面让我们忍不住推测，轻重音模式可能是双音节词连读变调的动因。轻重韵律模式是可以连通各个方言不同变调现象、变调规则的一条绳。

5.4　本章小结

我们对上海话双音节词进行了轻重听辨调查，从听辨结果上可以看出，上海话双音节词既有 LH 型韵律模式，又有 HL 型韵律模式，而且 LH 型和 HL 型呈现对半存在的状态。在我们调查的 614 项词汇中，LH 型有 311 项，HL 型有 303 项。

在轻重听辨的基础上，我们对 LH 和 HL 两种轻重模式进行了语音实验，发现 LH 型在音高值上主要实现为组合 55+53，11+53，11+33，11+13，1+13，

33+53，11+55，3+53，33+31，33+33，1+53 等，HL 型的音高值组合主要为 55+31，13+31，55+53，13+11，33+33，53+31，55+55，33+31，55+11，5+55，35+31 等，联系轻重听辨的结果，我们发现前后音节的音高对比，LH 型表现为前低后高，HL 型表现为前高后低，但都是音高值高的对应了重，音高值低的对应了轻；前后音节音高值相等或相近时，LH 型表现为时长上的前短后长，HL 型表现为前长后短，但都是时长长的对应了重，时长短的对应了轻。

　　由此，我们发现 LH 型和 HL 型的轻重都集中体现在前后音节的音高值对比上（包含时长因素），上海话的实验数据证实了我们的假设：重音主要表现为包括时长在内的音高凸显，变调后结果的一致性也说明了轻重音是变调的内在动因。而上海话连读变调的复杂情况，也和上海话的轻重韵律模式呈现出的 LH 型和 HL 型对半分布的过渡状态相关。

第6章
赣方言的韵律类型(南昌话)

6.1 赣方言和南昌话

赣方言,也叫赣语,以南昌话为代表,主要分布于长江中游南岸,这里素有"吴头楚尾,粤户闽庭"之称。赣语区东临浙江一带的吴语区和福建一带的闽语区,南接赣南的客家话区,西界湖南的湘语区,北毗湖北、安徽的官话区。赣语区的中心地带在江西省的赣江中下游和抚河流域以及鄱阳湖地区。湘东、鄂东南、皖西南、湘西南等地区也有赣语(侯精一,2002)。

赣语区又分为南昌靖安、宜春浏阳、吉安茶陵、抚州广昌、鹰潭弋阳、大冶通城、耒阳资兴、洞口绥宁、怀宁岳西等9个片。南昌靖安片主要分布在赣江下游以及鄱阳话的北部和西北部地区,这就包括我们的调查点南昌市。南昌话在语音上也有自己的特点,主要有:古全浊声母今读塞音、塞擦音时,为送气的清音;遇摄三等鱼韵、流摄一等、臻摄开口一等、曾摄开口一等和梗摄开口二等文读字南昌话的主要元音是 ε;梗摄字有文白两套韵母;"大小"的"大"读蟹摄徒盖切,"大姑"的"大"读果摄唐佐切;影母字开口呼读 ŋ 声母;"菜梗"的"梗"有 u 介音;咸山摄一二等字的韵律主要元音有区别;有入声,入声分阴阳,阴入调值高,阳入调值低;今声母送气影响调类分化。

6.2 南昌话的声调

我们参照《汉语方音字汇》(2003)的声韵调系统,南昌话单字调一共有7个,其中有2个入声调,具体如下:

表6-1 南昌话单字调

阴平 42	上声 213	阴去 45	阴入 5
阳平 24		阳去 21	阳入 21

南昌话双音节词的变调比较简单,熊正辉(1979)就指出,南昌话只有上声有连读变调,其余六调不变调。上声作为两字组的前字,在阴平、阳平、阴去、阴入前变成13调,在上声、阳去、阳入前变成24调。上声在轻声前变成21调,上声读变调24时,跟阳平24调相同。上声作为两字组的后字不变调。《南昌方言词典》(1995)也认为:"只有和北京话上上变阳平那种性质的连读变调",但是《南昌方言词典》提出南昌话关于两字组词语的轻重音有3种类型:1前轻后重;2前重后轻,后字仍保持原调;3后字轻声,后字失去原来的调,调值的高低取决于前字,而这种变调只出现在前轻后重①的两字相连时。前字上声213,后字上声、阳去和阳入,前字变为24,与阳平相同。"蒋平、谢留文(2001)专门考察了南昌县(蒋巷)方言的轻重音与变调,结果显示,一是重读音节除上声外总是保持单字调。二是变调有两种,一种受调类限制,不受重音支配,这种变调只限于上声;另一种受重音支配的变调只出现在轻读音节里。三是从"重轻轻"格式里尾字和中字不同的变调情况可以分辨两种不同的轻声:"边缘轻声"和"过渡轻声","过渡轻声"比"边缘轻声"更轻。刘泽民(2004)在研究客赣方言的历史层次时还发现变调现象一般是常用词晚于非常用词发生。

前人在研究南昌话双音节词的连读变调时,已经注意到轻重音和变调的密切关系,并且对南昌话的轻重音进行了分类。但是南昌话轻重音的整体面貌还没有勾画,轻重音和变调之间的作用方式还没有明确,本文将以此为出发

---

① 《南昌方言词典》(1995):"两字组词语的轻重音,南昌话有三种类型:1前轻后重;2前重后轻,后字仍保持原调;3后字轻声,后字失去原来的调,调值的高低取决于前字"

点,设计实验。

首先,本文针对南昌话的双音节词展开调查,采用一个包含复合词、派生词、单纯词、译名、ABB 式等共 615 词的词表,因为有的词不止一种说法,因此最终获取的词条是 687 条,其中双音节词 591 条①。本文的语料来源都是一手资料,使用专业的声卡(Komplete Audio 6)和话筒(AKG-C544L)进行数据采样,采样软件为斐风 F2.0.2(Field Phon),语言样品为 WAV 格式(采样率 44100 字节/秒,数据位宽 16 比特)。发音人为中老年男性,具体信息参见附表 1-4。

本研究的对象是南昌话的双音节词,我们通过听辨的形式记录南昌话双音节词的轻重,H 表示重,L 表示轻,HL 型就是前重后轻的重轻型韵律模式,LH 型就是前轻后重的轻重型韵律模式。我们用记录音高值的方法来表示听辨的轻重,音高值用基频赫兹值表示。为与单音节词声调描述配合,我们对双音节词的轻重特征也采用五度标记法来赋值,例如南昌话的 LH 型呈现的前后音节声调或凸显轻重的音高值分别是:21+42,21+45,13+45,42+42,45+5,24+42,24+45,213+5 等。像表 6-2 中的例词"点心",前字音高值 21,后字音高值 42,对应的轻重听辨结果是 LH 型,更多例词如下:

表 6-2 音高值与轻重对应示例

tiɛn	21	ɕin	42	点心	LH	hɔn	21	san	42	汗衫	LH
tʰi	21	tsən	45	地震	LH	tsʰʅ	21	lɛn	45	自然	LH
lau	213	sət	5	老实	LH	ɲiu	213	iɔk	5	纽约	LH
tsʰa	24	sui	213	茶水	HL	tɕʰi	24	tsʅ	213	棋子	HL
tɕi	42	ŋan	213	鸡眼	HL	tʰiɛn	42	tɕʰi	213	天气	HL

6.3 南昌话的韵律类型与音高值组合

南昌话双音节词的轻重听辨结果有两种模式:LH 型和 HL 型,其中以 HL 型为主(450 词),同时存在少量 LH 型(141 词),每种轻重模式表现为多种音高值组合。

---

① 去除单音节词、三音节词、四音节词等,剩余双音节词 591 条。

6.3.1 南昌话轻重型双音节词与音高值组合

南昌话双音节词的第一种轻重类型是 LH 型(轻重型)。LH 型韵律模式的前后音节的音高值分别是:21+42,21+45,13+45,42+42,45+5,24+42,24+45,213+5 等(按照数量从多到少排列)。

下面我们观察 LH 型轻重模式具体的音高表现。我们对每种音高值组合取一词例,列出其声波和音高图,如图 6-1 左。接着,我们再从每个音高值组合中抽取一定数量的词例(音高值组合的词例数量在 8 个以上的取 8 个样本,8 个以下的全取),手动标注音高的始末位置,用 Praat 脚本提取时长和音高数据,取其平均值,画出音高曲线,得到南昌话双音节词 LH 型的韵律模型,如图 6-1 右。

(1) 21+42,这类音高值组合占全部双音节词的 3.21%(19/591)。词例 [tɕi²¹³⁻²¹ tɔ⁴²] 几多(多少),此音高值组合的轻重模式如下图:

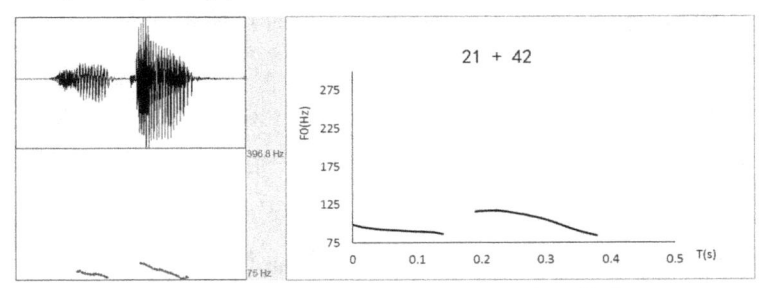

图 6-1 音高值组合 21+42 的词例和轻重模式

从图中我们可以看出,21+42 的音高值组合明显后字较高,前字音高值高点 99Hz,后字高点 117Hz,虽然前后字音高差值只有 18Hz,但是纵观南昌话的音高曲线,我们可知南昌话整体音域较窄,因此前后字音高值的差距不会太大。这样前低后高的音高值组合对应了我们听感上前轻后重的 LH 型韵律模式,音高值高的对应了重,音高值低的对应了轻。例词具体如下:

tʰai²¹ i⁴²	大衣	kuan²¹³⁻²¹ ka⁴²	管家
tiɛn²¹³⁻²¹ ɕin⁴²	点心	hɔn²¹ san⁴²	汗衫
tin²¹³⁻²¹ tsən⁴²	顶针	kʰu²¹³⁻²¹ kua⁴²	苦瓜
tɕi²¹³⁻²¹ tɔ⁴²	几多(多少)	mu²¹³⁻²¹ tsu⁴²	母猪
tɕʰi²¹³⁻²¹ fuŋ⁴²	起风(刮风)	mɜu²¹³⁻²¹ tan⁴²	牡丹

（2）21+45，这类音高值组合占全部双音节词的 2.37%（14/591）。词例 [tʰi²¹ tsən⁴⁵] 地震，此音高值组合的轻重模式如下图：

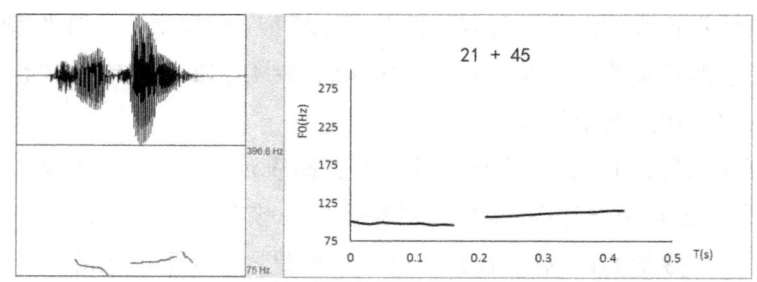

图 6-2　音高值组合 21+45 的词例和轻重模式

从图中我们可以看出，21+45 的音高值组合前后字比较接近，后字略高，前字音高值高点 101Hz，后字高点 116Hz，虽然前后字音高差值只有 15Hz，但是我们观测前后字的时长值，发现后字明显长于前字，前字时长值 160ms，后字 213ms。音高值前后字接近时，时长值的前短后长对应了我们听感上前轻后重的 LH 型韵律模式，时长值长的对应了重，时长值短的对应了轻。例词具体如下：

tʰai²¹ i⁴⁵	大意	iuŋ²¹ ȵin⁴⁵	用人
tʰi²¹ tsən⁴⁵	地震	tsʰɿ²¹ lɛn⁴⁵	自然
tu²¹³⁻²¹ tsəu⁴⁵	赌咒（发誓）	tɕʰy²¹³⁻²¹ ȵiɛn⁴⁵	去年
kaŋ²¹³⁻²¹ tɕiu⁴⁵	讲究	y²¹ lan⁴⁵	玉兰
ku²¹³⁻²¹ kuai⁴⁵	古怪（奇怪）	tɕin²¹ fa⁴⁵	净化

（3）13+45，这类音高值组合占全部双音节词的 1.69%（10/591）。词例 [kaŋ²¹³⁻¹³ tsɔŋ⁴⁵] 扛仗（吵架），此音高值组合的轻重模式如下图：

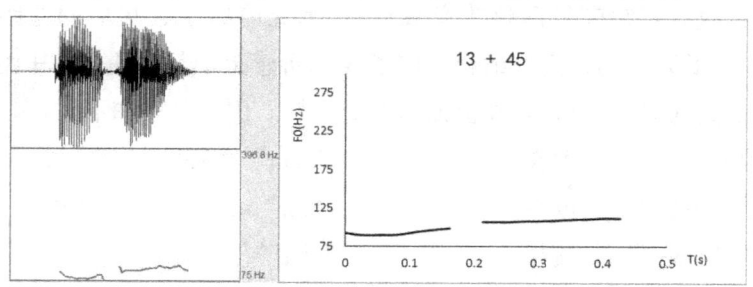

图 6-3　音高值组合 13+45 的词例和轻重模式

从图中我们可以看出，13+45 的音高值组合前后字比较接近，后字略高，前字音高值高点 99Hz,后字高点 112Hz,虽然前后字音高差值只有 13Hz,但是我们观测前后字的时长值,发现后字明显长于前字,前字时长值 163ms,后字 214ms。音高值前后字接近时,时长值的前短后长分布,和我们听感上前轻后重的韵律模式相对应。例词具体如下:

kaŋ²¹³⁻¹³ tsɔŋ⁴⁵	扛仗(吵架)	kʰun²¹³⁻¹³ kau⁴⁵	困觉(睡觉)
ta²¹³⁻¹³ ka⁴⁵	打架	tʰai²¹³⁻¹³ iɔŋ⁴⁵	太阳
ta²¹³⁻¹³ lui⁴⁵	打雷	tɕʰi²¹³⁻¹³ iu⁴⁵	汽油
kuai²¹³⁻¹³ kun⁴⁵	拐棍(拐杖)	sui²¹³⁻¹³ ȵi⁴⁵	水泥
kʰɔ²¹³⁻¹³ liɛn⁴⁵	可怜	tʰau²¹³⁻¹³ ɕiɛn⁴⁵	讨嫌(讨厌)

(4) 45+5,这类音高值组合占全部双音节词的 1.52%(9/591)。词例 [mɔ⁴⁵ tʰɔk⁵]摩托,此音高值组合的轻重模式如下图:

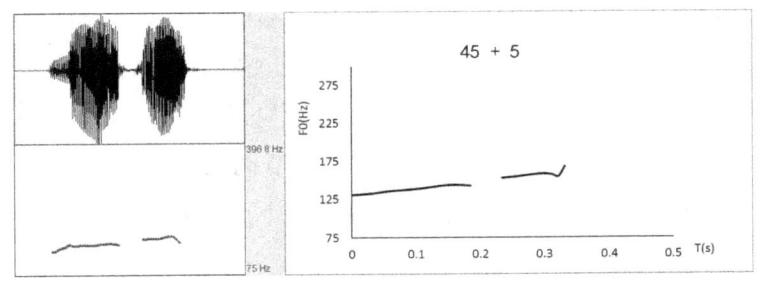

图 6-4　音高值组合 45+5 的词例和轻重模式

从图中我们可以看出,45+5 的音高值组合明显后字较高,前字音高值高点 143Hz,后字高点 167Hz,这样前低后高的音高值组合对应了我们听感上前轻后重的 LH 型韵律模式。例词具体如下:

tsau⁴⁵ uk⁵	灶屋(厨房)	ȵyɔn⁴⁵ pit⁵	铅笔
uɔŋ⁴⁵ lit⁵	黄历	kau⁴⁵ sət⁵	教室
min⁴⁵ pak⁵	明白	iu⁴⁵ tɕʰiuk⁵	邮局
miaŋ⁴⁵ ȵit⁵	明日(明天)	mɔ⁴⁵ tʰɔk⁵	摩托

(5) 24+42,这类音高值组合占全部双音节词的 1.35%(8/591)。词例 [hau²⁴ tɕy⁴²]豪猪(刺猬),此音高值组合的轻重模式如下图:

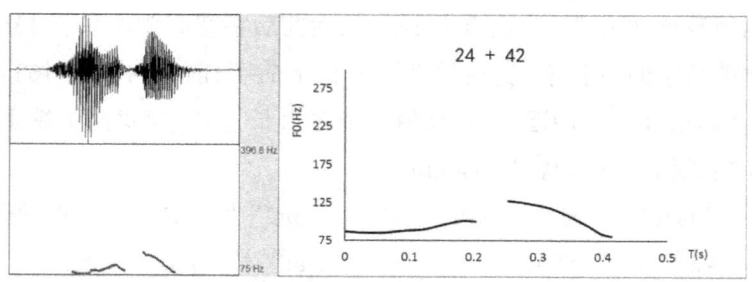

图 6-5 音高值组合 24+42 的词例和轻重模式

从图中我们可以看出，24+42 的音高值组合明显后字高于前字，前字音高值高点 101Hz，后字高点 128Hz，由此形成前低后高的音高值分布对应了我们听感上前轻后重的韵律模式。例词具体如下：

hau²⁴ tɕy⁴²	豪猪（刺猬）	hɔ²⁴ pau⁴²	荷包
tʰau²⁴ fa⁴²	桃花	hɔ²⁴ fa⁴²	荷花
tʰiɛu²⁴ kaŋ⁴²	调羹	pʰɔ²⁴ ka⁴²	婆家
tsʰu²⁴ sʅ⁴²	厨师	hɔŋ²⁴ ka⁴²	行家

（6）24+45，这类音高值组合占全部双音节词的 1.18%（7/591）。词例 [tʰɔŋ²⁴ lɔŋ⁴⁵] 螳螂，此音高值组合的轻重模式如下图：

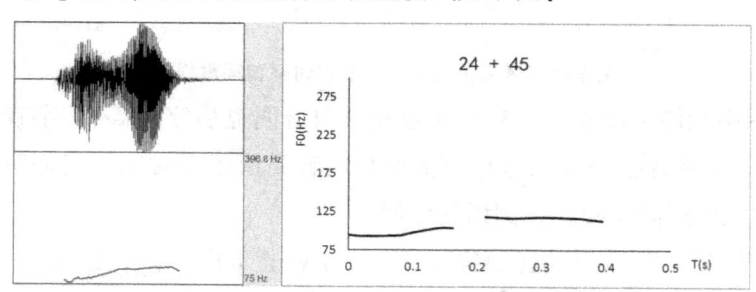

图 6-6 音高值组合 24+45 的词例和轻重模式

从图中我们可以看出，24+45 的音高值组合前后字音高接近，后字略高于前字，前字音高值高点 104Hz，后字高点 118Hz，接着我们观测了前后字的时长值，发现后字长于前字，前字时长 162ms，后字 182ms。音高值前后字接近时，时长值的前短后长对应了我们听感上前轻后重的韵律模式。例词具体如下：

tɕʰiu²⁴ lau⁴⁵	酬劳（报酬）	pʰiɛn²⁴ i⁴⁵	便宜
tɕʰi²⁴ kuai⁴⁵	奇怪	tɕʰiɛu²⁴ tsʅ⁴⁵	乔治
lai²⁴ tɕi⁴⁵	来记（忘记）	tʰɔŋ²⁴ lɔŋ⁴⁵	螳螂

(7) 213+5,这类音高值组合占全部双音节词的 1.18%(7/591)。词例 [ma²¹³ tɕiɔk⁵]马脚,此音高值组合的轻重模式如下图:

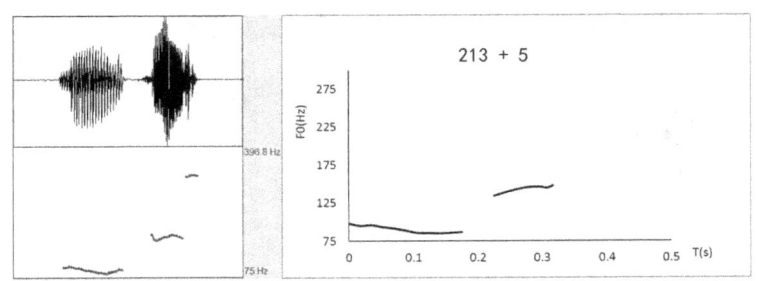

图 6-7　音高值组合 213+5 的词例和轻重模式

从图中我们可以看出,213+5 的音高值组合明显后字较高,前字音高值高点 98Hz,后字高点 148Hz,这样前低后高的音高值组合对应了我们听感上前轻后重的 LH 型韵律模式。例词具体如下:

kʰuai²¹³ fuɔt⁵	快活(高兴)	ɕiɔŋ²¹³ fat⁵	想法
lau²¹³ sət⁵	老实	ŋiu²¹³ iɔk⁵	纽约
ma²¹³ tɕiɔk⁵	马脚	ŋy²¹³ kʰaʔ⁵	女客(老婆)

LH 型轻重模式的音高值组合还有 42+42,我们将在 6.3.3 小节的等高型组合中详细介绍。

6.3.2　南昌话重轻型双音节词与音高组合

南昌话双音节词的第二种轻重类型是 HL 型(重轻型)。HL 型韵律模式的前后音节的音高值分别是:42+0,21+0,45+0,42+42,24+213,5+0,42+213,5+42,45+42,45+21,45+213,45+45,42+21,42+45,24+0,213+0,21+213,5+213,24+21,42+24,5+5,5+21 等(按照数量从多到少)。HL 型轻重模式的 42+42,45+45,5+5 音高值组合,我们将在 6.3.3 小节的等高型组合中详细介绍。

下面我们看 HL 型轻重模式具体的音高表现。我们对每种音高值组合取一词例,列出其声波和音高图,如图 6-8 左。接着,我们再从每个音高值组合中抽取一定数量的词例(音高值组合的词例数量在 8 个以上的取 8 个样本,8 个以下的全取),手动标注音高的始末位置,用 Praat 脚本提取时长和音高数据,取其平均值,画出音高曲线,得到南昌话双音节词 HL 型的韵律模型,如图

6-8 右。

（1）24+213，这类音高值组合占全部双音节词的 4.06%（24/591）。词例 [tsʰɔn²¹³⁻²⁴ tɕʰi²¹³] 喘气，此音高值组合的轻重模式如下图：

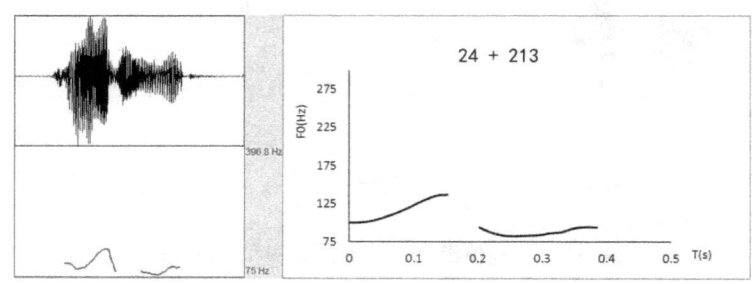

图 6-8　音高值组合 24+213 的词例和轻重模式

从图中我们可以看出，24+213 的音高值组合明显前字高于后字，前字音高值高点 137Hz，后字高点 95Hz，这样前高后低的音高值组合对应了我们听感上前重后轻的 HL 型韵律模式，音高值高的对应了重，音高值低的对应了轻，与前后音节的位置无关。例词具体如下：

tsʰa²⁴ sui²¹³	茶水	tɕʰi²⁴ tsʅ²¹³	棋子
tsʰɔn²¹³⁻²⁴ tɕʰi²¹³	喘气	tɕʰin²⁴ kʰuai²¹³	勤快
ta²¹³⁻²⁴ pʰi²¹³	打屁（放屁）	tɕiɛn²⁴ tsʅ²¹³	钱纸（烧纸）
ˈhau²¹³⁻²⁴ tai²¹³	好歹	ɕiu²¹³⁻²⁴ tsɔŋ²¹³	手掌
pʰuŋ²⁴ iu²¹³	朋友	sui²¹³⁻²⁴ ɕiu²¹³	水手

（2）42+213，这类音高值组合占全部双音节词的 3.55%（21/591）。词例 [tʰiɛn⁴² tɕʰi²¹³] 天气，此音高值组合的轻重模式如下图：

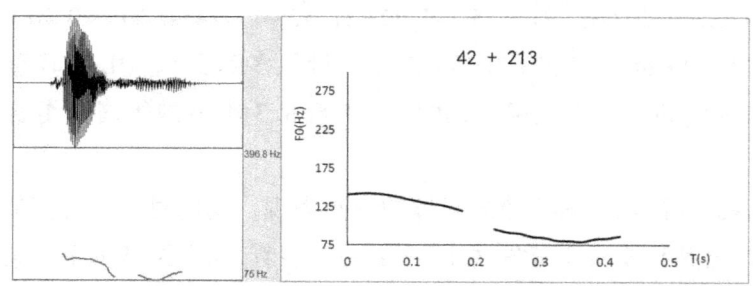

图 6-9　音高值组合 42+213 的词例和轻重模式

从图中我们可以看出，42+213 的音高值组合明显前字较高，前字音高值高点 142Hz，后字高点 96Hz，这样前高后低的音高值组合，和我们听感上前重后轻的韵律模式相对应。例词具体如下：

tsʰu⁴² lu²¹³	粗鲁	ŋɔ⁴² sʅ²¹³	屙屎（拉屎）
tɔ⁴² sɛu²¹³	多少	sɛu⁴² tsʅ²¹³	烧纸
tɕi⁴² ŋan²¹³	鸡眼	tʰiɛn⁴² tɕʰi²¹³	天气
tɕiɛn⁴² piaŋ²¹³	煎饼（动词）	tsən⁴² li²¹³	真理
kʰai⁴² sui²¹³	开水	tɕy⁴² ku²¹³	猪牯（公猪）

（3）5+42，这类音高值组合占全部双音节词的 3.05%（18/591）。词例 [tsʰuk⁵ sɛn⁴²]畜生，此音高值组合的轻重模式如下图：

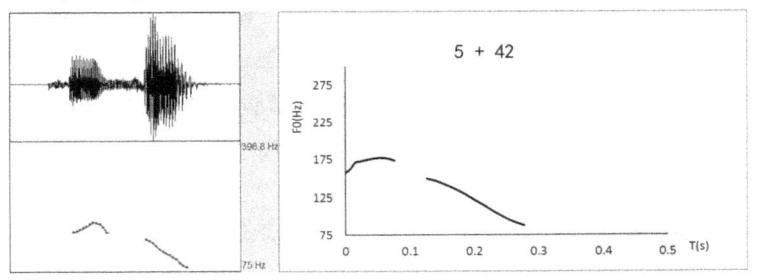

图 6-10 音高值组合 5+42 的词例和轻重模式

从图中我们可以看出，5+42 的音高值组合明显前字较高，前字音高值高点 177Hz，后字高点 149Hz，由此形成前高后低的音高值分布，对应了我们听感上前重后轻的 HL 型韵律模式。例词具体如下：

tsʰuk⁵ sɛn⁴²	畜生	lɛt⁵ kua⁴²	□瓜（黄瓜）
fat⁵ sɛu⁴²	发烧	lat⁵ tɕiɛu⁴²	辣椒
kuat⁵ fuŋ⁴²	刮风	mit⁵ fuŋ⁴²	蜜蜂
kuɔk⁵ ka⁴²	国家	tɕʰiak⁵ iɛn⁴²	喫烟（吸烟）
tsʰɔk²⁻⁵ ɕiu⁴²	着羞（害羞）	ɕyɔt⁵ fa⁴²	雪花

（4）45+42，这类音高值组合占全部双音节词的 3.05%（18/591）。词例 [mau⁴⁵ kʰaŋ⁴²]茅坑（厕所），此音高值组合的轻重模式如下图：

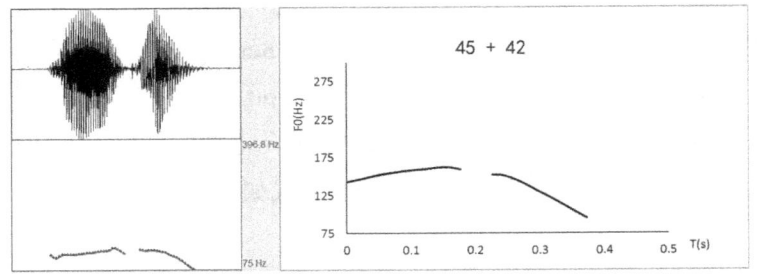

图 6-11 音高值组合 45+42 的词例和轻重模式

从图中我们可以看出，45+42 的音高值组合前后字音高值比较接近，前字音高值高点 162Hz，后字高点 152Hz，然后，我们观测了前后字的时长值，发现前字长于后字，前字时长 176ms，后字时长 146ms。音高值前后字接近时，时长值的前长后短对应了我们听感上前重后轻的韵律模式。例词具体如下：

mau⁴⁵ kʰaŋ⁴²	茅坑（厕所）	miɛn⁴⁵ fa⁴²	棉花
ȵi⁴⁵ ɕin⁴²	疑心（怀疑）	loŋ⁴⁵ tsuŋ⁴²	郎中（医生）
uoŋ⁴⁵ kua⁴²	黄瓜	mi⁴⁵ ɕy⁴²	秘书
lɛu⁴⁵ tʰi⁴²	楼梯	kui⁴⁵ fa⁴²	桂花
mau⁴⁵ i⁴²	毛衣	mɔ⁴⁵ ku⁴²	蘑菇

（5）45+21，这类音高值组合占全部双音节词的 2.88%（17/591）。词例 [fəi⁴⁵ tsʰau²¹] 肥皂，此音高值组合的轻重模式如下图：

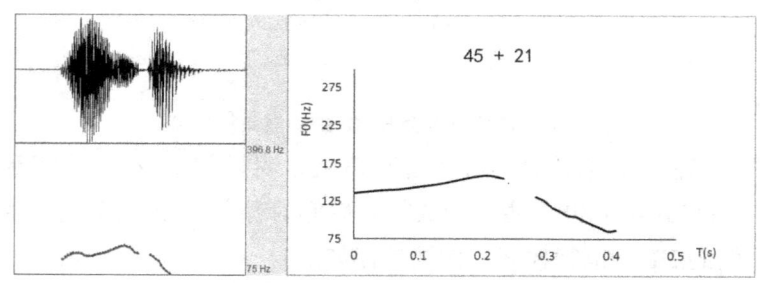

图 6-12　音高值组合 45+21 的词例和轻重模式

从图中我们可以看出，45+21 的音高值组合明显前字高于后字，前字音高值高点 160Hz，后字高点 131Hz，由此形成的前高后低的音高值组合对应于我们听感上前重后轻的 HL 型韵律模式。例词具体如下：

fəi⁴⁵ tsʰau²¹	肥皂	lɛu⁴⁵ hɔ²¹	柔和
ku⁴⁵ sʅ²¹	故事	tsɛn⁴⁵ sʅ²¹	战士
uoŋ⁴⁵ tʰɛu²¹	黄豆	miaŋ⁴⁵ tsʰʅ²¹	名字
ma⁴⁵ li²¹	麻利	sʅ⁴⁵ hɛu²¹	时候
mən⁴⁵ lu²¹	门路	in⁴⁵ tu²¹	印度

（6）45+213，这类音高值组合占全部双音节词的 2.88%（17/591）。词例 [ɕiɔŋ⁴⁵ pʰiɛn²¹³] 相片，此音高值组合的轻重模式如下图：

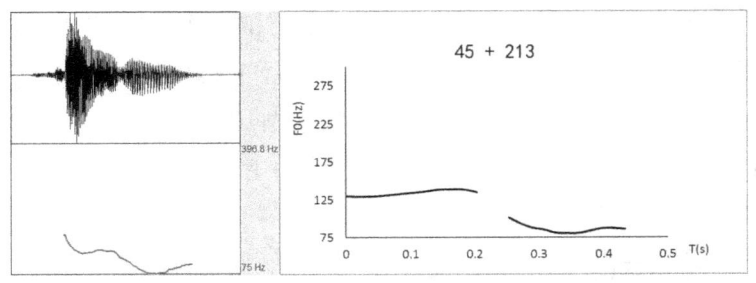

图 6-13　音高值组合 45+213 的词例和轻重模式

从图中我们可以看出，45+213 的音高值组合明显前字较高，前字音高值高点 139Hz，后字高点 101Hz，这样前高后低的音高值组合对应了我们听感上前重后轻的 HL 型韵律模式。例词具体如下：

fɔŋ^{45} pʰi^{213}	放屁	ɕin^{45} tsɿ^{213}	信纸
iɔŋ^{45} kan^{213}	洋碱（肥皂）	uan^{45} sui^{213}	玩水（游泳）
fu^{45} ɕiu^{213}	扶手	iu^{45} iuŋ^{213}	游泳
kai^{45} tsɿ^{213}	戒指	yn^{45} tsʰai^{213}	云彩
liɛn^{45} tsɿ^{213}	莲子	tsɛn^{45} iu^{213}	战友

（7）42+21，这类音高值组合占全部双音节词的 2.37%（14/591）。词例［ŋɔn^{42} tɕʰin^{21}］安静，此音高值组合的轻重模式如下图：

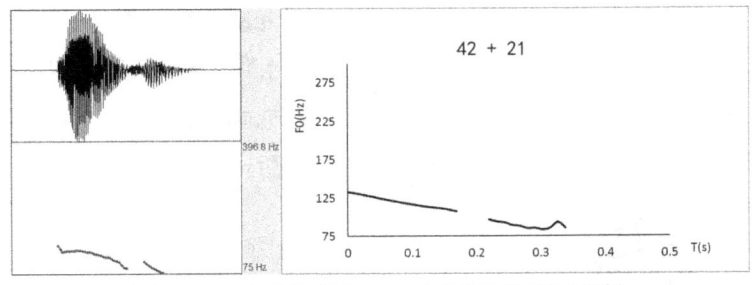

图 6-14　音高值组合 42+21 的词例和轻重模式

从图中我们可以看出，42+21 的音高值组合明显前字高于后字，前字音高值高点 133Hz，后字高点 97Hz，由此形成的前高后低的音高值分布对应于我们听感上前重后轻的韵律模式。例词具体如下：

ŋɔn^{42} tɕʰin^{21}	安静	kʰɔn^{42} fu^{21}	看护
ɕiɔŋ^{42} ma^{21}	相骂（吵架）	tsau^{42} tʰat$^{5-21}$	糟蹋（浪费）
tɕi^{42} tʰan^{21}	鸡蛋	ŋɔ^{42} ȵiɛu^{21}	屙尿（撒尿）

| ka⁴² tɕʰy²¹ | 家具 | saŋ⁴² pʰiaŋ²¹ | 生病 |
| tɕin⁴² n̠it⁵⁻²¹ | 今日（今天） | tʰiɛn⁴² liɔŋ²¹ | 天亮 |

（8）42+45，这类音高值组合占全部双音节词的 2.2%（13/591）。词例 [ɕin⁴² lɔŋ⁴⁵] 新郎，此音高值组合的轻重模式如下图：

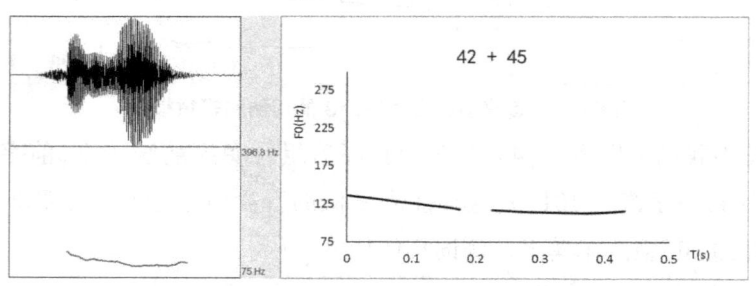

图 6-15　音高值组合 42+45 的词例和轻重模式

从图中我们可以看出，42+45 的音高值组合前字音高值高于后字，前字音高值高点 136Hz，后字高点 117Hz，这样前高后低的音高值组合，和我们听感上前重后轻的 HL 型韵律模式相对应。例词具体如下：

kɔn⁴² tsa⁴⁵	甘蔗	tʰuŋ⁴² fuŋ⁴⁵	通红
kɔn⁴² liɔŋ⁴⁵	干粮	ɕiɛu⁴² fa⁴⁵	消化
kau⁴² ɕin⁴⁵	高兴	ɕin⁴² lɔŋ⁴⁵	新郎
kuŋ⁴² n̠iu⁴⁵	公牛	ka⁴² lɛn⁴⁵	佳能
liu⁴² yɔn⁴⁵	溜圆	pa⁴² li⁴⁵	巴黎

（9）21+213，这类音高值组合占全部双音节词的 1.86%（11/591）。词例 [y²¹ mi²¹³] 玉米，此音高值组合的轻重模式如下图：

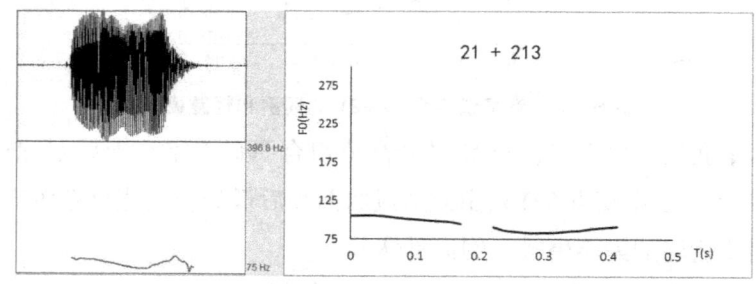

图 6-16　音高值组合 21+213 的词例和轻重模式

从图中我们可以看出，21+213 的音高值组合前字音高值略高，前字音高值高点 106Hz，后字高点 91Hz，这样前高后低的音高值组合对应了我们听感上前重后轻的 HL 型韵律模式。例词具体如下：

tʰau²¹ li²¹³	道理	ha²¹ sui²¹³	下水
fan²¹ pʰu²¹³	饭铺（饭馆）	iu²¹ ɕiu²¹³	右手
fu²¹ mu²¹³	父母	y²¹ mi²¹³	玉米
hai²¹ pʰa²¹³	害怕	fu²¹ kʰiɛu²¹³	户口
lu²¹ sui²¹³	露水	tʰiɛn²¹ in²¹³	电影

（10）5+213，这类音高值组合占全部双音节词的 1.69%（10/591）。词例 [tsʰɔk²⁻⁵ pʰa²¹³] 着怕（害怕），此音高值组合的轻重模式如下图：

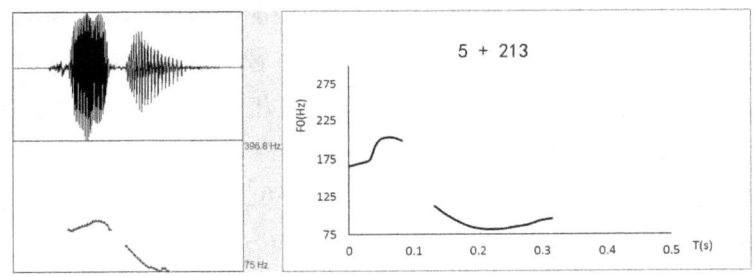

图 6-17　音高值组合 5+213 的词例和轻重模式

从图中我们可以看出，5+213 的音高值组合明显前字较高，前字音高值高点 184Hz，后字高点 109Hz，由此形成前高后低的音高值组合对应于我们听感上前重后轻的韵律模式。例词具体如下：

tɕʰiak⁵ pau²¹³	吃饱（吃饱）	lɔk²⁻⁵ y²¹³	落雨（下雨）
tsʰɔk²⁻⁵ pʰa²¹³	着怕（害怕）	it⁵ tɕʰi²¹³	一起
tɕʰiak⁵ tɕiu²¹³	吃酒（喝酒）	tat⁵ li²¹³	搭理
muk⁵ tʰan²¹³	木炭	tʰuk²⁻⁵ tsa²¹³	读者
uk⁵ tin²¹³	屋顶	tʰat⁵ piɛn²¹³	踏扁（踩扁）

（11）24+21，这类音高值组合占全部双音节词的 1.52%（9/591）。词例 [tɕʰi²¹³⁻²⁴ ui²¹] 气味，此音高值组合的轻重模式如下图：

138 | 汉语方言双音节词的轻重韵律模式

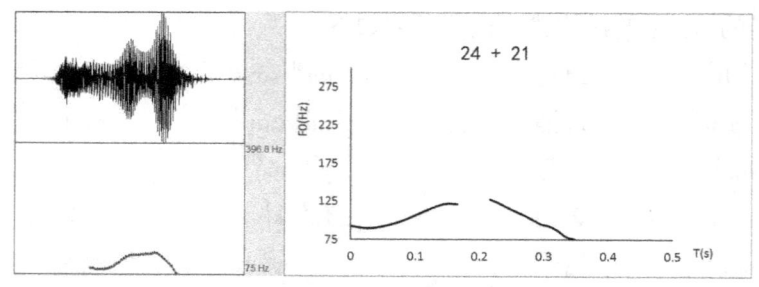

图 6-18 音高值组合 24+21 的词例和轻重模式

从图中我们可以看出,24+21 的音高值组合前后字音高值比较接近,前字音高值高点 122Hz,后字高点 128Hz,接着我们观测了前后字的时长值,发现前字长于后字,前字时长 165ms,后字时长 131ms。音高值前后字接近时,时长值的前长后短,和我们听感上前重后轻的韵律模式相对应。例词具体如下:

tsʰən²⁴ tsʰuŋ²¹	沉重	tʰi²¹³⁻²⁴ miɛn²¹	体面
kai²¹³⁻²⁴ sɛn²¹	改善	ɕi²¹³⁻²⁴ miɛn²¹	洗面(洗脸)
ma²¹³⁻²⁴ sɔŋ²¹	马上	tsau²¹³⁻²⁴ fan²¹	早饭
tɕʰi²¹³⁻²⁴ ui²¹	气味	kʰɔn²¹³⁻²⁴ pʰiaŋ²¹	看病

(12) 42+24,这类音高值组合占全部双音节词的 1.35%(8/591)。词例[tsu⁴² pʰɔ²⁴]猪婆(母猪),此音高值组合的轻重模式如下图:

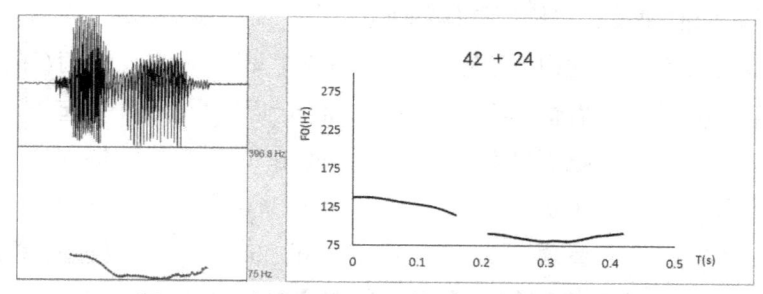

图 6-19 音高值组合 42+24 的词例和轻重模式

从图中我们可以看出,42+24 的音高值组合明显前字高于后字,前字音高值高点 138Hz,后字高点 92Hz,这样前高后低的音高值组合对应了我们听感上前重后轻的 HL 型韵律模式。词具体如下:

kaŋ⁴² tsʰai²⁴	刚才	uɔ⁴² tʰəu²⁴	窝头
fəi⁴² tsʰən²⁴	灰尘	tɕi⁴² pʰɔ²⁴	鸡婆(母鸡)
kau⁴² tɕʰin²⁴	交情	tɕʰin⁴² tʰin²⁴	蜻蜓

tsu⁴² pʰɔ²⁴ 猪婆（母猪） ŋa⁴² pʰɔ²⁴ 阿婆

（13）5+21，这类音高值组合占全部双音节词的 0.85%（5/591）。词例 [iɔk⁵ fəi²¹]约会，此音高值组合的轻重模式如下图：

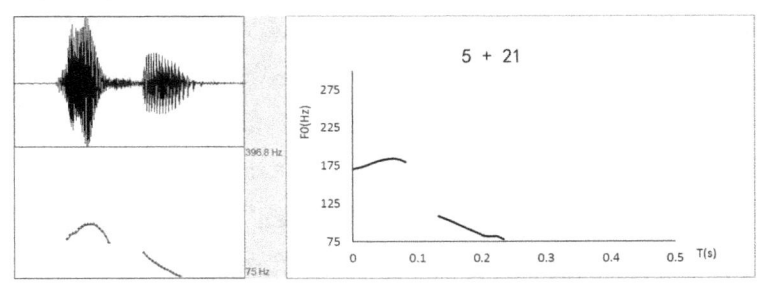

图 6-20　音高值组合 5+21 的词例和轻重模式

从图中我们可以看出，5+21 的音高值组合明显前字较高，前字音高值高点 184Hz，后字高点 109Hz，由此形成前高后低的音高值分布，和我们听感上前重后轻的韵律模式相对应。例词具体如下：

tɛt⁵ tsui²¹ 得罪 iɔk⁵ fəi²¹ 约会
fat⁵ sɿ²¹ 发誓 ɕyɔt⁵ uɔŋ²¹ 血旺（猪血）

6.3.3　南昌话等高型双音节词的轻重韵律类型

等高型双音节词是指前后音节音高值大致相似的双音节词，如南昌话的 42+42，45+45，21+21，5+5 等音高值组合，从上文我们可以看出南昌话双音节词有两种听辨结果 LH 型和 HL 型，这些组合在 LH 型和 HL 型两种听辨结果中都出现了，那么这些组合在音高值上会有什么不同的表现吗？我们借助语音实验的方法来分析。

首先，我们对所有等高型组合中例词数量大于 2 个的组合，分别取一词例，列出其声波和音高图，如下图左。接着，我们再从每个音高值组合中抽取一定数量的词例（8 个以上的取 8 个，8 个以下的全取），手动标注音高的始末位置，用 Praat 脚本提取时长和音高数据，取其平均值，画出音高曲线，如下图右。

（1）42+42，这类音高值组合占全部双音节词的 6.1%（36/591），听辨结果既有 HL 型也有 LH 型。

LH 型有 10 个，具体例词如下：

tɕi⁴² kʰuɔ⁴²	鸡窠(鸡窝)	tsu⁴² kɔn⁴²	猪肝
tɕi⁴² uɔ⁴²	鸡窝	tɕi⁴² kuŋ⁴²	鸡公(公鸡)
tɕiɔŋ⁴² tɕyn⁴²	将军(动词)	sʅ⁴² tɕi⁴²	司机
tʰiɛn⁴² kuɔŋ⁴²	天光(天亮)	u⁴² u⁴²	呜呜
ɕiɔŋ⁴² tɕiɛu⁴²	香蕉	tsʰɔn⁴² pɔŋ⁴²	穿帮

HL 型有 26 个,具体例词如下:

tuŋ⁴² ɕi⁴²	东西(方向)	iɛu⁴² sɔn⁴²	腰酸
fu⁴² tɕʰi⁴²	夫妻	i⁴² sɛn⁴²	医生
fa⁴² sɛn⁴²	花生	kau⁴² tʰuŋ⁴²	交通
ɕi⁴² kua⁴²	西瓜	kuŋ⁴² tɕi⁴²	公鸡
ɕin⁴² ɕiɛn⁴²	新鲜	fəi⁴² tɕi⁴²	飞机

我们按照 LH 型和 HL 型轻重模式分别做出两类的音高曲线图,如下图:

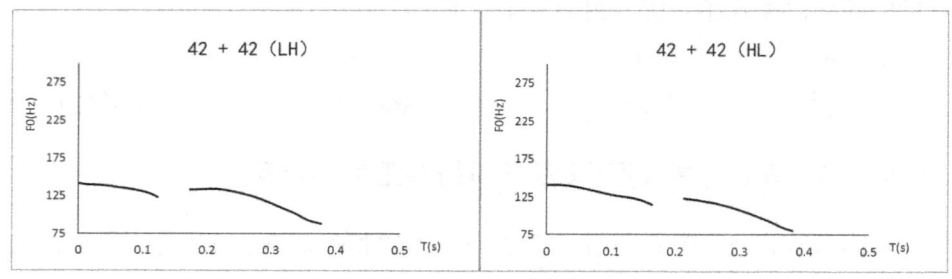

图 6-21　南昌话 42+42 组合 LH 型和 HL 型轻重模式

从图中我们可以看出,LH 型的 42+42 组合,前后字音高值接近,前字音高值高点 141Hz,后字高点 134Hz。然后观测前后字的时长值,前字时长 123ms,后字时长 204ms,后字长于前字,联系轻重听辨结果发现,音高值接近的情况下,前短后长的时长分布对应了前轻后重的 LH 型韵律模式。

HL 型的 42+42 组合,前后字音高值也是接近,前字音高值高点 141Hz,后字高点 123Hz,但是前字已经略高于后字了。然后观测前后字的时长值,前字时长 163ms,后字时长 168ms,二者相差 5ms,很接近了。跟上海话的 33+33 组合情况相似,前后字的音高值和时长值都接近时,一般来说,这样的音高值组合既可能是 HL 型也可能是 LH 型,但是这类 42+42 组合都是 HL 型,由此,我们推测 HL 型可能是南昌话轻重韵律的演化方向,且部分组合已经完成,这类组合处于正在演变的过程中,轻重韵律已经变成了 HL 型,HL 型韵律模式会逐渐支配音高值的高低长短逐渐变得"规律",从该组合的前字已经略高于后字,就可以初见端倪。

(2) 45+45,这类音高值组合占全部双音节词的 3.21%(19/591),听辨结果既有 HL 型也有 LH 型。

LH 型有 3 个,具体例词如下:

pau⁴⁵ kau⁴⁵　　　报告　　　　　ia⁴⁵ ȵiɔŋ⁴⁵　　　爷娘(父母)

HL 型有 16 个,具体例词如下:

fu⁴⁵ li⁴⁵　　　　狐狸　　　　　mi⁴⁵ iu⁴⁵　　　　煤油

ɕiɔŋ⁴⁵ ɕi⁴⁵　　　详细　　　　　iɔŋ⁴⁵ ȵi⁴⁵　　　洋泥(水泥)

miaŋ⁴⁵ ȵiɛn⁴⁵　明年　　　　　fu⁴⁵ lun⁴⁵　　　囫囵

ku⁴⁵ i⁴⁵　　　　故意　　　　　fu⁴⁵ iuŋ⁴⁵　　　芙蓉

iɔŋ⁴⁵ iu⁴⁵　　　洋油(煤油)　　kɔ⁴⁵ ɕin⁴⁵　　　个性

我们按照 LH 型和 HL 型轻重模式分别做出两类的音高曲线图,如下图:

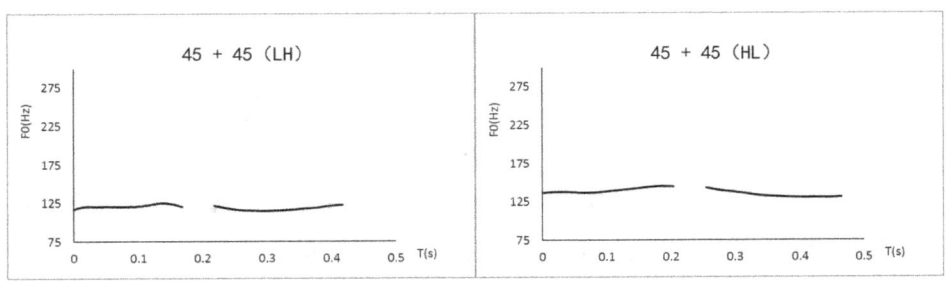

图 6-22　南昌话 45+45 组合 LH 型和 HL 型轻重模式

从图中我们可以看出,45+45 组合和上文的 42+42 组合很像,LH 型的 45+45 组合,前后字音高值接近,前字音高值高点 125 Hz,后字高点 123 Hz。接着观测前后字的时长值,前字时长 168ms,后字时长 199ms,后字长于前字,发现在音高值接近的情况下,前短后长的时长分布和前轻后重的韵律模式相对应。

HL 型的 45+45 组合,与上面的 42+42 组合类似,前后字音高值也是接近,前字音高值高点 145 Hz,后字高点 143 Hz。然后观测前后字的时长值,前字时长 204ms,后字时长 210ms,二者很接近。前后字的音高值和时长值都接近时,一般来说,这样的音高值组合既可能是 HL 型也可能是 LH 型,但是这类 45+45 组合都是 HL 型,由此,验证我们的推测 HL 型可能是南昌话轻重韵律的演化方向。

（3）21+21，这类音高值组合占全部双音节词的 1.52%（9/591），听辨结果既有 HL 型也有 LH 型。

LH 型有 4 个，具体例词如下：

tɕia²¹³⁻²¹ məi²¹　　姐妹　　　　ma²¹³⁻²¹ li²¹　　玛丽

tsɿ²¹³⁻²¹ məi²¹　　姊妹（姐妹）　ma²¹³⁻²¹ fuŋ²¹　蚂蜂

HL 型有 5 个，具体例词如下：

li²¹ hai²¹　　利害　　　　tsʰɿ²¹ tʰuŋ²¹　自动

ia²¹ fan²¹　　夜饭　　　　tʰi²¹ ə²¹　　　第二

我们按照 LH 型和 HL 型轻重模式分别做出两类的音高曲线图，如下图：

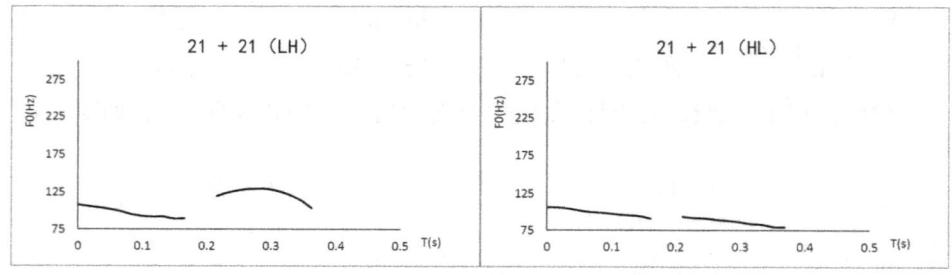

图 6-23 南昌话 21+21 组合 LH 型和 HL 型轻重模式

从图中我们可以看出，LH 型的 21+21 组合明显后字较高，前字音高值高点 108 Hz，后字高点 130 Hz。由此发现，音高上典型的前低后高对应了我们听感上的前轻后重。

HL 型的 21+21 组合则前字较高，前字音高值高点 106 Hz，后字高点 94Hz，我们接着观测了前后字的时长值，前字时长 160ms，后字时长 176ms，后字长于前字。按照我们之前发现的规律音高值接近时，前短后长的时长组合一般对应 LH 型的听辨结果，但是这个组合对应的是 HL 型，再次验证上文的推测，HL 型可能是南昌话轻重韵律的演化方向，我们甚至可以根据此组合中前字的音高值已经略大于后字，进一步推测 HL 型韵律模式作用于音高值组合时，是先支配音高值后支配时长值。

（5）5+5，这类音高值组合占全部双音节词的 1.35%（8/591），听辨结果既有 HL 型也有 LH 型。

LH 型有 2 个，具体例词如下：

mɛt⁵ pit⁵	墨笔(毛笔)	lɔk²⁻⁵ ɕyɔt⁵	落雪

HL 型有 6 个,具体例词如下:

uat²⁻⁵ tɕit⁵	滑稽	sɔk²⁻⁵ iɔk⁵	芍药
tɕiɛt⁵ sət⁵	结实	lat⁵ tʰat⁵	邋遢
lat⁵ tsuk⁵	蜡烛	uɔt²⁻⁵ lɔk⁵	活络

我们按照 LH 型和 HL 型轻重模式分别做出两类的音高曲线图,如下图:

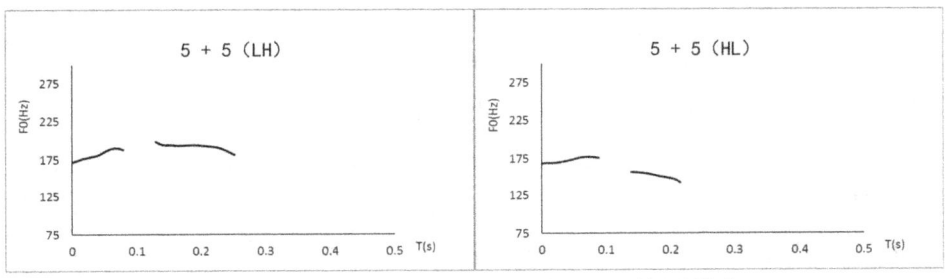

图 6-24　南昌话 5+5 组合 LH 型和 HL 型轻重模式

从图中我们可以看出,LH 型的 5+5 组合前后字音高值接近,前字音高值高点 190Hz,后字高点 198 Hz。我们接着观测了前后字的时长值,前字时长 78ms,后字时长 251ms,发现后字明显长于前字。音高值接近的情况下,时长上前短后长的分布造成了我们听感上前轻后重的 LH 型韵律模式。

HL 型的 5+5 组合明显前字较高,前字音高值高点 177 Hz,后字高点 156 Hz。音高值高者重,音高值低者轻,这样前高后低的音高值组合造成了我们听感上前重后轻的 HL 型韵律模式。

6.3.4　南昌话轻重韵律类型与传统双音节词连读变调的关系

前人对南昌话双音节词连读变调的研究,从一开始注意到它和轻重音之间的联系,尤其是蒋平、谢留文在 2001 年撰文分析了《南昌县(蒋巷)方言的轻重音与变调》。本文从实验的角度,通过轻重听辨和语音实验,对南昌话双音节词进行分析,首先,轻重听辨实验的结果显示了南昌话轻重音的整体面貌,即以 HL 型为主,同时存在少量 LH 型。其次,南昌话双音节词变调后的音高值表现和南昌话双音节词的轻重听辨结果之间的对应规律非常明显,音高值高的对应了听辨结果中重的,低的对应了听辨结果中轻的,若音高值相等或相近,则时长值长的对应了听辨结果中重的,短的对应了听辨结果中轻的。这样清晰的对应规则,证实我们的假设,即南昌话的重音主要表现为包括时长在内的音高凸显。同时还暗示轻重韵律模式可能就是双音节词连读变调的内在动因。

6.4 本章小结

我们对南昌话双音节词进行了轻重听辨调查,从听辨结果上可以看出,南昌话双音节词既有 LH 型韵律模式,也有 HL 型韵律模式,但是以 HL 型为主。在我们调查的 591 项词汇中,HL 型有 450 项,LH 型有 141 项。

在轻重听辨的基础上,我们对 LH 和 HL 两种轻重模式进行了语音实验,发现 LH 型在音高值上主要实现为组合 21+42,21+45,13+45,42+42,45+5,24+42,24+45,213+5 等,HL 型的音高值组合主要为 42+42,24+213,42+213,5+42,45+42,45+21,45+213,45+45,42+21,42+45,21+213,5+213,24+21,42+24,5+5,5+21 等,联系轻重听辨的结果,我们发现前后音节的音高对比,LH 型表现为前低后高,HL 型表现为前高后低,但都是音高值高的对应了重,音高值低的对应了轻;前后音节音高值相等或相近时,LH 型表现为时长上的前短后长,HL 型表现为前长后短,但都是时长长的对应了重,时长短的对应了轻。

由此,我们发现 LH 型和 HL 型的轻重都集中体现在前后音节的音高值对比上(包含时长因素),南昌话的实验数据证实了我们的假设:重音主要表现为包括时长在内的音高凸显,变调后结果的一致性也说明了轻重音是变调的内在动因。而南昌话的丰富的轻声现象,也恰好验证了南昌话的以 HL 型为主的轻重韵律模式。

第 7 章
湘方言的韵律类型（长沙话）

7.1 湘方言和长沙话

湘方言也叫湘语，通常会以是否保留古全浊声母分为老湘语和新湘语，分别以双峰话和长沙话为代表。湘语主要分布于湖南的湘江、资江流域和沅江中游少数地区，以及广西北部的兴安、灌阳、全州和资源四县。四川省约 45 个县市的一些局部地区也有湘语的分布。湘语只有一个省级行政中心（长沙）。

湖南境内的湘语可以分为三片：长益片、娄邵片和辰溆片（侯精一，2002）。长益片分布在湘江、资江的中下游，我们的调查点长沙市就属于长益片。娄邵片分布在湘中和湘西南一带，辰溆片分布在沅江中游。湘语在语音上的主要特点是，古全浊声母逢塞音、塞擦音，不论今读浊音还是清音，也不论平声仄声，一般为不送气音。调查点长沙话还有以下特点：非敷奉母字和晓匣母合口韵字相混，读为 f；泥、来两母洪音前相混，细音前不混；影母、疑母开口一二等字念 ŋ 声母；曾梗两摄鼻韵尾字与臻摄混同，念 -n 尾；鼻音韵尾向鼻化演变，出现较多的鼻化元音；去声分阴阳，有入声调类；中古塞音韵尾 -p、-t、-k 消失，入声读音可以延长。

7.2 长沙话的声调

湘语的调类一般是五个或六个，去声分阴阳，约半数方言有入声调类。长沙话的单字调一共有六个，我们参照《汉语方音字汇》（2003）的声韵调系统，具体调值如下表：

表 7-1　长沙话单字调

阴平 33	上声 41	阴去 45	入声 24
阳平 13		阳去 21	

长沙话双音节词的变调比较简单，《长沙方言词典》（1993）描写如下：阳平在阴去前读音近似入声，但仍可区别；入声在阴平、阳平、入声之后，快读时变 44 调，不与其他调类相混。鲍厚星（1999）认可入声的变调，又进一步增加了两条：阳去 21 无论后字还是前字一律变 11；入声在上声、阴去、阳去之后，变 22 调。本文结合此次调查事实，认为阳去字只有作前字时变为 22 调（鲍厚星 1999 记作 11 调），作后字时不变（鲍厚星 1999 认为后字也变），其他的与鲍厚星（1999）同。

轻重音和变调的关系在湘方言的研究中很常见，像易亚新（2007）在研究湖南石门方言的轻声与变调时，就提出石门方言只有一种变调，就是轻声变调，轻声不论在前字还是后字，都会发生声调的变化。刘娟、李如龙（2014）在研究衡山方言的轻重音时，发现两字组的轻重模式与字组是否成词、字组的词性（体词性和谓词性）及语法结构有密切的关系，而且发现轻重音在语音上的特征表现为：轻读音节较重读音节的时长短，非平调变读为平调（具体的变调规则是上声 13 变读为阴平 33，入声 24 变读为阳去 44），还把这种变调称为"轻读变调"。钟奇（2010）的《汉语方言的重音模式》一书中长沙话也是主要案例之一，但是长沙话轻重韵律的整体面貌还没有全面地描写，长沙话轻重韵律和连读变调也没有一致的结论。因此，本文将继续研究以长沙话为代表的湘方言的轻重韵律模式。

本文针对长沙话的双音节词展开调查，采用一个包含复合词、派生词、单纯词、译名、ABB 式等共 670 词的词表，因为有的词不止一种说法，因此最终获取的词条是 779 条，其中双音节词 566 条①。本文的语料来源都是一手资料，使用专业的声卡（Komplete Audio 6）和话筒（AKG-C544L）进行数据采样，采

---

① 去除单音节词、三音节词、四音节词等，剩余双音节词 566 条。

样软件为斐风 F2.0.2(Field Phon),语言样品为 WAV 格式(采样率44100 字节/秒,数据位宽 16 比特)。发音人为中老年男性,具体信息参见附表 1-4。

本研究的对象是长沙话的双音节词,我们通过听辨的形式记录长沙话双音节词的轻重,H 表示重,L 表示轻,HL 型就是前重后轻的重轻型韵律模式,LH 型就是前轻后重的轻重型韵律模式。我们用记录音高值的方法来表示听辨的轻重,音高值用基频赫兹值表示。为与单音节词声调描述配合,我们对双音节词的轻重特征也采用五度标记法来赋值,例如长沙话的 LH 型呈现的前后音节声调或凸显轻重的音高值分别是:13+33,13+45,41+45,13+24,33+41,33+45,24+33,13+41,21+45,24+45,33+33,24+41,41+41,21+33 等。像表 8-2 中的例词"蝴蝶",前字音高值 13,后字音高值 24,对应的轻重听辨结果是 LH 型,更多例词如下:

表 7-2 音高值与轻重对应示例

min	13	y	45	名誉	LH	iəu	13	yn	45	游泳	LH
min	13	ŋi	24	明日	LH	fu	13	tʰie	24	蝴蝶	LH
sau	33	mai	45	烧卖	LH	kʰən	33	tɕʰi	45	空气	LH
tsʰən	45	i	33	衬衣	HL	kuei	45	fa	33	桂花	HL
ta	41	lei	13	打雷	HL	fu	41	təu	13	斧头	HL

7.3 长沙话的韵律类型与音高值组合

长沙话双音节词的轻重听辨结果有两种模式:LH 型和 HL 型,其中以 HL 型为主(352 词),同时存在部分 LH 型(214 词),每种轻重模式表现为多种音高值组合。

7.3.1 长沙话轻重型双音节词与音高值组合

长沙话双音节词的第一种轻重类型是 LH 型(轻重型)。LH 型韵律模式的前后音节的音高值分别是:13+33,13+45,41+45,13+24,33+41,33+45,24+33,13+41,21+45,24+45,33+33,24+41,41+41,21+33 等(按照数量从多到少排列)。

下面我们观察 LH 型轻重模式具体的音高表现。我们对每种音高值组合取一词例，列出其声波和音高图，如下图左。接着，我们再从每个音高值组合中抽取一定数量的词例（音高值组合的词例数量在 8 个以上的取 8 个样本，8 个以下的全取），手动标注音高的始末位置，用 Praat 脚本提取时长和音高数据，取其平均值，画出音高曲线，得到长沙话双音节词 LH 型的韵律模型，如下图右。

（1）13+33，这类音高值组合占全部双音节词的 3.89%（22/566）。词例 [ian¹³ fei³³] 水泥，此音高值组合的轻重模式如下图：

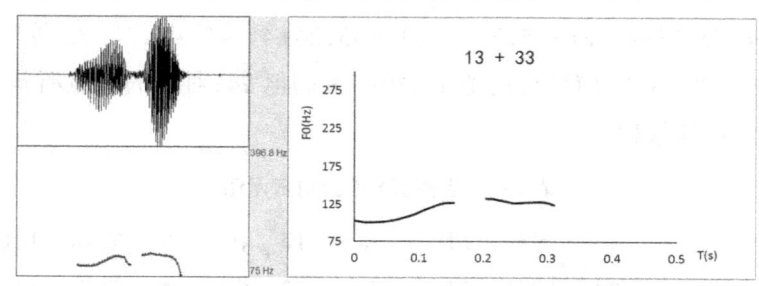

图 7-1　LH 型音高值组合 13+33 的词例和轻重模式

从图中我们可以看出，13+33 的音高值组合前后字音高值差不多，后字略高于前字，前字音高值高点在 128Hz，后字高点在 133 Hz，然后我们观测前后字的时长值，发现前字明显长于后字，前字时长值 154ms，后字时长值 105ms。音高值呈现前低后高的分布，时长值呈现前长后短的时长分布，对应的听辨结果是前低后高的 LH 型，具体原因还需进一步分析。具体例词如下：

uan¹³ kua³³	黄瓜	tɕi¹³ tsʅ³³	棋子
ləu¹³ tʰi³³	楼梯	mau¹³ tɕin³³	手巾
mei¹³ fa³³	梅花	tau¹³ fa³³	桃花
lən¹³ tən³³	伦敦	ian¹³ fei³³	水泥
ȵi¹³ tɕʰiəu³³	泥鳅	iəu¹³ fa³³	邮票

（2）13+45，这类音高值组合占全部双音节词的 3.89%（22/566）。词例 [lian¹³ kʰuai⁴⁵] 凉快，此音高值组合的轻重模式如下图：

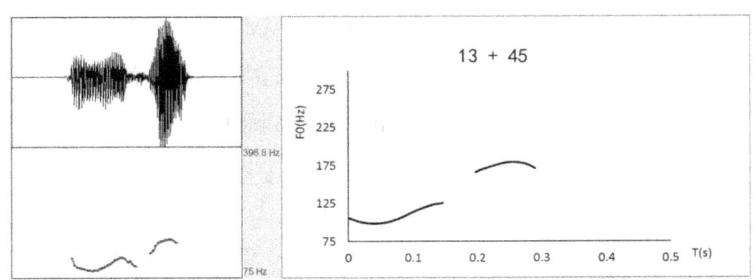

图 7-2 音高值组合 13+45 的词例和轻重模式

从图中我们可以看出，13+45 的音高值组合明显后字较高，前字音高值的高点在 126Hz，后字高点在 171Hz，这样前低后高的音高分布，与听辨结果的前轻后重相对应。具体例词如下：

peiˡ³fu⁴⁵	陪护（看护）	tɕinˡ³ kʰuai⁴⁵	勤快
lianˡ³ kʰuai⁴⁵	凉快	tɕianˡ³ɕi⁴⁵	详细
minˡ³y⁴⁵	名誉	iəuˡ³ yn⁴⁵	游泳
nanˡ³ko⁴⁵	难过	tɕiauˡ³tsʅ⁴⁵	乔治
tɕiˡ³kuai⁴⁵	奇怪	iəuˡ³y⁴⁵	犹豫

（3）41+45，这类音高值组合占全部双音节词的 3.71%（21/566）。词例 [təu⁴¹tsəu⁴⁵] 赌咒（发誓），此音高值组合的轻重模式如下图：

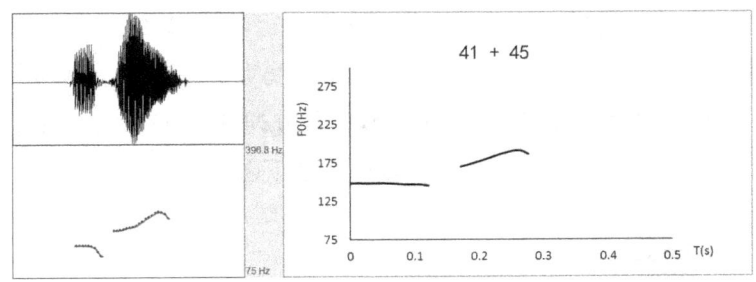

图 7-3 音高值组合 41+45 的词例和轻重模式

从图中我们可以看出，41+45 的音高值组合明显后字高于前字，前字音高值的高点在 149Hz，后字高点在 191Hz，由此形成典型前低后高的音高分布，与听辨结果的前轻后重相对应。具体例词如下：

piẽ⁴¹tan⁴⁵	扁担	kai⁴¹sẽ⁴⁵	改善
tɕʰyan⁴¹tɕʰi⁴⁵	喘气	kuai⁴¹kuən⁴⁵	拐棍（拐杖）
ta⁴¹tɕia⁴⁵	打架	tɕian⁴¹tɕiəu⁴⁵	讲究

ma⁴¹li⁴⁵　　　玛丽　　　　　　tɕiəu⁴¹tsʰai⁴⁵　　韭菜

təu⁴¹tsəu⁴⁵　　赌咒(发誓)　　　mai⁴¹mai⁴⁵　　　买卖

(4) 13+24,这类音高值组合占全部双音节词的1.94%(11/566)。词例[fu¹³tʰie²⁴]蝴蝶,此音高值组合的轻重模式如下图:

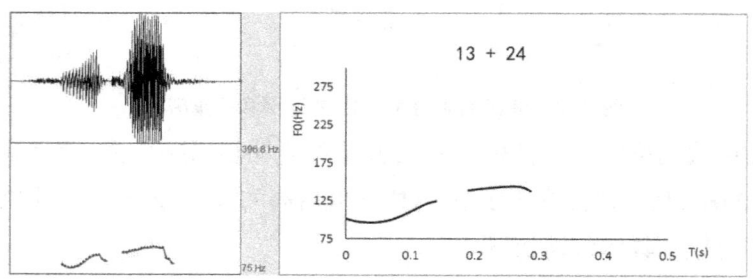

图7-4　音高值组合13+24的词例和轻重模式

从图中我们可以看出,13+24的音高值组合明显后字较高,前字音高值的高点在125Hz,后字高点在145Hz,这样前低后高的音高分布,对应于听辨结果的前轻后重。具体例词如下:

faŋ¹³li²⁴　　　皇历(黄历)　　　mo¹³tʰɣ²⁴　　　模特

ma¹³tɕʰio²⁴　　麻雀　　　　　　fən¹³kʰɣ²⁴　　　逢刻(每每)

min¹³ȵi²⁴　　　明日(明天)　　　fən¹³tsʅ²⁴　　　逢直(往往)

ŋan¹³sɣ²⁴　　　颜色　　　　　　fu¹³tʰie²⁴　　　蝴蝶

sau¹³io²⁴　　　芍药　　　　　　tan¹³kʰə²⁴　　　堂客(老婆)

(5) 33+45,这类音高值组合占全部双音节词的1.77%(10/566)。词例[tɕia³³tɕy⁴⁵]家具,此音高值组合的轻重模式如下图:

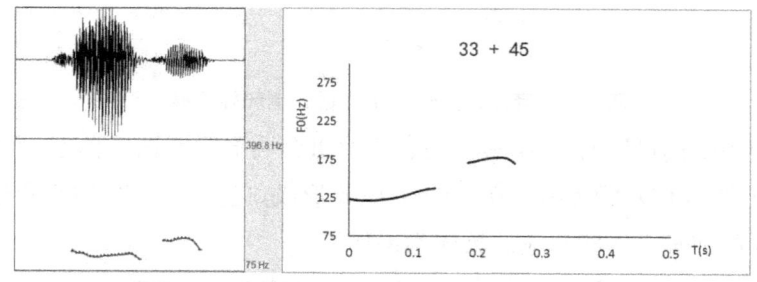

图7-5　音高值组合33+45的词例和轻重模式

从图中我们可以看出,33+45的音高值组合明显后字高于前字,前字音高值的高点在138Hz,后字高点在178Hz,由此形成前低后高的音高分布,与听辨结果的前轻后重相对应。具体例词如下：

tɕia³³ tɕy⁴⁵	家具	ɕioŋ³³ ti⁴⁵	兄弟
pʰu³³ kai⁴⁵	铺盖	iau³³ kuai⁴⁵	妖怪
sau³³ mai⁴⁵	烧卖	kʰən³³ tɕʰi⁴⁵	空气
tʰiɛ³³ tɕʰi⁴⁵	天气	kan³³ kai⁴⁵	尴尬
ɕiau³³ fa⁴⁵	消化	ɕiau³³ tɕʰi⁴⁵	消气

（6）13+41，这类音高值组合占全部双音节词的 1.59%（9/566）。词例 [tsa¹³ ɕyei⁴¹] 茶水，此音高值组合的轻重模式如下图：

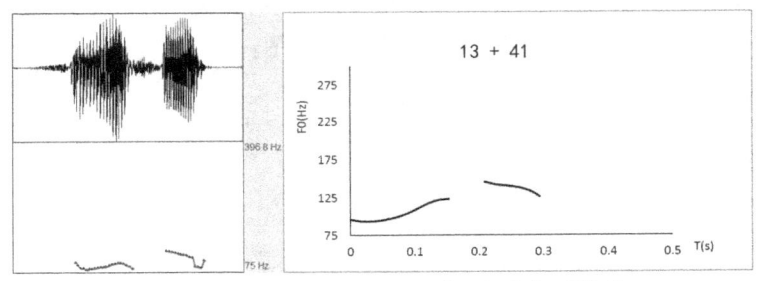

图 7-6　音高值组合 13+41 的词例和轻重模式

从图中我们可以看出，13+41 的音高值组合后字较高，前字音高值的高点在 124Hz，后字高点在 146Hz，这样前低后高的音高分布，对应于听辨结果的前轻后重。具体例词如下：

tsa¹³ ɕyei⁴¹	茶水	yn¹³ tsai⁴¹	云彩
fu¹³ səu⁴¹	扶手	mən¹³ ku⁴¹	蒙古
lin¹³ sɣ⁴¹	邻舍	man¹³ ko⁴¹	芒果
ŋa¹³ tsʰʅ⁴¹	牙齿	zən¹³ səu⁴¹	人手

（7）21+45，这类音高值组合占全部双音节词的 1.59%（9/566）。词例 [ti²¹ tsən⁴⁵] 地震，此音高值组合的轻重模式如下图：

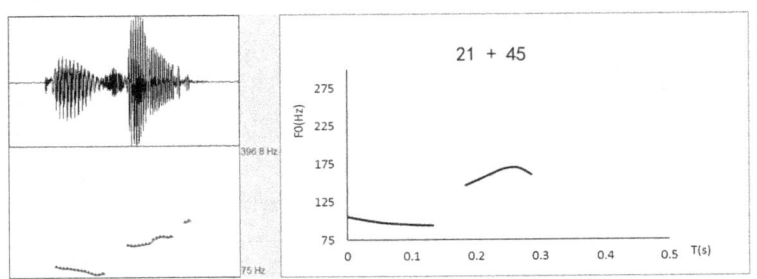

图 7-7　音高值组合 21+45 的词例和轻重模式

从图中我们可以看出，21+45 的音高值组合后字高于前字，前字音高值的高点在 106Hz，后字高点在 170Hz，典型前低后高的音高分布，与听辨结果的前轻后重相对应。具体例词如下：

tai²¹i⁴⁵　　　　大意（形容词）　　uei²¹ tau⁴⁵　　味道

ti²¹ tsən⁴⁵　　　地震　　　　　　　tai²¹ ŋai⁴⁵　　大雁

fan²¹ pʰu⁴⁵　　　饭铺（饭馆）　　　man²¹ man⁴⁵　慢慢（渐渐）

uan²¹ tɕi⁴⁵　　　忘记　　　　　　　fai²¹ tɕʰy⁴⁵　　坏处

（8）24+41，这类音高值组合占全部双音节词的 0.88%（5/566）。词例[u²⁴ tin⁴¹]屋顶，此音高值组合的轻重模式如下图：

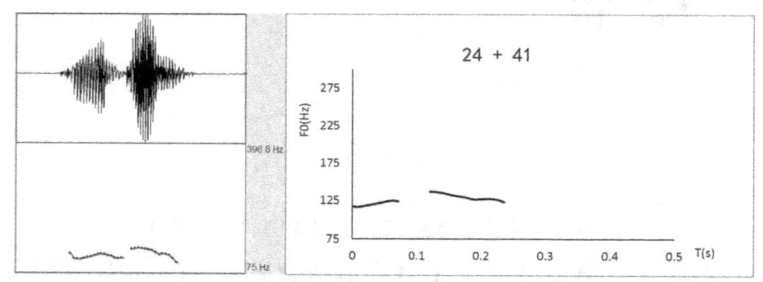

图 7-8　音高值组合 24+41 的词例和轻重模式

从图中我们可以看出，24+41 的音高值组合后字音高值略高于前字，前字音高值高点在 125Hz，后字高点在 137Hz，这样前低后高的音高分布，与听辨结果的前轻后重相对应。具体例词如下：

tɕʰia²⁴ tɕiəu⁴¹　　吃酒　　　　　　lo²⁴ y⁴¹　　　落雨

u²⁴ tin⁴¹　　　　屋顶　　　　　　tsa²⁴ li⁴¹　　查理

（9）21+33，这类音高值组合占全部双音节词的 0.88%（5/566）。词例[xan²¹ san³³]汗衫，此音高值组合的轻重模式如下图：

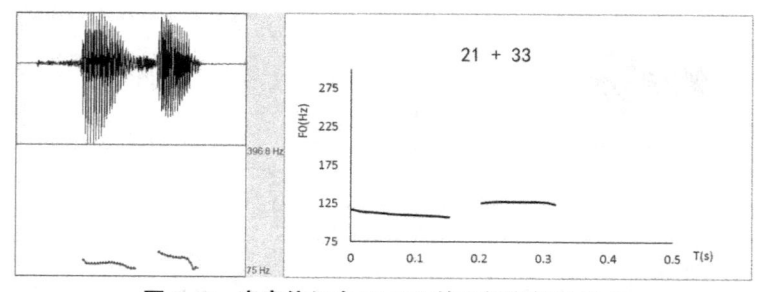

图 7-9　音高值组合 21+33 的词例和轻重模式

从图中我们可以看出,21+33 的音高值组合后字音高值略高于前字,前字音高值高点在 118Hz,后字高点在 128Hz,由此形成前低后高的音高分布,对应于听辨结果的前轻后重。具体例词如下:

tai²¹ i³³　　　　大衣　　　　　sʅ²¹ fei³³　　　是非
xan²¹ san³³　　　汗衫　　　　　xa²¹ pa³³　　　下巴

LH 型轻重模式的音高值组合还有 33+33、41+41,我们将在 7.3.3 小节的等高型组合中详细介绍。

7.3.2　长沙话重轻型双音节词与音高组合

长沙话双音节词的第二种轻重类型是 HL 型(重轻型)。HL 型韵律模式的前后音节的音高值分别是:33+33,33+0,13+0,33+13,13+13,24+0,45+45,45+33,41+13,41+33,41+41,45+0,45+13,41+0,45+41,13+33,33+24,41+21,41+24 等(按照数量从多到少)。HL 型轻重模式的 33+33,13+13,45+45,41+41 音高值组合,我们将在 7.3.3 小节的等高型组合中详细介绍。

下面我们看 HL 型轻重模式具体的音高表现。我们对每种音高值组合取一词例,列出其声波和音高图,如下图左。接着,我们再从每个音高值组合中抽取一定数量的词例(音高值组合的词例数量在 8 个以上的取 8 个样本,8 个以下的全取),手动标注音高的始末位置,用 Praat 脚本提取时长和音高数据,取其平均值,画出音高曲线,得到长沙话双音节词 HL 型的韵律模型,如下图右。

(1) 33+13,这类音高值组合占全部双音节词的 3.18%(18/566)。词例[kau³³ lian¹³]高粱,此音高值组合的轻重模式如下图:

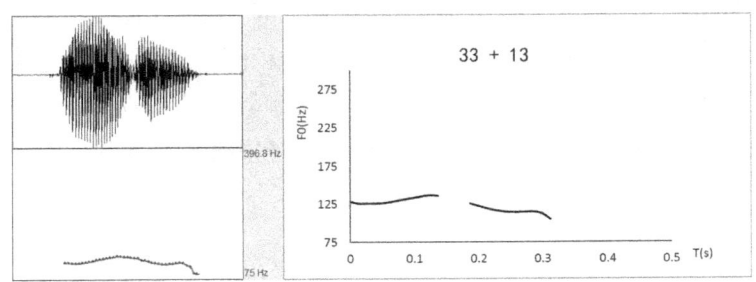

图 7-10　音高值组合 33+13 的词例和轻重模式

从图中的音高曲线我们可以看出,前字略高于后字,前字音高值高点在

137Hz,后字高点在126Hz,二者比较接近,但是前字还是比后字高11Hz,音高上的前高后低,和听辨结果中的前重后轻相对应。具体例词如下:

tɕʰyan³³ liê¹³	窗帘	tɕy³³ po¹³	猪婆(母猪)
kan³³ ȵian¹³	干粮	tʰo³³ xai¹³	拖鞋
kau³³ lian¹³	高粱	tɕin³³ ȵiê¹³	今年
kõ³³ tsai¹³	棺材	tɕi³³ po¹³	鸡婆(生过蛋的母鸡)
tɕiau³³ tɕin¹³	交情	pa³³ li¹³	巴黎

(2) 45+33,这类音高值组合占全部双音节词的2.47%(14/566)。词例[pei⁴⁵ ɕin³³]背心,此音高值组合的轻重模式如下图:

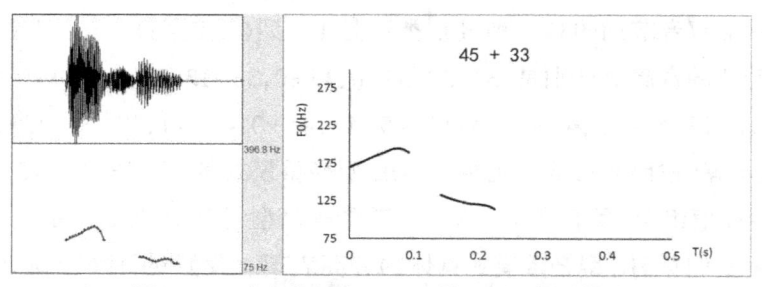

图7-11 音高值组合45+33的词例和轻重模式

从图中可以看出,45+33的音高值组合,在音高上明显前字高于后字,前字音高值高点在195Hz,后字高点在133Hz,音高上前高后低的分布,对应于听感上前重后轻的结果。具体例词如下:

pei⁴⁵ ɕin³³	背心	mi⁴⁵ ɕy³³	秘书
tsʰai⁴⁵ tau³³	菜刀	tei⁴⁵ səu³³	对手
tsʰən⁴⁵ i³³	衬衣(衬衫)	tɕiau⁴⁵ tɕi³³	叫鸡(公鸡)
sai⁴⁵ kan³³	晒干	kuei⁴⁵ fa³³	桂花
ti⁴⁵ ɕioŋ³³	弟兄(兄弟)	tɕʰi⁴⁵ tsʰγ³³	汽车

(3) 41+13,这类音高值组合占全部双音节词的2.3%(13/566)。词例[kuai⁴¹ tʂan¹³]拐场(坏了事),此音高值组合的轻重模式如下图:

第 7 章 湘方言的韵律类型(长沙话)

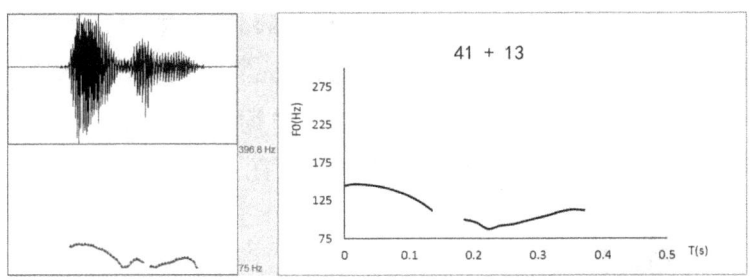

图 7-12 音高值组合 41+13 的词例和轻重模式

从图中可以看出,41+13 的音高值组合,在音高上明显前高后低,前字音高值高点在 147Hz,后字高点在 113Hz,前字明显高于后字,由此形成前高后低的音高分布,跟听辨上的前重后轻相对应。更多例词如下:

tsʰɤ⁴¹ pi¹³	扯皮	xai⁴¹ tan¹³	海棠
ta⁴¹ lei¹³	打雷	fu⁴¹ təu¹³	斧头
mo⁴¹ ȵiəu¹³	母牛	ma⁴¹ uan¹³	蚂蟥
ŋan⁴¹ xən¹³	眼红	ma⁴¹ təu¹³	码头
y⁴¹ ian¹³	语言	tɕy⁴¹ zən¹³	主人

(4) 41+33,这类音高值组合占全部双音节词的 2.3%(13/566)。词例[tiẽ⁴¹ ɕin³³]点心,此音高值组合的轻重模式如下图:

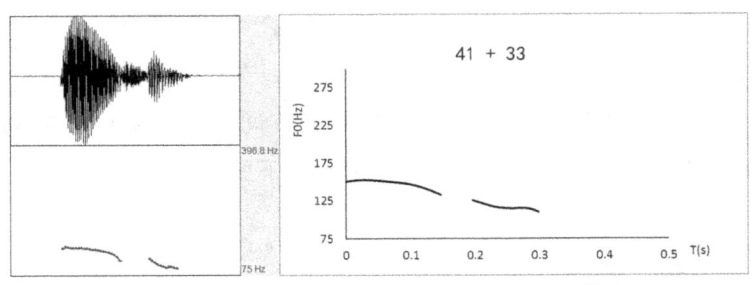

图 7-13 音高值组合 41+33 的词例和轻重模式

从图中我们可以看出,41+33 音高值组合,前字整体高于后字,前字音高值的高点在 153Hz,后字高点在 126Hz。这种音高上典型的前高后低分布,对应于听辨上的前重后轻。更多例词如下:

tiẽ⁴¹ ɕin³³	点心	tsəu⁴¹ tsən³³	祖宗
xau⁴¹ to³³	好多	xo⁴¹ tsʰɤ³³	火车
kõ⁴¹ tɕia³³	管家	lau⁴¹ ɕioŋ³³	老兄(哥哥)

kʰu⁴¹kua³³　　苦瓜　　　　　tɕin⁴¹kən³³　　颈根（脖子）
məu⁴¹tan³³　　牡丹　　　　　lau⁴¹kən³³　　老公（丈夫）

（5）24+33，这类音高值组合占全部双音节词的1.77%（10/566）。词例［mi²⁴xən³³］蜜蜂，此音高值组合的轻重模式如下图：

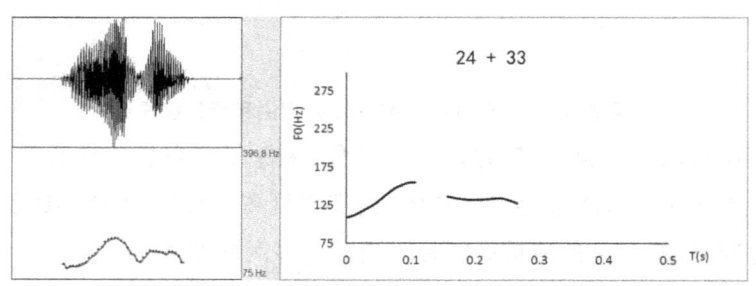

图7-14　音高值组合24+33的词例和轻重模式

从图中我们可以看出，24+33音高值组合，前字略高于后字，前字音高值的高点在155Hz，后字高点在137Hz。这种音高上前高后低的分布，和听辨上的前重后轻相对应。更多例词如下：

tsʰəu²⁴sən³³　　畜生　　　　mi²⁴xən³³　　蜜蜂
fa²⁴sau³³　　发烧　　　　　tɕʰia²⁴iẽ³³　　吸烟
kua²⁴xən³³　　刮风　　　　　tɕy²⁴fa³³　　菊花
la²⁴tɕiau³³　　辣椒　　　　　tɕi²⁴tʰa³³　　吉他
tsɣ²⁴ku³³　　鹧鸪　　　　　tso²⁴tɕia³³　　作家

（6）45+13，这类音高值组合占全部双音节词的1.77%（10/566）。词例［pau⁴⁵tsəu¹³］报仇，此音高值组合的轻重模式如下图：

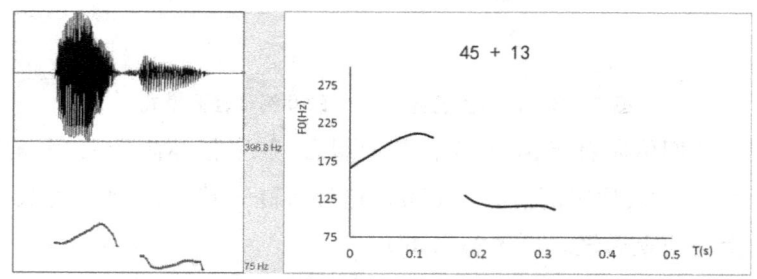

图7-15　音高值组合45+13的词例和轻重模式

从图中我们可以看出，45+13音高值组合，前字明显高于后字，前字音高值的高点在212Hz，后字高点在130Hz。由此形成这种音高上典型的前高后低

分布,对应于听辨上的前重后轻。更多例词如下:

pau⁴⁵tsəu¹³	报仇	tɕyan⁴⁵yan¹³	状元
pau⁴⁵tsəu¹³	报酬	tsɿ⁴⁵yan¹³	自然
tsʰəu⁴⁵tsən¹³	臭虫	kʰɤ⁴⁵ȵiẽ¹³	去年
sõ⁴⁵põ¹³	算盘	y⁴⁵lan¹³	玉兰
tʰən⁴⁵xən¹³	通红	tʰiau⁴⁵tsau¹³	跳槽

(7) 45+41,这类音高值组合占全部双音节词的 1.24%(7/566)。词例 [tʰiau⁴⁵tsau⁴¹]跳蚤,此音高值组合的轻重模式如下图:

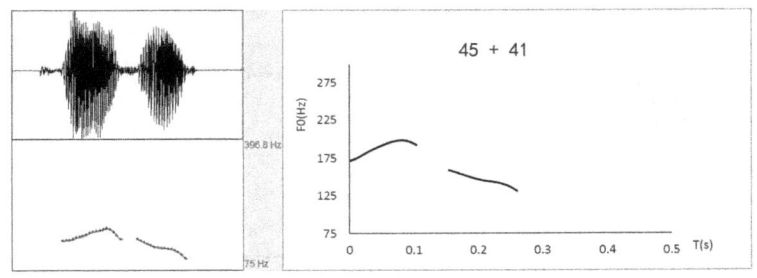

图 7-16 音高值组合 45+41 的词例和轻重模式

从图中我们可以看出,45+41 音高值组合,前字明显较高,前字音高值的高点在 198Hz,后字高点在 159Hz。这种音高上典型的前高后低分布,和听辨上的前重后轻相对应。更多例词如下:

pʰa⁴⁵tsʰəu⁴¹	怕丑(害羞)	y⁴⁵mi⁴¹	玉米
tʰiau⁴⁵tsau⁴¹	跳蚤	tsɤ̃⁴⁵iəu⁴¹	战友
ɕin⁴⁵tsɿ⁴¹	信纸	fu⁴⁵kʰəu⁴¹	户口

(8) 33+24,这类音高值组合占全部双音节词的 1.06%(6/566)。词例 [tsʰin³³pə²⁴]清白(明白),此音高值组合的轻重模式如下图:

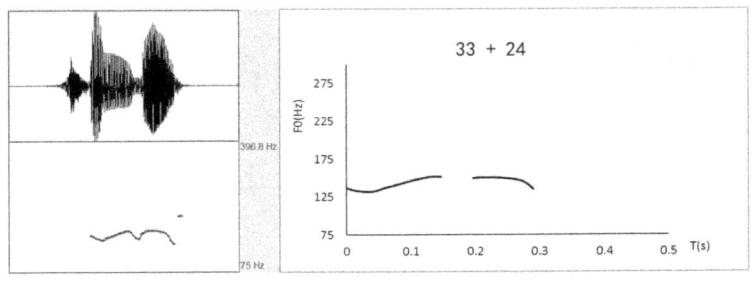

图 7-17 音高值组合 33+24 的词例和轻重模式

从图中我们可以看出，33+24 的音高值组合前后字音高相近，前字音高值高点在 152Hz，后字高点在 151Hz，二者非常接近，但是我们观测前后字的时长值时，发现前字长于后字，前字时长值 146ms，后字 94ms，在音高值相近的情况下，时长值的前长后短对应了我们在听感上的前重后轻。例词具体如下：

tsau³³ tʰa²⁴　　糟蹋（浪费）　　kau³³tɕi²⁴　　高级
tsʰin³³ pə²⁴　　清白（明白）　　tsʰəu³³i²⁴　　初一
ɕiəu³³ɕi²⁴　　歇气（休息）　　tɕʰin³³tsʰəu²⁴　　清楚

（9）41+21，这类音高值组合占全部双音节词的 1.06%（6/566）。词例 [kua⁴¹ fu²¹] 寡妇，此音高值组合的轻重模式如下图：

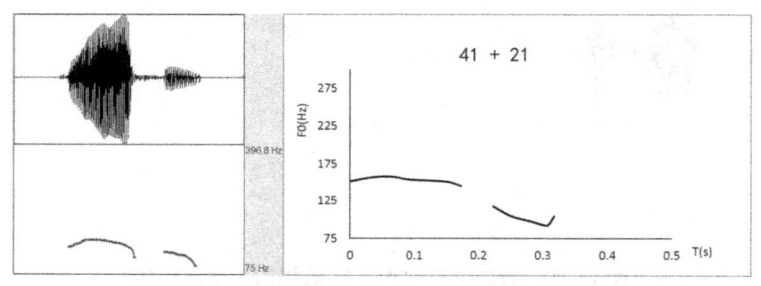

图 7-18　音高值组合 41+21 的词例和轻重模式

从图中我们可以看出，41+21 音高值组合，前字整体高于后字，前字音高值的高点在 158Hz，后字高点在 118Hz。这种音高上典型的前高后低分布，和听辨上的前重后轻相对应。更多例词如下：

kua⁴¹ fu²¹　　寡妇　　　　tsau⁴¹ fan²¹　　早饭
tsɿ⁴¹ mei²¹　　姊妹（姐妹）　　kʰəu⁴¹ tai²¹　　口袋
ma⁴¹ san²¹　　马上　　　　ŋəu⁴¹ tai²¹　　□袋（口袋）

（10）41+24，这类音高值组合占全部双音节词的 1.06%（6/566）。词例 [ma⁴¹tɕio²⁴] 马脚，此音高值组合的轻重模式如下图：

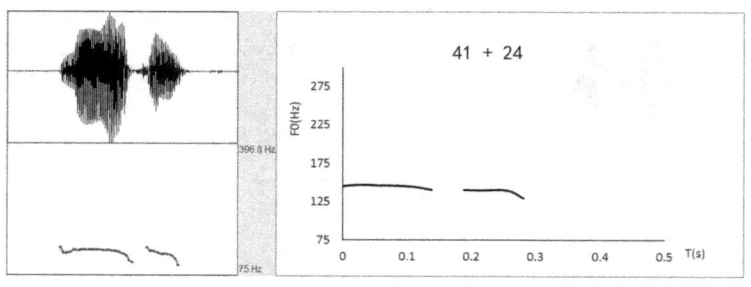

图 7-19　音高值组合 41+24 的词例和轻重模式

从图中我们可以看出,41+24 的音高值组合和上文的 33+24 组合情况相似,都是音高上前后字相近,时长上前长后短。41+24 组合前字音高值高点在 147Hz,后字高点在 141Hz,二者很接近,然后我们观测前后字的时长值,发现前字长于后字,前字时长值 138ms,后字 92ms,同样的,在音高相近的情况下,时长值的前长后短刚好对应我们在听感上的前重后轻。例词具体如下:

lau⁴¹ sʅ²⁴	老实	ɕian⁴¹ fa²⁴	想法
ma⁴¹ tɕio²⁴	马脚	ȵiəu⁴¹ io²⁴	纽约
ɕi⁴¹ tɕʰio²⁴	喜鹊	tʂʰə⁴¹ pə²⁴	扯白(撒谎)

(11) 13+33,这类音高值组合占全部双音节词的 0.88%(5/566)。词例 [tsai¹³ tɕian³³] 才将(刚才),此音高值组合的轻重模式如下图:

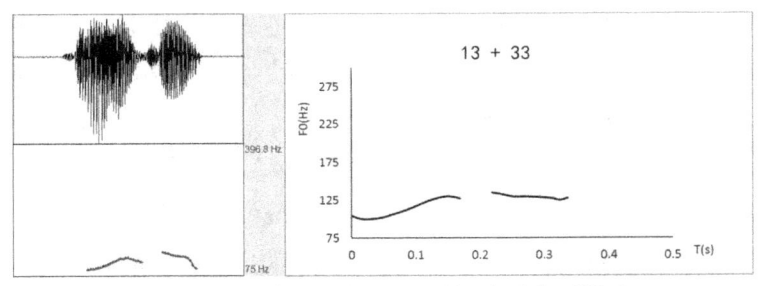

图 7-20　音高值组合 13+33 的词例和轻重模式

从图中我们可以看出,13+33 的音高值组合和上文的 33+24 组合、41+24 组合情况相似,都是前后字音高相近,时长上前长后短。13+33 组合前字音高值高点在 130Hz,后字高点在 135Hz,二者差不多,然后我们观测前后字的时长值,发现前字长于后字,前字时长值 168ms,后字 118ms,同样的,在音高相近的情况下,时长值的前长后短对应我们在听感上的前重后轻。例词具体如下:

| tsai¹³ tɕian³³ | 才将(刚才) | lan¹³ fa³³ | 兰花 |
| piau¹³ kən³³ | 瓢羹(调羹) | fən¹³ tʰən³³ | 馄饨 |

7.3.3　长沙话等高型双音节词的轻重韵律类型

等高型双音节词是指前后音节音高值大致相似的双音节词,如长沙话的 33+33,13+13,45+45,41+41 等音高值组合,从上文我们可以看出长沙话双音节词有两种听辨结果 LH 型和 HL 型,这些组合在 LH 型和 HL 型两种听辨结果中都出现了,那么这些组合在音高值上会有什么不同的表现吗?我们借助语音实验的方法来分析。

首先,我们对所有等高型组合中例词数量大于2个的组合,分别取一词例,列出其声波和音高图,如下图左。接着,我们再从每个音高值组合中抽取一定数量的词例(8个以上的取8个,8个以下的全取),手动标注音高的始末位置,用Praat脚本提取时长和音高数据,取其平均值,画出音高曲线,如下图右。

(1) 33+33,这类音高值组合占全部双音节词的5.65%(32/566),听辨结果既有HL型也有LH型。

LH型有6个,具体例词如下:

tɕie³³ pin³³	煎饼(动词)	tɕy³³ kan³³	猪肝
tsian³³ tɕyn³³	将军(动词)	kʰai³³ tsʰɣ³³	开车
u³³ kuei³³	乌龟	au³³ au³³	嗷嗷

HL型有26个,具体例词如下:

toŋ³³ ɕi³³	东西(方向)	ɕi³³ kua³³	西瓜
fa³³ sən³³	花生	ɕie³³ sən³³	先生
tɕi³³ o³³	鸡窝	ɕian³³ tɕiau³³	香蕉
sən³³ in³³	声音	ɕiau³³ ɕi³³	消息
tʰiau³³ kən³³	调羹	ɕin³³ ɕian³³	新鲜

我们按照LH型和HL型轻重模式分别做出两类的音高曲线图,如下图:

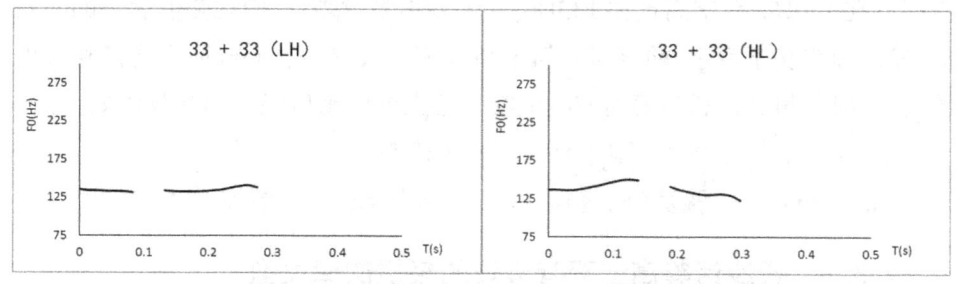

图7-21　长沙话33+33组合LH型和HL型轻重模式

从图中我们可以看出,不论是LH型听辨结果中的33+33音高值组合,还是HL型听辨结果中的33+33组合,前后字的音高都是相近的,LH中前字音高值高点在135Hz,后字高点在141Hz,后字略高于前字;HL中前字音高值高点在150Hz,后字高点在141Hz,前字略高于后字;但二者前后字的差值都是

10Hz 以内,算非常接近了。

接下来在时长值的观测上,LH 型和 HL 型的差别就体现出来了。LH 型 33+33 组合在时长上明显地前短后长,前字时长只有 82ms,后字有 144ms,但是 HL 型 33+33 组合却是跟 LH 型相反,时长上呈现为前长后短,前字时长有 138ms,后字只有 108ms。

由此可以发现,等高型的 33+33 组合典型地表现出在音高值相等或相近的情况下,前后音节的时长值就会显示出差异,根据时长上前短后长和听感上前轻后重的对应,前长后短和前重后轻的对应,可以推出时长值长的对应了重,时长值短的对应了轻。

(2) 13+13,这类音高值组合占全部双音节词的 3.36%(19/566),听辨结果既有 HL 型也有 LH 型。

LH 型有 3 个,具体例词如下:

| fu¹³lən¹³ | 囫囵 | ma¹³fan¹³ | 麻烦 |
| tiau¹³tiau¹³ | 条条 | | |

HL 型有 16 个,具体例词如下:

ia¹³ȵiaŋ¹³	爷娘(父母)	miau¹³tiau¹³	苗条
fai¹³ȵi¹³	怀疑	min¹³min¹³	明明
mei¹³mau¹³	眉毛	man¹³man¹³	茫茫
min¹³ȵiē¹³	明年	ŋan¹³ŋan¹³	皑皑
ian¹³iəu¹³	洋油(煤油)	miē¹³miē¹³	绵绵

我们按照 LH 型和 HL 型轻重模式分别做出两类的音高曲线图,如下图:

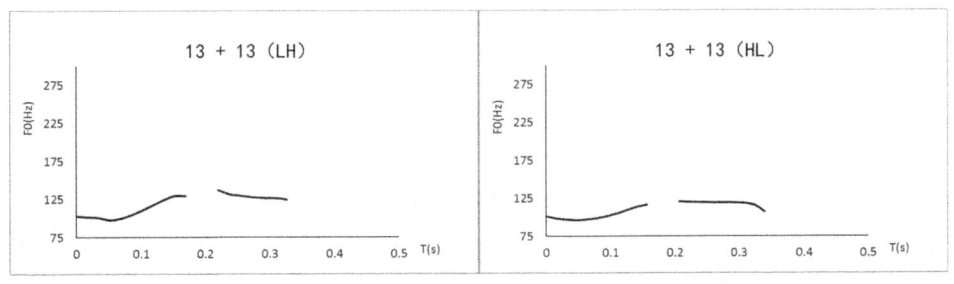

图 7-22 长沙话 13+13 组合 LH 型和 HL 型轻重模式

从图中可以看出,LH 型的 13+13 组合在音高值上后字略高于前字,前字音高值高点在 130Hz,后字音高值高点在 137Hz,音高值上前低后高的分布对应了听辨结果中的前轻后重。

从图中我们可以看出,HL 型的 13+13 组合,前后字音高值接近,前字音高值的高点在 117Hz,后字高点在 121Hz,接着我们观测时长值发现前字明显长于后字,前字时长值 156ms,后字时长值 133ms,时长值前长后短的分布和听辨上的前重后轻相对应。

(3) 41+41,这类音高值组合占全部双音节词的 3.18%(18/566),听辨结果既有 HL 型也有 LH 型。

LH 型有 5 个,具体例词如下:

| tʂʰə⁴¹sɣ̃⁴¹ | 扯闪(闪电) | ɕi⁴¹ liẽ⁴¹ | 洗脸 |
| səu⁴¹ paŋ⁴¹ | 手板(手掌) | miẽ⁴¹tiẽ⁴¹ | 腼腆 |

HL 型有 13 个,具体例词如下:

xau⁴¹tai⁴¹	好歹	tso⁴¹ səu⁴¹	左手
kʰəu⁴¹ɕyei⁴¹	口水	pi⁴¹γ⁴¹	比尔
li⁴¹ səu⁴¹	里手(内行)	mən⁴¹tʰən⁴¹	懵懂
ɕyei⁴¹səu⁴¹	水手	ɕyn⁴¹ɕyn⁴¹	炯炯
kan⁴¹fa⁴¹	说法	kun⁴¹kun⁴¹	滚滚

我们按照 LH 型和 HL 型轻重模式分别做出两类的音高曲线图,如下图:

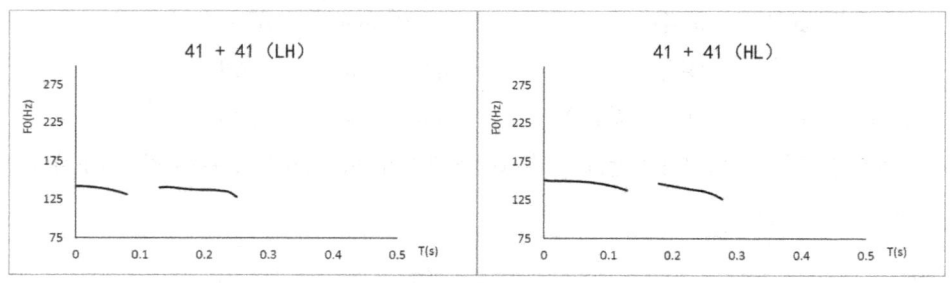

图 7-23 长沙话 41+41 组合 LH 型和 HL 型轻重模式

从图中我们可以看出,LH 型 41+41 组合,在音高值上前后字差不多,前字音高值高点在 142Hz,后字音高值高点在 141Hz,接着我们观测前后字的时长值,发现后字明显长于前字,前字时长值 80ms,后字时长值 120ms,时长值上前短后长的分布对应了听辨结果中的前轻后重。

接着,我们观察 HL 型 41+41 组合,在音高值上前后字接近,前字音高值高点在 151Hz,后字音高值高点在 147Hz,然后我们观测前后字的时长值,发现后字明显长于前字,前字时长值 128ms,后字时长值 99ms,由此形成时长值上前长后短的分布,对应于听辨结果中的前重后轻。

(4) 45+45,这类音高值组合占全部双音节词的 3.36%(15/566),听辨结果都是 HL 型。具体例词和音高曲线图如下:

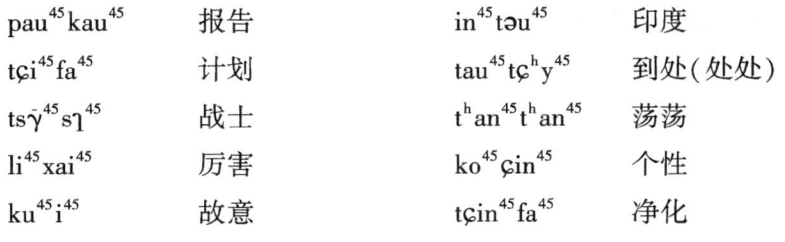

pau⁴⁵kau⁴⁵	报告	in⁴⁵təu⁴⁵	印度
tɕi⁴⁵fa⁴⁵	计划	tau⁴⁵tɕʰy⁴⁵	到处(处处)
tsɣ̃⁴⁵sʅ⁴⁵	战士	tʰan⁴⁵tʰan⁴⁵	荡荡
li⁴⁵xai⁴⁵	厉害	ko⁴⁵ɕin⁴⁵	个性
ku⁴⁵i⁴⁵	故意	tɕin⁴⁵fa⁴⁵	净化

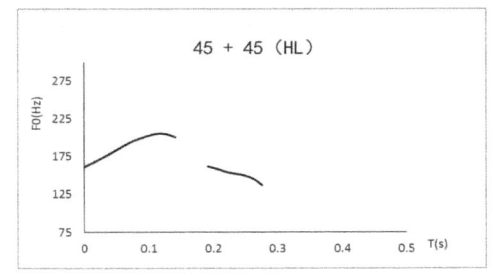

图 7-24　长沙话 45+45 组合 HL 型轻重模式

从图中我们可以看出,45+45 组合在音高值上典型地前高后低,前字音高值高点在 205Hz,后字音高值高点在 161Hz,音高值上的前高后低,对应了听辨结果中的前重后轻。

7.3.4　长沙话轻重韵律类型与传统双音节词连读变调的关系

长沙话的轻重韵律类型和连读变调肯定有密切的关系,易亚新(2007)甚至提出湖南石门方言只有一种变调,就是轻声变调,这样重要的轻重韵律模式在长沙话中的整体面貌到底如何,本文通过轻重听辨的方式,发现长沙话的轻重韵律模式以 HL 型为主,同时存在部分 LH 型。

按照绪论中我们对国内外前人研究的深入解读,我们假设包括时长在内的音高凸显可以用来衡量轻重,也就是说音高值可以用来表示前后音节的相对轻重,而在汉语中音高值也是声调最重要的声学相关物,因此,音高值就成了轻重韵律类型和连读变调关系的连接点。上文中针对长沙话双音节词的语音实验,分析了音高值和轻重听辨结果之间的关系,发现了清晰的对应规则,即音高值高的对应了听辨中重的,低的对应了听辨中轻的,若音高值相等或相近,则时长值长的对应了听辨中重的,短的对应了听辨中轻的。这样的明确的对应规则就证实了我们之前的假设,长沙话的重音主要表现为包括时长在内的音高凸显。同时也清楚了显示了轻重韵律模式通过改变音高值的方式作用于声调,使声调在连读时发生变化,以实现该语言的轻重韵律类型,由此,我们认为轻重韵律模式是汉语方言连读变调的内在动因。

7.4 本章小结

我们对长沙话双音节词进行了轻重听辨调查,从听辨结果上可以看出,长沙话既有 LH 型韵律模式,又有 HL 型韵律模式,但是以 HL 型为主。在我们调查的566项词汇中,HL 型有352项,LH 型有214项。

在轻重听辨的基础上,我们对 LH 和 HL 两种轻重模式进行了语音实验,发现 LH 型在音高值上主要实现为组合 13+33,13+45,41+45,13+24,33+41,33+45,24+33,13+41,21+45,24+45,33+33,24+41,41+41,21+33 等,HL 型的音高值组合主要为 33+33,33+13,13+13,45+45,45+33,41+13,41+33,41+41,45+13,45+41,13+33,33+24,41+21,41+24 等,联系轻重听辨的结果,我们发现前后音节的音高对比,LH 型表现为前低后高,HL 型表现为前高后低,但都是音高值高的对应了重,音高值低的对应了轻;前后音节音高值相等或相近时,LH 型表现为时长上的前短后长,HL 型表现为前长后短,但都是时长长的对应了重,时长短的对应了轻。

由此,我们发现 LH 型和 HL 型的轻重都集中体现在前后音节的音高值对比上(包含时长因素),长沙话的实验数据证实了我们的假设:重音主要表现为包括时长在内的音高凸显,变调后结果的一致性也说明了轻重音是变调的内在动因。而长沙话丰富的轻声现象,也恰好验证了长沙话的以 HL 型为主的轻重韵律模式。

第 8 章
北方方言的韵律类型(北京话)

8.1 北方方言和北京话

北方方言,又叫官话方言、官话、北方话、北方官话,是汉民族共同语——普通话的基础方言,以北京话为代表,使用人口在七亿零八百万以上,分布于27个省、自治区、直辖市的1500多个市县(参李小凡、项梦冰,2010)。在海外华人社区,虽然以官话方言为母语的人只占少数,但其影响却日趋重要。

北方方言主要分布在:(1)长江以北地区;(2)西南地区(包括大部分地区在长江以北的四川,长江以南的贵州、云南,以及地跨长江南北的重庆)和华中、华南地区的西部(包括湖北省除鄂东南一角外的长江南北大部分地区,湖南省的西北部、西部、南部,广西壮族自治区的西北部)。除此之外,官话方言较少见于长江以南地区,除江苏、安徽、江西等省的长江以南部分沿江地带外,主要以方言岛的形式存在,如福建南平官话方言岛(被闽方言包围)江西赣州、信丰官话方言岛(被客家方言包围),安徽、浙江的官话方言岛(被吴方言包围)。而非官话方言也较少见于长江以北地区,只有吴方言在江苏境内长江北岸有小片分布,赣方言在安徽、湖北境内长江以北也有小片分布,但都限于沿江或近江地带。湘方言、粤方言、客家方言、闽方言则都限于东南一隅(引自李小凡、项梦冰,2010)。

李荣先生在《中国语言地图集》中以古入声字今读调类的不同分化为条件,将官话方言分为下述八区:北京官话、东北官话、胶辽官话、冀鲁官话、中原官话、兰银官话、西南官话、江淮官话。北京官话居于汉民族共同语的核心地位,其中北京城区的语音系统是法定的共同语普通话的标准音,其特点是音系简单,保存古音成分少,是汉语中发展最为迅速的方言之一。北京官话内部差异不大,《中国语言地图集》按照古影、疑两母今读开口呼时(北京的开口呼零声母)声母的不同和四声调值的差异将它分为三片(京师片、怀承片、朝峰片),外加新疆的北京官话北疆片,共计四片。本文的调查点北京市属于北京官话的京师片。

8.2 北京话的声调

北京话的单字调一共有四个,我们参照《汉语方音字汇》(2003)的声韵调系统,具体调值如下表:

表 8-1 北京话单字调

阴平 55	上声 214	去声 51
阳平 35		

北京话双音节词的变调,北大中文系在第二版《汉语方言词汇》中描写为:1. 上声变调,上声在上声前,前字变阳平;上声在非上声前,前字变半上 21;2. "一七八不"变调,"一"在非去声前,变阳平;"一不七"在去声前,变阳平;"八"在去声前不变。徐世荣(1978)在《试论北京语音的声调音位》一文中提到:1. 上声 214+上声 214>24+214;2. 上声 214+阴平 55/阳平 35/去声 51>211+55/35/51;3. 去声 51+去声 51>53+51。赵元任(1980)在《语言问题》中提到:上声后接阴平、阳平、去声的时候读半上 21 调;上声相连第一个字读阳平。本文结合此次北京话调查事实,赞同上声的变调,认为上声在非上声前变为半上,具体调值为 21 或 22,统一记作 21;本文认为去声的变调,不仅包括两个去声相连前字变 53,还包括去声在阴平和阳平前也变 53。

从前文绪论中关于汉语词重音研究现状的综述可以知道,关于汉语普通话词重音的研究绝大多数都是基于北京话展开的,因此可以说北京话的轻重音韵律研究是最深入的,早期像 20 世纪 80 年代林茂灿先生发表的《北京话轻声的声学性质》(1980)、《北京话两字组正常重音的初步试验》(1984)、《北京话三字组重音的声学表现》(1988),林焘先生发表的《探讨北京话轻声性质的初步实验》(1983)引领着汉语重音领域的研究,从最初对汉语词重音是否存在的讨论冲到后来对汉语词重音声学相关物的逐个论证,产生了一系列的理论,比如"首重论""末重论""辅重论""汉语松紧节奏论"等,这些理论对汉语其他方言词重音的研究具有重要的指导作用。但是前人关于北京话双音节词重音的研究包含多方言比较的很少,多数是单一方言研究,因此本文从汉语七大方言整体出发,北京话仅作为汉语方言的一部分,和其他汉语方言采取同一个基本词表,同样的实验设计,在比较中完成对北京话双音节词轻重面貌的描写,同时验证关于汉语方言词重音声学相关物的假设,即重音主要表现为包括时长在内的音高凸显,并进一步探索北京话双音节词轻重韵律类型和连读变调之间的关系。

  首先,本文针对北京话的双音节词展开调查,采用一个包含复合词、派生词、单纯词、译名、ABB式等共681词的词表,因为有的词不止一种说法,因此最终获取的词条是799条,其中双音节词649条[①]。本文的语料来源都是一手资料,使用专业的声卡(Komplete Audio 6)和话筒(AKG-C544L)进行数据采样,采样软件为斐风F2.0.2(Field Phon),语言样品为WAV格式(采样率44100字节/秒,数据位宽16比特),发音人为中老年男性。

  本研究的对象是北京话的双音节词,我们通过听辨的形式记录北京话双音节词的轻重,H表示重,L表示轻,HL型就是前重后轻的重轻型韵律模式,LH型就是前轻后重的轻重型韵律模式。我们用记录音高值的方法来表示听辨的轻重,音高值用基频赫兹值表示。为与单音节词声调描述配合,我们对双音节词的轻重特征也采用五度标记法来赋值,例如北京话的LH型呈现的前后音节声调或凸显轻重的音高值分别是:55+55,51+51,21+51,21+55,51+55,51+35,21+35,35+35,35+51,35+214,35+55,55+35,55+51等。像表8-2中的例词"眼泪",前字音高值21,后字音高值51,对应的轻重听辨结果是LH型,更多例词如下:

---

① 去除单音节词、三音节词、四音节词等,剩余双音节词649条。

表 8-2　音高值与轻重对应示例

iɛn	21	lei	51	眼泪	LH	tsau	21	fan	51	早饭	LH
mu	21	tɕi	55	母鸡	LH	tɕin	21	tʂaŋ	55	紧张	LH
tʂʰa	35	tʂʰuei	214	茶水	HL	ʂuei	35	ʂou	214	水手	HL
tsʰu	55	lu	214	粗鲁	HL	kʰai	55	ʂuei	214	开水	HL
ɕin	51	tʂʅ	214	信纸	HL	tɕiau	51	ʂʅ	214	生病	HL

8.3　北京话的韵律类型与音高值组合

北京话双音节词的轻重听辨结果有两种模式：LH 型和 HL 型，其中以 HL 型为主（523 词），同时存在少量 LH 型（126 词），每种轻重模式表现为多种音高值组合。

8.3.1　北京话轻重型双音节词与音高值组合

北京话双音节词的第一种轻重类型是 LH 型（轻重型）。LH 型韵律模式的前后音节的音高值分别是：55+55，51+51，21+51，21+55，51+55，21+35，35+35，35+55，55+51 等（按照数量从多到少排列）。

下面我们观察 LH 型轻重模式具体的音高表现。我们对每种音高值组合取一词例，列出其声波和音高图，如图 8-1 左。接着，我们再从每个音高值组合中抽取一定数量的词例（音高值组合的词例数量在 8 个以上的取 8 个样本，8 个以下的全取），手动标注音高的始末位置，用 Praat 脚本提取时长和音高数据，取其平均值，画出音高曲线，得到北京话双音节词 LH 型的韵律模型，如图 8-1 右。

（1）21+51，这类音高值组合占全部双音节词的 2.93%（19/649）。词例 [tɕʰi²¹⁴⁻²¹ ʂʅ⁵¹] 起誓（发誓），此音高值组合的轻重模式如下图：

第8章 北方方言的韵律类型(北京话)

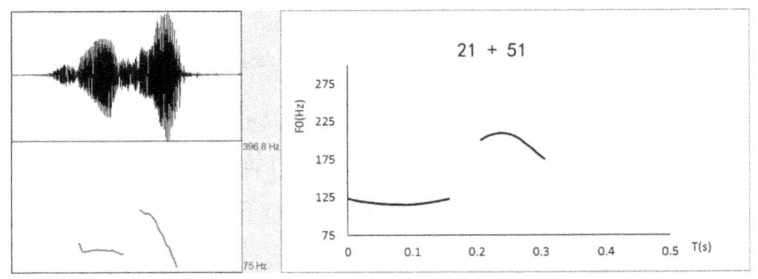

图 8-1 音高值组合 21+51 的词例和轻重模式

从图中我们可以看出,21+51 的音高值组合明显后字较高,前字音高值高点 124Hz,后字高点 209Hz,这样前低后高的音高值组合和我们听感上前轻后重的 LH 型韵律模式相对应,音高值高的对应了重,音高值低的对应了轻。例词具体如下:

ta²¹⁴⁻²¹ tɕia⁵¹	打架(吵架)	mai²¹⁴⁻²¹ mai⁵¹	买卖(动词)
tʂʰuan²¹⁴⁻²¹ tɕʰir⁵¹	喘气儿	ɕi²¹⁴⁻²¹ tɕʰye⁵¹	喜鹊
tɕʰi²¹⁴⁻²¹ ʂʅ⁵¹	起誓(发誓)	iɛn²¹⁴⁻²¹ lei⁵¹	眼泪
kai²¹⁴⁻²¹ ʂan⁵¹	改善	tsau²¹⁴⁻²¹ fan⁵¹	早饭
kuai²¹⁴⁻²¹ kuənr⁵¹	拐棍儿(拐杖)	ma²¹⁴⁻²¹ li⁵¹	玛丽

(2) 21+55,这类音高值组合占全部双音节词的 2.77%(18/649)。词例 [mu²¹⁴⁻²¹ tɕi⁵⁵] 母鸡,此音高值组合的轻重模式如下图:

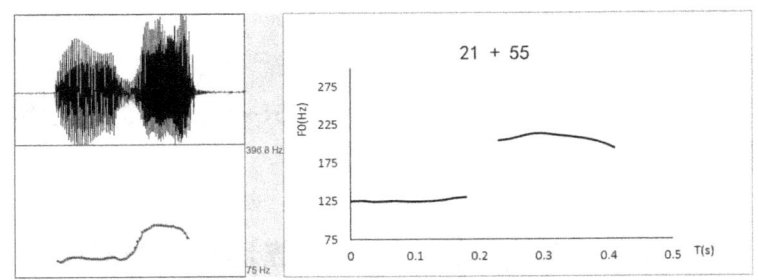

图 8-2 音高值组合 21+55 的词例和轻重模式

从图中我们可以看出,21+55 的音高值组合明显后字高于前字,前字音高值高点 130Hz,后字高点 213Hz,由此形成典型的前低后高的音高值分布,和我们听感上前轻后重的韵律模式相对应。例词具体如下:

kʰu²¹⁴⁻²¹ kua⁵⁵	苦瓜	mai²¹⁴⁻²¹ tan⁵⁵	买单(埋单)
mu²¹⁴⁻²¹ tɕi⁵⁵	母鸡	tɕin²¹⁴⁻²¹ tʂaŋ⁵⁵	紧张

xuo²¹⁴⁻²¹ tʂʰɤ⁵⁵	火车		ma²¹⁴⁻²¹ fəŋ⁵⁵	马蜂
niou²¹⁴⁻²¹ ye⁵⁵	纽约		faŋ²¹⁴⁻²¹ tʂʅ⁵⁵	纺织
ʂuei²¹⁴⁻²¹ ɕiɛn⁵⁵	水仙		kuaŋ²¹⁴⁻²¹ po⁵⁵	广播

（3）21+35，这类音高值组合占全部双音节词的1.85%（12/649）。词例［pai²¹⁴⁻²¹ liŋ³⁵］百灵，此音高值组合的轻重模式如下图：

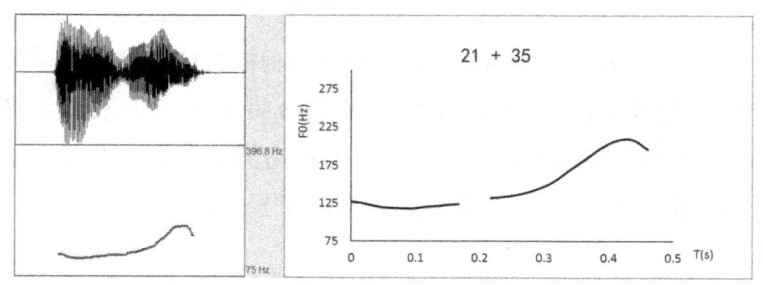

图8-3　音高值组合21+35的词例和轻重模式

从图中我们可以看出，21+35的音高值组合明显后字较高，前字音高值高点127Hz，后字高点209Hz，这样前低后高的音高值组合对应了我们听感上前轻后重的LH型韵律模式。例词具体如下：

ta²¹⁴⁻²¹ lei³⁵	打雷		y²¹⁴⁻²¹ iɛn³⁵	语言
kʰɤ²¹⁴⁻²¹ liɛn³⁵	可怜		ny²¹⁴⁻²¹ xair³⁵	女孩儿
mu²¹⁴⁻²¹ niou³⁵	母牛		xuo²¹⁴⁻²¹ tʂʰai³⁵	火柴
lau²¹⁴⁻²¹ tʰour³⁵	老头儿		ʂuei²¹⁴⁻²¹ ni³⁵	水泥
nuan²¹⁴⁻²¹ liour³⁵	暖流儿		pai²¹⁴⁻²¹ liŋ³⁵	百灵

LH型轻重模式的音高值组合还有55+55，51+51，35+35，我们将在8.3.3小节的等高型组合中详细介绍。

8.3.2　北京话重轻型双音节词与音高组合

北京话双音节词的第二种轻重类型是HL型（重轻型）。HL型韵律模式的前后音节的音高值分别是：35+0，51+0，55+0，21+0，35+214，55+214，51+55，51+214，35+35，55+55，55+51，55+35，35+55等（按照数量从多到少）。HL型轻重模式的55+55，51+51，35+35音高值组合，我们将在8.3.3小节的等高型组合中详细介绍。

下面我们看 HL 型轻重模式具体的音高表现。我们对每种音高值组合取一词例,列出其声波和音高图,如下图左。接着,我们再从每个音高值组合中抽取一定数量的词例(音高值组合的词例数量在 8 个以上的取 8 个样本,8 个以下的全取),手动标注音高的始末位置,用 Praat 脚本提取时长和音高数据,取其平均值,画出音高曲线,得到北京话双音节词 HL 型的韵律模型,如下图右。

(1) 35+214,这类音高值组合占全部双音节词的 8.01%(52/649)。词例 [tʂʰa³⁵ tʂʰuei²¹⁴] 茶水,此音高值组合的轻重模式如下图:

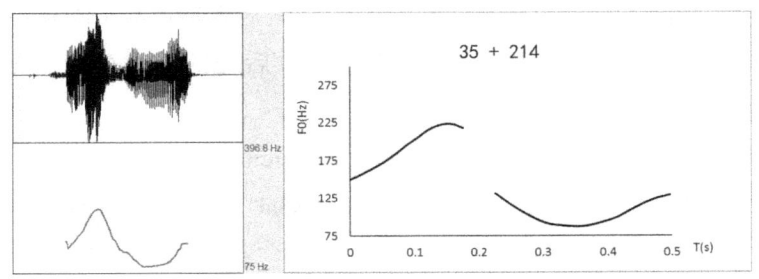

图 8-4　音高值组合 35+214 的词例和轻重模式

从图中我们可以看出,35+214 的音高值组合,明显前字高于后字,前字音高值高点在 223Hz,后字高点在 131Hz,这样前高后低的音高分布,对应了听辨结果中前重后轻的 HL 型韵律分布。更多例词如下:

tʂʰa³⁵ tʂʰuei²¹⁴	茶水	ʂuei²¹⁴⁻³⁵ ʂou²¹⁴	水手
tɕiaŋ²¹⁴⁻³⁵ ku²¹⁴	讲古(故事)	faŋ³⁵ tiŋr²¹⁴	房顶儿(屋顶)
xau²¹⁴⁻³⁵ tai²¹⁴	好歹	ɕi²¹⁴⁻³⁵ liɛn²¹⁴	洗脸
lai³⁵ uaŋ²¹⁴	来往	iou³⁵ iuŋ²¹⁴	游泳
liɛn³⁵ tsʅ²¹⁴	莲子①	tsuo²¹⁴⁻³⁵ ʂou²¹⁴	左手

(2) 55+214,这类音高值组合占全部双音节词的 3.08%(20/649)。词例 [kʰai⁵⁵ ʂuei²¹⁴] 开水,此音高值组合的轻重模式如下图:

---

① 这个"子"不是轻声,是实意词。

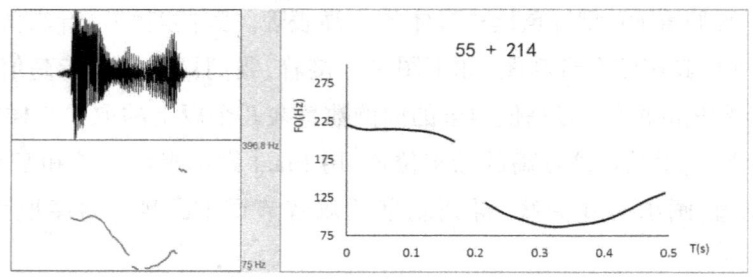

图 8-5 音高值组合 55+214 的词例和轻重模式

从图中我们可以看出,55+214 的音高值组合,跟上一组合情况相似,都是明显的前字高于后字,前字音高值高点在 221Hz,后字高点在 131Hz,由此形成前高后低的音高分布,对应于听辨结果中前重后轻的韵律分布。更多例词如下：

tʂʅ⁵⁵ pau²¹⁴	吃饱	tɕiɛn⁵⁵ piŋ²¹⁴	煎饼(动词)
tsʰu⁵⁵ lu²¹⁴	粗鲁	kʰai⁵⁵ ʂuei²¹⁴	开水
xɤ⁵⁵ tɕiou²¹⁴	喝酒	la⁵⁵ ʂʅ²¹⁴	拉屎
tɕʰiɛn⁵⁵ pi²¹⁴	铅笔	tʂən⁵⁵ li²¹⁴	真理
ʂau⁵⁵ tʂʅ²¹⁴	烧纸(动词)	tʂu⁵⁵ ɕie²¹⁴	猪血

（3）51+55,这类音高值组合占全部双音节词的 2.62%（17/649）。词例 [ta⁵¹ i⁵⁵] 大衣,此音高值组合的轻重模式如下图：

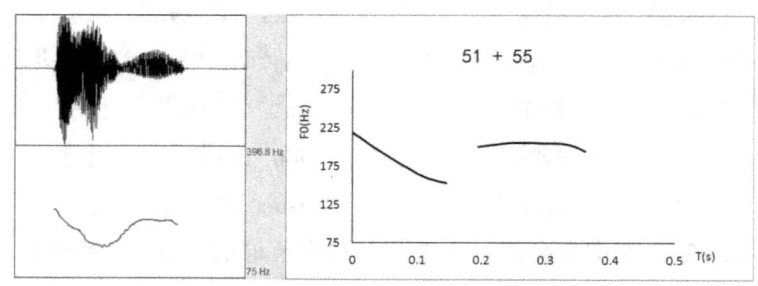

图 8-6 音高值组合 51+55 的词例和轻重模式

从图中我们可以看出,51+55 的音高值组合,音高值上前字略高于后字,前字音高值高点在 219Hz,后字高点在 206Hz,这样前高后低的音高分布,对应了听辨结果中前重后轻的 HL 型韵律分布。更多例词如下：

| tsʰai⁵¹ tau⁵⁵ | 菜刀 | ɕin⁵¹ fəŋr⁵⁵ | 信封儿 |
| tʂʰən⁵¹ ir⁵⁵ | 衬衣儿 | tuŋ⁵¹ piŋ⁵⁵ | 冻冰(结冰) |

ta^{51} i^{55}	大衣	tɕʰi^{51} tʂʰɣ^{55}	汽车
xan^{51} ʂanr^{55}	汗衫儿	ɕiaŋ^{51} pʰiɛnr^{55}	相片儿
mi^{51} fəŋr^{55}	蜜蜂儿	tu^{51} tɕyan^{55}	杜鹃

（4）51+35，这类音高值组合占全部双音节词的 3.08%（20/649）。词例 [ʐou^{51} ma^{35}] 肉麻，此音高值组合的轻重模式如下图：

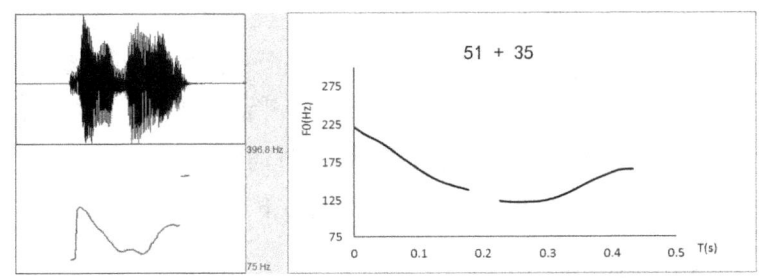

图 8-7　音高值组合 51+35 的词例和轻重模式

从图中我们可以看出，51+35 的音高值组合，音高值上前字高于后字，前字音高值高点在 221Hz，后字高点在 166Hz，由此形成前高后低的音高分布，和听辨结果中的前重后轻相对应。更多例词如下：

pau^{51} tʂʰou^{35}	报仇	tɕʰi^{51} iou^{35}	汽油
ʐou^{51} ma^{35}	肉麻	xua^{51} mei^{35}	画眉
liɛn^{51} ɕi^{35}	练习（名词）	y^{51} lan^{35}	玉兰
miɛn^{51} tʰiaur^{35}	面条儿	tʰiau^{51} tsʰaur^{35}	跳槽儿
uai^{51} xaŋ^{35}	外行	tɕʰy^{51} niɛn^{35}	去年

（5）51+214，这类音高值组合占全部双音节词的 2%（13/649）。词例 [tsʰɣ^{51} suo^{214}] 厕所，此音高值组合的轻重模式如下图：

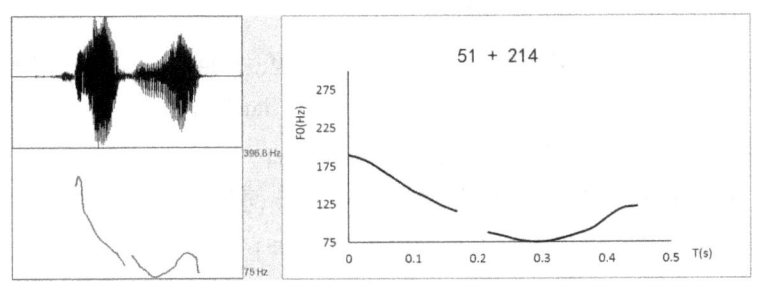

图 8-8　音高值组合 51+214 的词例和轻重模式

从图中我们可以看出，51+214 的音高值组合，跟最前面两组情况相似，上声214位于后字时音高值较低,呈现明显的前高后低,前字音高值高点在190Hz,后字高点在122Hz,形成了前高后低的音高分布,对应于听辨结果中前重后轻的HL型韵律分布。更多例词如下:

ɕin⁵¹ tʂ̩²¹⁴	信纸	tɕiau⁵¹ ʂ̩²¹⁴	教室
iou⁵¹ ʂou²¹⁴	右手	pi⁵¹ xur²¹⁴	壁虎儿
tʂan⁵¹ iour²¹⁴	战友儿	tʂei⁵¹ li²¹⁴	这里
ta⁵¹ mi²¹⁴	大米	iau⁵¹ tɕin²¹⁴	要紧
tsʰɤ⁵¹ suo²¹⁴	厕所	tɕi⁵¹ niau²¹⁴	蜘鸟*(蝉)

(6) 35+51,这类音高值组合占全部双音节词的1.69%(11/649)。词例[mei³⁵ kuei⁵¹]玫瑰,此音高值组合的轻重模式如下图:

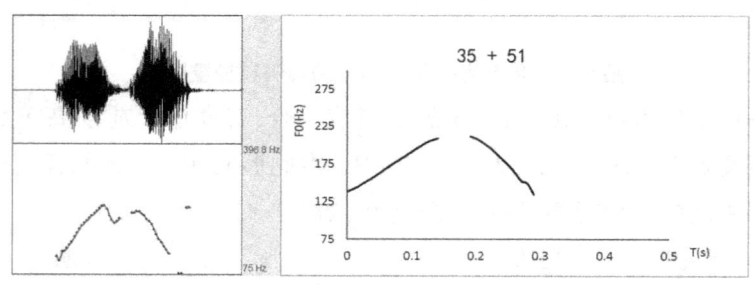

图8-9　音高值组合35+51的词例和轻重模式

从图中我们可以看出,35+51的音高值组合,音高值上前后字接近,前字音高值高点在209Hz,后字高点在211Hz,时长值上前字长于后字,前字时长值141ms,后字时长值98ms,时长上呈现前长后短的分布,对应了听辨结果中前重后轻的HL型韵律分布。更多例词如下:

tʂʰən³⁵ tʂuŋ⁵¹	沉重	ɕye³⁵ ɕiau⁵¹	学校
iaŋ³⁵ la⁵¹	洋蜡(蜡烛)	i⁵⁵⁻³⁵ kʰuair⁵¹	一块儿(一起)
kɤ³⁵ pir⁵¹	隔壁儿	iou³⁵ pʰiau⁵¹	邮票
nan³⁵ ʂou⁵¹	难受(难过)	tɕʰiau³⁵ tʂ̩⁵¹	乔治
tɤ³⁵ piŋ⁵¹	得病(生病)	mei³⁵ kuei⁵¹	玫瑰

(7) 55+51,这类音高值组合占全部双音节词的1.54%(10/649)。词例[kʰuŋ⁵⁵ tɕʰi⁵¹]空气,此音高值组合的轻重模式如下图:

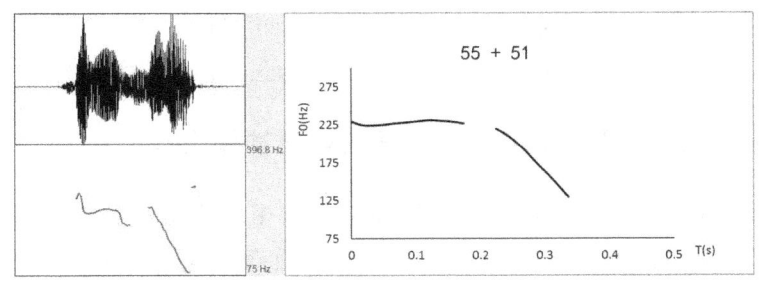

图 8-10 音高值组合 55+51 的词例和轻重模式

从图中我们可以看出,55+51 的音高值组合前字音高值略高于后字,前字音高值高点在 231Hz,后字高点在 220Hz,由此形成了音高值的前高后低,和我们在听感上的前重后轻相对应。例词具体如下:

an⁵⁵ tɕiŋ⁵¹	安静	tʂu⁵⁵ ʐou⁵¹	猪肉
tɕʰia⁵⁵ tɕia⁵¹	掐架(打架)	kʰuŋ⁵⁵ tɕʰi⁵¹	空气
pʰo⁵⁵ la⁵¹	泼辣	kan⁵⁵ ka⁵¹	尴尬
pʰu⁵⁵ kai⁵¹	铺盖(动词)	tɕʰiau⁵⁵ tiŋ⁵¹	敲定
ɕiuŋ⁵⁵ ti⁵¹	兄弟(哥哥和弟弟)	ɕiaŋ⁵⁵ tsʰai⁵¹	香菜(芫荽)

(8) 55+35,这类音高值组合占全部双音节词的 1.39%(17/649)。词例 [tʂʰuaŋ⁵⁵ liɛnr³⁵] 窗帘儿,此音高值组合的轻重模式如下图:

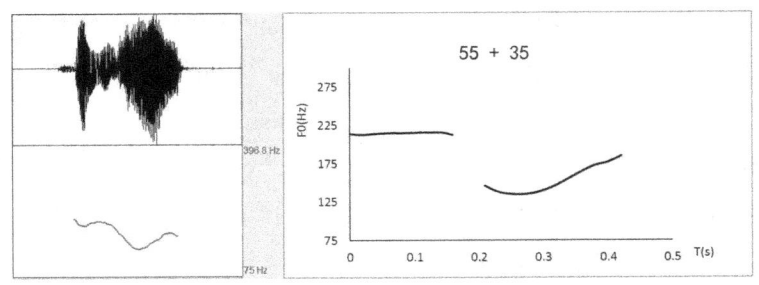

图 8-11 音高值组合 55+35 的词例和轻重模式

从图中我们可以看出,55+35 的音高值组合前字高于后字,前字音高值高点在 216Hz,后字高点在 186Hz,典型的前高后低的音高分布,对应了听辨结果中前重后轻的 HL 型韵律分布。更多例词如下:

tɕin⁵⁵ niɛn³⁵	今年	liou⁵⁵ yanr³⁵	溜圆儿
tɕʰiŋ⁵⁵ tʰiŋ³⁵	蜻蜓	tʂau⁵⁵ liaŋ³⁵	着凉
xɤ⁵⁵ tʂʰa³⁵	喝茶	tɕia⁵⁵ nəŋ³⁵	佳能

kʰɤ⁵⁵ tʰou³⁵	磕头	ɕiau⁵⁵ iau³⁵	逍遥
tʰuo⁵⁵ ɕie³⁵	拖鞋	tʂuan⁵⁵ tʰou³⁵	砖头

8.3.3 北京话等高型双音节词的轻重韵律类型

等高型双音节词是指前后音节音高值大致相似的双音节词,如北京话的 55+55,51+51,35+35 等音高值组合,从上文我们可以看出北京话双音节词有两种听辨结果 LH 型和 HL 型,这些组合在 LH 型和 HL 型两种听辨结果中都出现了,那么这些组合在音高值上会有什么不同的表现吗?我们借助语音实验的方法来分析。

首先,我们对所有等高型组合中例词数量大于 2 个的组合,分别取一词例,列出其声波和音高图,如下图左。接着,我们再从每个音高值组合中抽取一定数量的词例(8 个以上的取 8 个,8 个以下的全取),手动标注音高的始末位置,用 Praat 脚本提取时长和音高数据,取其平均值,画出音高曲线,如下图右。

(1) 55+55,这类音高值组合占全部双音节词的 7.09%(46/649),听辨结果既有 HL 型也有 LH 型。

LH 型有 34 个,具体例词如下:

kua⁵⁵ fəŋ⁵⁵	刮风	ɕiaŋ⁵⁵ tɕiau⁵⁵	香蕉
xua⁵⁵ ʂəŋ⁵⁵	花生	iau⁵⁵ suan⁵⁵	腰酸
tɕi⁵⁵ uo⁵⁵	鸡窝	tɕiau⁵⁵ tʰuŋ⁵⁵	交通
tʰiɛn⁵⁵ xei⁵⁵	天黑	la⁵⁵ ɕi⁵⁵	拉稀(泻肚)
u⁵⁵ kuei⁵⁵	乌龟	fei⁵⁵ tɕi⁵⁵	飞机

HL 型有 11 个,具体例词如下:

fa⁵⁵ ʂau⁵⁵	发烧	liour⁵⁵ xei⁵⁵	溜儿黑(黝黑)
tie⁵⁵ ma⁵⁵	爹妈(父母)	kuŋ⁵⁵ tɕi⁵⁵	公鸡
kuŋ⁵⁵ niou³⁵	公牛	pan⁵⁵ tɕiou⁵⁵	斑鸠
tɕʰin⁵⁵ tɕiau³⁵	秦椒(辣椒)	iou⁵⁵ iou⁵⁵	悠悠
tʰuŋ⁵⁵ xuŋ³⁵	通红	tʂʰuŋ⁵⁵ tsʰuŋ⁵⁵	匆匆

我们按照 LH 型和 HL 型轻重模式分别做出两类的音高曲线图，如下图：

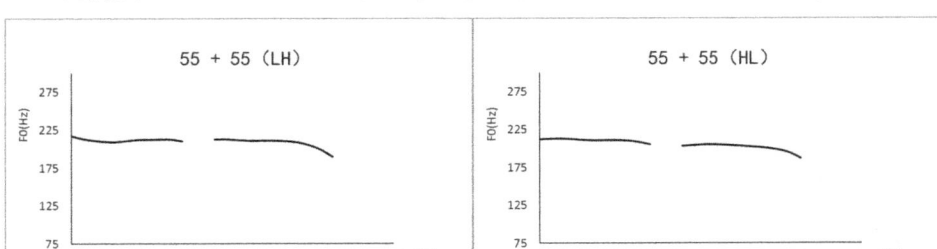

图 8-12　北京话 55+55 组合 LH 型和 HL 型轻重模式

从图中我们可以看出，LH 型的 55+55 组合，前后字音高值非常接近，前字音高值高点在 217Hz，后字音高值高点在 213Hz，然后，我们观测前后音节的时长值，发现后字长于前字，前字时长值 172ms，后字时长值 184ms。联系之前轻重听辨的结果，我们发现前后音节音高值接近的情况下，前短后长的时长分布对应了听辨结果的前轻后重。

HL 型的 55+55 组合，前字音高值略高于后字，前字音高值高点在 213Hz，后字音高值高点在 205Hz，音高值上呈现的前高后低，对应了听辨结果的前重后轻。

（2）51+51，这类音高值组合占全部双音节词的 5.24%（34/649），听辨结果既有 HL 型也有 LH 型。

LH 型有 30 个，具体例词如下：

pau⁵¹ kau⁵¹	报告	xai⁵¹ sau⁵¹	害臊（害羞）
ta⁵¹ i⁵¹	大意（名词）	niau⁵¹ niau⁵¹	尿尿（撒尿）
ti⁵¹ tʂən⁵¹	地震	ʂuei⁵¹ tɕiau⁵¹	睡觉
faŋ⁵¹ pʰi⁵¹	放屁	ɕiɛn⁵¹ tsai⁵¹	现在
xai⁵¹ pʰa⁵¹	害怕	tsuo⁵¹ məŋ⁵¹	做梦

HL 型有 4 个，具体例词如下：

kɤ⁵¹ ɕiŋ⁵¹	个性	tʰuei⁵¹ xua⁵¹	退化
tɕiŋ⁵¹ xua⁵¹	净化	kuei⁵¹ tɕʰi⁵¹	贵气

我们按照 LH 型和 HL 型轻重模式分别做出两类的音高曲线图，如下图：

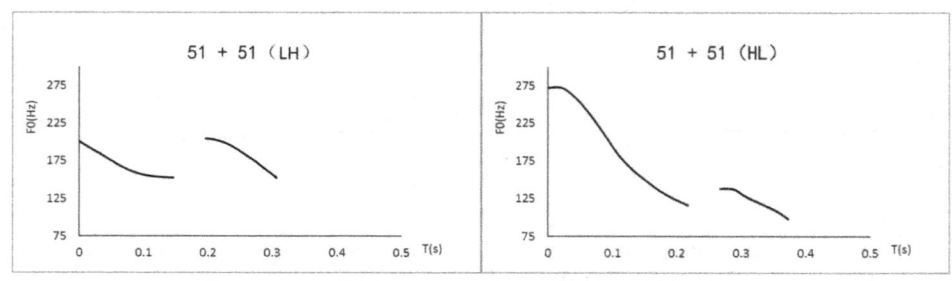

图 8-13　北京话 51+51 组合 LH 型和 HL 型轻重模式

从图中我们可以看出，LH 型的 51+51 组合，前后字音高值差不多，前字音高值高点在 200Hz，后字音高值高点在 204Hz，接着，我们观测前后音节的时长值，发现前字长于后字，前字时长值 146ms，后字时长值 110ms。由此发现，前后音节音高值接近的情况下，前长后短的时长分布对应了听辨结果的前轻后重，时长值长的反而对应了重，时长值短的反而对应了轻，跟大部分案例的规律不同，其中的原因还需深究。

HL 型的 51+51 组合，前字音高值明显高于后字，前字音高值高点在 272Hz，后字音高值高点在 138Hz，音高值上呈现典型的前高后低，对应了听辨结果的前重后轻。

（3）35+35，这类音高值组合占全部双音节词的 3.24%（21/649），听辨结果既有 HL 型也有 LH 型。

LH 型有 10 个，具体例词如下：

mau³⁵ faŋ³⁵	茅房（厕所）	miŋ³⁵ miŋr³⁵	明明儿
tʂu³⁵ faŋ³⁵	厨房	ai³⁵ ai³⁵	皑皑
mei³⁵ iou³⁵	煤油	mian³⁵ mian³⁵	绵绵
iou³⁵ tɕy³⁵	邮局	fu³⁵ ʐuŋ³⁵	芙蓉
miŋ³⁵ miŋ³⁵	明明	ɕiɛn³⁵ iɛn³⁵	咸盐（盐巴）

HL 型有 11 个，具体例词如下：

ʐou³⁵ xɣ³⁵	柔和（灯光）	ʂʅ³⁵ ʂʅ³⁵	时时
miŋ³⁵ niɛn³⁵	明年	maŋ³⁵ maŋ³⁵	茫茫
tʰou³⁵ niɛn³⁵	头年（去年）	liau³⁵ liau³⁵	寥寥
nan³⁵ xair³⁵	男孩儿	po³⁵ po³⁵	勃勃
tʂʰaŋ³⁵ tʂʰaŋ³⁵	常常	xuaŋ³⁵ xuaŋ³⁵	惶惶

我们按照 LH 型和 HL 型轻重模式分别做出两类的音高曲线图,如下图:

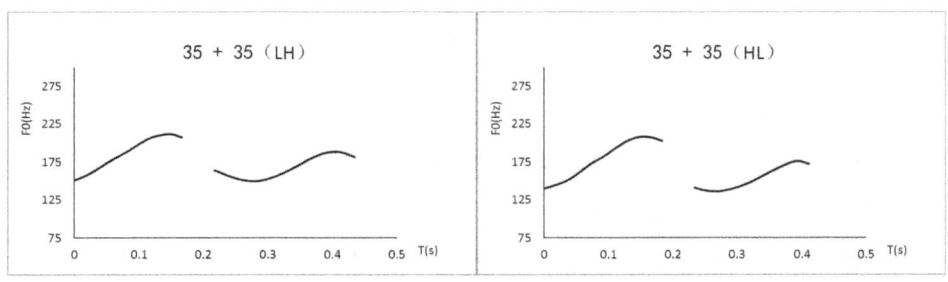

图 8-14　北京话 35+35 组合 LH 型和 HL 型轻重模式

从图中我们可以看出,LH 型的 35+35 组合,前字音高值略高于后字,前字音高值高点在 211Hz,后字音高值高点在 188Hz,音高值上呈现典型的前高后低,对应了听辨结果的前轻后重,音高值高的反而对应了轻,音高值低的反而对应了重,跟前文的多数案例规律不同,还需进一步研究。

HL 型的 35+35 组合,前字音高值明显高于后字,前字音高值高点在 208Hz,后字音高值高点在 176Hz,音高值上呈现典型的前高后低,对应了听辨结果的前重后轻。

8.3.4　北京话轻重韵律类型与传统双音节词连读变调的关系

上文北京话双音节词轻重类型的听辨结果告诉我们,北京话的轻重面貌是以 HL 型为主,同时存在少量 LH 型。综观国内外前人研究,我们假设词重音主要表现为包括时长在内的音高凸显,因此我们对北京话双音节词的音高值进行语音实验,果然发现了轻重韵律模式和音高值之间的对应规律,具体是音高值高的对应了听辨中重的,低的对应了听辨中轻的,若音高值相等或相近,则时长值长的对应了听辨中重的,短的对应了听辨中轻的。这样就证实我们之前的理论假设。

而汉语的音高又代表着声调,双音节词的音高值组合是汉语双音节词变调后的结果,因此,我们不由得推测实现前后音节的相对凸显可能是双音节词变调的驱动力,双音节词前后音节相对凸显的类型和方言历史有关,共时层面我们观察到北京话主要是以前重后轻(HL)型,而粤方言广州话确实以前轻后重的 LH 型为主,中部的吴方言却呈现两种类型对半分布的过渡状态,这其中反映出的汉语方言的历史演变很有研究意义。

8.4 本章小结

我们对北京话双音节词进行了轻重听辨调查,从听辨结果上可以看出,北京话既有 LH 型韵律模式,又有 HL 型韵律模式,但是以 HL 型为主。在我们调查的 649 项词汇中,HL 型有 523 项,LH 型有 126 项。

在轻重听辨的基础上,我们对 LH 和 HL 两种轻重模式进行了语音实验,发现 LH 型在音高值上主要实现为组合 55+55,51+51,21+51,21+55,51+55,21+35,35+35,35+55,55+51 等,HL 型的音高值组合主要为 35+214,55+214,51+55,51+214,35+35,55+55,55+51,55+35,35+55 等,联系轻重听辨的结果,我们发现前后音节的音高对比,LH 型表现为前低后高,HL 型表现为前高后低,但都是音高值高的对应了重,音高值低的对应了轻;前后音节音高值相等或相近时,LH 型表现为时长上的前短后长,HL 型表现为前长后短,但都是时长长的对应了重,时长短的对应了轻。

由此,我们发现 LH 型和 HL 型的轻重都集中体现在前后音节的音高值对比上(包含时长因素),北京话的实验数据证实了我们的假设:重音主要表现为包括时长在内的音高凸显,变调后结果的一致性也说明了轻重音是变调的内在动因。而北京话丰富的轻声现象,也恰好验证了北京话的以 HL 型为主的轻重韵律模式。

第 9 章
结　语

本文对汉语七大方言代表点的双音节词进行了轻重听辨和语音实验，主要有以下几方面的结论：

关于汉语方言整体的轻重面貌。汉语方言词重音研究中注重单个方言点的描写，且多是探讨连读变调和轻重韵律的关系，方言间词重音规律、类型比较的讨论文章较少，勾勒整体面貌的文章则更是缺乏，在这种情况下，本文应运而生。通过对每个方言点五六百条双音节词进行统一的调查和听辨，记录下每个方言点轻重型和重轻型的分布。结果显示粤方言广州话和闽方言福州话的双音节词以轻重型为主，同时存在部分重轻型；而客家方言梅县话和吴方言上海话的双音节词中，轻重型和重轻型对半存在；湘方言长沙话双音节词以重轻型为主，同时存在部分轻重型；赣方言南昌话双音节词以重轻型为主，同时存在少量轻重型；北方方言北京话双音节词以重轻型为主，同时存在少量轻重型，具体见下表。

表 9-1　汉语方言的轻重韵律模式

方言	LH 型	HL 型
粤方言	74%	26%
闽方言	59.3%	40.7%
客家方言	52.4%	47.6%
吴方言	50.7%	49.3%
赣方言	23.9%	76.1%
湘方言	37.8%	62.2%
北方方言	19.4%	80.6%

汉语方言从南部粤方言、闽方言到北部北方方言轻重韵律模式的共时差异其实正好反映了汉语方言韵律模式的演变过程。Brunelle 等(2012)对汉语普通话的韵律演变进行了推测,认为其很可能是从一种抑扬格语言先发展到词语层面没有明显重音的阶段,最后发展为扬抑格。因为越来越多的证据表明,古代汉语可能是一个半音节的。而到了中古汉语时期,一个半音节在抑扬-扬抑格定律的作用下有规律地缩减为一个音节。现代普通话中,单音节词一般不会独立出现,而是常常出现在复合词中。在早期阶段,这样的复合词可能没有一个明显的词重音,而只是粗略地表现出两个音节等重。汉语的许多南方方言似乎保留了这种类型的复合词,因为它们缺少弱重音音节。但是,在现代标准的普通话(北京话)中,复合词已经词汇化为单纯的韵律词,其第二个音节一般弱化了而且有一个中性调(轻声),显示出扬抑格韵律。

综观广州话、福州话、梅县话、上海话、南昌话、长沙话、北京话双音节词的轻重面貌,其分别处于从轻重型向重轻型演变的不同阶段,在转变程度上存在差异,北京话演变的速度最快,双音节词已经以重轻型为主,只有少量的轻重型;长沙话和南昌话其次,也达到了以重轻型为主,但是轻重型的数量还较多;上海话和梅县话在中间阶段,两种类型对半分布;广州话和福州话的速度最慢,还是以轻重型为主。伴随着向重轻型演变的进程,长沙话、南昌话、北京话的轻声现象也丰富起来,这也是本文下一步研究的重点。

关于轻重韵律的声学表现。轻重韵律的声学研究,一直是汉语词重音研究的热点,研究者从最初音强、音长到后来的音高,现在更是细致地研究音高具体的作用方式,是起点音高、调型(调形)还是调域上限。本文研究了国内外前人的相关文章,做出理论假设,汉语的词重音表现为包括时长在内的音高凸显。为了验证这个假设,我们对汉语七个方言代表点的双音节词进行语音实验,提取音高值,发现了音高值和词重音之间的对应规则,音高值高的对应重,音高值低的对应轻,音高值相等或相近的时候,时长值也会和轻重听辨结果形成对应,时长值长的对应重,时长值短的对应轻。正是大范围方言词重音的比较,使我们发现了汉语轻重韵律更为本质上是一种音高凸显,这一发现对作为声调语言的汉语,意义重大。

表 9-2　汉语方言的轻重韵律模式和音高、时长的对应关系

方言类型	韵律模式	对应于音高值的组合比例	对应于时长值的组合比例	没有对应的组合比例
粤方言	LH 型	31.2%	12.5%	6.3%
	HL 型	34.4%	12.5%	3.1%
闽方言	LH 型	40.9%	13.6%	4.5%
	HL 型	36.4%		4.5%
客家方言	LH 型	12.5%	28.1%	3.1%
	HL 型	40.6%	6.3%	9.4%
吴方言	LH 型	48.7%	1.3%	0.7%
	HL 型	43.6%	1.8%	3.9%
赣方言	LH 型	20%	3.9%	
	HL 型	70.5%	2.9%	2.7%
湘方言	LH 型	27.2%	1.9%	8.7%
	HL 型	43.1%	18.7%	0.4%
北方方言	LH 型	17.6%	5.9%	11.8%
	HL 型	64.7%		

关于轻重韵律和连读变调的关系。众所周知，汉语作为声调语言，音高承担了声调，双音节词连读时会发生变调，具体表现为音高值的变化，变调的规律和原因一直是语言研究的焦点。而现在我们知道汉语的词重音也会通过音高凸显来表现，而双音节词连读后的音高值组合正是双音节词轻重韵律的表现，由此，我们推测双音节词的轻重韵律模式可能是连读变调的内在动因。这一方法还需在更多的方言中继续实践。

关于进一步研究的方向。本文描写了汉语方言轻重韵律的整体面貌，但是并未细化到具体的词类和语法结构，那么具体词类的轻重韵律模式是什么样的？各方言之间有什么差别？是否还会存在从南到北的渐变痕迹？例如广州话中重叠词和音译词，偏正结构和动宾结构在轻重韵律模式上有什么差别？这些问题都值得深入研究。伴随着轻重韵律模式向重轻型演变的进程，各方言中轻声现象越来越多，那么轻声的分布是否有规律可循？轻声的声学特征是和音高更相关还是和时长更相关？轻声和轻音之间是什么关系，是如何形成的？在词重音的视角下，这些研究可能会更加接近事情的本质。本文推测轻重韵律模式是汉语双音节词连读变调的内在动因，汉语方言的变调情况还需要细致地分析。

以上都是共时的研究方向，在历时方面，我们可否通过不同方言中的轻声词来探究历时上轻声词的产生与发展进程？进一步追问，词语的产生年代与其轻重韵律之间是否存在关系？存在什么关系？例如：早期借入词语和晚期借入词语在轻重韵律上可能存在差别，造成这种差别的过程到底是怎样的？这些问题都值得深究。

参考文献

[1]鲍厚星、崔振华、沈若云、伍云姬:《长沙方言研究》,湖南教育出版社,1999。

[2]北京大学中国语言文学系语言学教研室编《汉语方言词汇(第二版)》,语文出版社,1995。

[3]北京大学中国语言文学系语言学教研室编《汉语方音字汇(第二版重排本)》,语文出版社,2003。

[4]蔡吉燕:《巴结布依语的连读变调》,《玉溪师范学院学报》2016年第3期。

[5]蔡培康:《武鸣壮话的连读变调》,《民族语文》,1987年第1期。

[6]曹剑芬:《普通话轻声音节特性分析》,《应用声学》,1986年第4期。

[7]曹剑芬:《连读变调与轻重对立》,《中国语文》,1995年第4期。

[8]曹剑芬:《连续话语语音特性及其信息处理》,《语言文字应用》,1998年第1期。

[9]曹剑芬、李爱军、胡方、张利刚:《语音学知识在语音识别中的应用:案例分析》,《清华大学学报(自然科学版)》2008年第S1期。

[10]曹志耘:《南部吴语语音研究》,商务印书馆,2002。

[11]曾晓渝、牛顺心:《六甲话两字组连读的韵律变调及其原因初探》,《方言》2006年第4期。

[12]陈宝贤:《福建漳平新桥方言两字组连读变调》,《方言》2010年第2期。

［13］陈宝贤:《福建漳平菁城方言的连读变调》,《方言》2017 年第 1 期。

［14］陈国庆:《孟高棉语言前缀》,《语言研究》2010 年第 1 期。

［15］陈娟文、李爱军、王霞:《上海普通话与普通话双音节词连读调的差异》,第六届全国现代语音学学术会议论文,天津,2003,第 149-154 页。

［16］陈丽萍、姜晖:《近年来美国大学汉语音系学博士论文简介(上)》,《国外语言学》1994 年第 1 期。

［17］陈丽萍、姜晖:《近年来美国大学汉语音系学博士论文简介(下)》,《国外语言学》1994 年第 2 期。

［18］陈明、王安红、肖娜、郭丽芬、吕士楠:《普通话中相邻两音节音高分析》,第六届全国现代语音学学术会议论文,天津,2003,第 155-160 页。

［19］陈忠敏:《汉语方言连读变调研究综述》,《语文研究》1993 年第 2 期。

［20］陈忠敏:《汉语方言连读变调研究综述(续)》,《语文研究》1993 年第 3 期。

［21］端木三:《重音理论和汉语的词长选择》,《中国语文》1999 年第 4 期。

［22］端木三:《重音、信息和语言的分类》,《语言科学》2007 年第 5 期。

［23］冯爱珍:《福建省顺昌(城关)方言的连读变调》,《方言》1986 年第 2 期。

［24］冯胜利:《论汉语的"韵律词"》,《中国社会科学》1996 年第 1 期。

［25］高华年:《广州方言研究》,商务印书馆香港分馆,1980。

［26］高永安:《声调》,商务印书馆,2014。

［27］侯精一主编《现代汉语方言概论》,上海教育出版社,2002。

［28］侯兴泉:《广东开建话的轻重音节步》,《暨南学报(哲学社会科学版)》2011 年第 4 期。

［29］侯兴泉:《勾漏片粤语的两字连读变调》,《方言》2011 年第 2 期。

［30］侯兴泉:《粤语勾漏片封开开建话语音研究——兼与勾漏片粤语及桂南平话的比较》,中华书局,2016。

［31］胡伟湘、董宏辉、陶建华、黄泰翼:《汉语朗读话语重音自动分类研究》,《中文信息学报》,2005 年第 6 期。

[32] 胡伟湘、金健、王霞、李爱军:《广州普通话和标准普通话两音节韵律词重音对比研究》,第八届中国语音学学术会议暨庆贺吴宗济先生百岁华诞语音科学前沿问题国际研讨会,北京,2008,第353-358页。

[33] 黄平文:《壮语连读变调探析》,《民族语文》2000年第5期。

[34] 黄小平:《江西宁都田头客家话两字组连读变调》,《方言》2010年第3期。

[35] 贾媛、李爱军:《论普通话重音的层级性——基于语音事实的分析》,第九届中国语音学学术会议论文,天津,2010,第547-556页。

[36] 贾媛、熊子瑜、李爱军:《普通话焦点重音对语句音高的作用》,第七届中国语音学学术会议暨语音学前沿问题国际论坛论文,天津,2006,第61-68页。

[37] 江荻:《汉藏语言演化的历史音变模型》,民族出版社,2002。

[38] 江荻:《重读与非重读:共时现象中蕴含的两类历史演化条件》,《东方语言学》2006年第00期。

[39] 江荻:《达让语研究》,民族出版社,2013。

[40] 江荻:《王念孙的联绵词"天籁"说证》,《语言科学》2013年第5期。

[41] 江荻:《〈尔雅〉词汇形式证明汉语曾是多音节词语言》,《古汉语研究》2014年第3期。

[42] 江荻、郭承禹:《汉语是抑扬还是扬抑格词模式语言?——昆虫名的词形韵律结构变化的启示》,《汉语史与汉藏语研究》2017年第1期。

[43] 江荻、康才畯、燕海雄,《词形结构进化与世界语言的多样性》,《科学通报》2014年第21期。

[44] 江荻、张辉:《汉语词头残迹印证早期汉语是多音节型语言》,出土文献与古汉语语法研讨会暨第九届海峡两岸汉语语法史研讨会论文,重庆,2015。

[45] 蒋平:《荔浦方言的轻重音与连读变调》,《方言》2005年第3期。

[46] 劲松:《现代汉语轻声动态研究》,民族出版社,2002。

[47] 康才畯、龙从军、江荻,《基于条件随机场的藏文人名识别研究》,《计算机工程与应用》2015年第3期。

[48] 李荣主编《梅县方言词典》,江苏教育出版社,1995。

［49］李荣主编《南昌方言词典》，江苏教育出版社，1995。

［50］李荣主编《上海方言词典》，江苏教育出版社，1997。

［51］李小凡：《汉语方言连读变调的层级和类型》，《方言》2004年第1期。

［52］李小凡、项梦冰编著《汉语方言学基础教程》，北京大学出版社，2010，第页。

［53］梁玉璋：《福州方言的语流音变》，《语言研究》1986年第2期。

［54］林茂灿：《汉语语调实验研究》，中国社会科学出版社，2012，第页。

［55］林茂灿、颜景助：《北京话轻声的声学性质》，《方言》1980年第3期。

［56］林茂灿、颜景助：《普通话轻声与轻重音》，《语言教学与研究》1990年第3期。

［57］林茂灿、颜景助、孙国华：《北京话两字组正常重音的初步实验》，《方言》1984年第1期。

［58］林焘、王理嘉：《语音学教程（增订版）》，北京大学出版社，2013。

［59］林焘：《探讨北京话轻声性质的初步实验》，《语言学论丛》1983年第10辑。

［60］刘娟、李如龙：《衡山方言的轻重音及与其有关的变调》，《湘潭大学学报（哲学社会科学版）》2014年第2期。

［61］刘俐李：《20世纪汉语轻声研究综述》，《语文研究》2002年第3期。

［62］刘俐李：《近八十年汉语韵律研究回望》，《语文研究》2007年第2期。

［63］刘新春：《训诂中的"轻重"考释》，《西南民族大学学报（人文社科版）》2009年第4期。

［64］刘洋、江荻：《〈庄子·内篇〉联绵词的单音节化》，《语文研究》2016年第3期。

［65］刘泽民：《客赣方言历史层次研究》，博士学位论文，上海师范大学人文学院，2004。

［66］罗常培：《罗常培语言学论文集》，商务印书馆，2004。

［67］罗常培、王均编著《普通语音学纲要》，商务印书馆，1981。

［68］倪崇嘉、刘文举、徐波：《汉语韵律短语的时长与音高研究》，《中文信

息学报》2009年第4期。

[69]潘悟云:《"轻清、重浊"释——罗常培〈释轻重〉〈释清浊〉补注》,《社会科学战线》1983年第2期。

[70]潘悟云:《客家话的性质——兼论南方汉语方言的形成历史》,《语言研究集刊》2005年第二辑。

[71]宋怀强主编《普通话简明轻重格式词典》,上海音乐出版社,2009。

[72]王蓓、杨玉芳、吕士楠:《汉语语句中重读音节音高变化模式研究》,《声学学报》2002年第3期。

[73]王东:《颜师古〈汉书注〉中"语有轻重"之分析》,《天中学刊》2006年第1期。

[74]王洪君:《汉语的韵律词与韵律短语》,《中国语文》2000年第6期。

[75]王洪君:《试论汉语的节奏类型——松紧型》,《语言科学》2004年第3期。

[76]王洪君:《汉语非线性音系学:汉语的音系格局与单字音》,北京大学出版社,2008。

[77]王晶、王理嘉:《普通话多音节词音节时长分布模式》,《中国语文》1993年第2期。

[78]王晓君:《江西新余方言的轻重音和轻声》,《中国方言学报》2010年第1期。

[79]王韫佳:《音高和时长在普通话轻声知觉中的作用》,《声学学报》2004年第5期。

[80]王韫佳、初敏:《关于普通话词重音的若干问题》,《中国语音学报》2008年第1辑。

[81]王韫佳、初敏、贺琳:《普通话语句重音在双音节韵律词中的分布》,《语言科学》2004年第5期。

[82]王韫佳、初敏、贺琳:《汉语焦点重音和语义重音分布的初步实验研究》,《世界汉语教学》2006年第2期。

[83]王韫佳、初敏、贺琳、冯勇强:《连续话语中双音节韵律词的重音感知》,《声学学报》2003年第6期。

[84]王志洁、冯胜利:《声调对比法与北京话双音组的重音类型》,《语言

科学》2006年第1期。

［85］武波、江荻:《二声调语言呈现的轻重韵律模式》,《南开语言学刊》2017年第2期。

［86］吴为善:《汉语"重轻型"韵律模式的辨义功能及其系统价值》,学林出版社,2015。

［87］谢留文:《江西省于都方言两字组连读变调》,《方言》1992年第3期。

［88］熊正辉:《南昌方言的声调及其演变》,《方言》1979年第4期。

［89］徐荣:《广西北流市六麻方言的连读变调》,《方言》2015年第3期。

［90］徐世荣:《双音节词的音量分析》,《语言教学与研究》1982年第2期。

［91］许宝华、陶寰:《松江方言研究》,复旦大学出版社,2015。

［92］许宝华、汤珍珠、钱乃荣:《新派上海方言的连读变调》,《方言》1981年第2期。

［93］许宝华、汤珍珠、钱乃荣:《新派上海方言的连读变调(二)》,《方言》1982年第2期。

［94］许宝华、汤珍珠、钱乃荣:《新派上海方言的连读变调(三)》,《方言》1983年第3期。

［95］颜景助、林茂灿:《北京话三字组重音的声学表现》,《方言》1988年第3期。

［96］杨顺安:《普通话轻声音节的规则合成》,《应用声学》1991年第1期。

［97］杨玉芳:《英语多音节词成词状态对音位知觉的影响》,《心理学报》1987年第4期。

［98］易亚新:《湖南石门方言的轻声与变调》,《湖南文理学院学报》2007年第4期。

［99］殷作炎:《关于普通话双音节常用词轻重音的初步考察》,《中国语文》1982年第3期。

［100］袁家骅:《汉语方言概要(第二版)》,语文出版社,2001。

［101］詹伯慧、刘镇发:《广东饶平上饶客家话的两字连读变调》,《方言》

2004年第3期。

[102] 张惠英:《崇明方言的连读变调》,《方言》1979年第4期。

[103] 张吉生:《绍兴方言右重韵律结构的表现形式——连读变调、韵律结构、句法结构的相互关系》,《语言科学》2013年第3期。

[104] 张其昀:《〈广雅疏证〉"轻重""缓急""侈弇"解》,《信阳师范学院学报(哲学社会科学版)》2010年第1期。

[105] 张清芳、杨玉芳:《汉语单音节词汇产生中音韵编码的单元》,《心理科学》2005年第2期。

[106] 张振兴:《漳平(永福)方言的连读变调》,《方言》1983年第3期。

[107] 赵元任:《中国话的文法》,香港中文大学出版社,1980。

[108] 赵元任:《赵元任全集》,商务印书馆,2007。

[109] 中国文字改革委员会普通话语音研究班编《普通话轻声词汇编》,商务印书馆,1963。

[110] 钟奇:《汉语方言的重音模式》,暨南大学出版社,2010。

[111] 钟奇:《株洲话单纯名词轻重格的影响因素》,《方言》2014年第1期。

[112] 仲晓波、王蓓、杨玉芳、吕士楠:《普通话韵律词重音知觉》,《心理学报》2001年第6期。

[113] 周晨磊:《青海周屯话参考语法》,博士学位论文,南开大学文学院,2016。

[114] 周祖谟:《问学集(下)》,中华书局,1966。

附录
汉语方言轻重音调查词汇表[①]

1. 安静
2. 巴掌
3. 办法
4. 报仇
5. 报酬
6. 报告
7. 背心
8. 鼻涕
9. 扁担
10. 冰雹
11. 裁缝
12. 菜刀
13. 苍蝇
14. 厕所
15. 茶水
16. 柴火
17. 吵架
18. 沉重
19. 衬衫
20. 吃饱
21. 翅膀
22. 臭虫
23. 厨房
24. 畜生
25. 喘气
26. 窗帘
27. 刺猬
28. 粗鲁
29. 打扮
30. 打架
31. 打雷
32. 打听
33. 大方
34. 大衣

---

① 特别说明：词表中有个别单音节词，这是需要说明的。譬如在某些方言是单音节的，在另一些方言是双音节的。同样，三音节词的目的是什么，也要根据文章做一点说明，包括是否列入实验或统计与否。

35. 大意
36. 道理
37. 得罪
38. 地震
39. 肉麻
40. 点心
41. 顶针
42. 东西
43. 动静
44. 豆腐
45. 多少
46. 耳朵
47. 发烧
48. 发誓
49. 饭馆
50. 放屁
51. 肥皂
52. 夫妻
53. 扶手
54. 父母
55. 改善
56. 甘蔗
57. 干净
58. 干粮
59. 刚才
60. 高粱
61. 高兴
62. 公牛
63. 故事
64. 刮风

65. 寡妇
66. 拐杖
67. 棺材
68. 管家
69. 国家
70. 害怕
71. 害羞
72. 汗衫
73. 好歹
74. 喝茶
75. 喝酒
76. 核桃
77. 后天
78. 狐狸
79. 花生
80. 滑稽
81. 滑头
82. 怀疑
83. 黄豆
84. 黄瓜
85. 黄历
86. 灰尘
87. 鸡蛋
88. 鸡窝
89. 鸡眼
90. 计划
91. 家具
92. 肩膀
93. 煎饼
94. 将军

95. 讲究
96. 交情
97. 脚趾
98. 结实
99. 姐妹
100. 戒指
101. 今天
102. 韭菜
103. 开水
104. 看护
105. 磕头
106. 可怜
107. 口水
108. 苦瓜
109. 拉屎
110. 蜡烛
111. 辣椒
112. 来往
113. 懒惰
114. 浪费
115. 老实
116. 莲子
117. 练习
118. 凉快
119. 邻居
120. 溜圆
121. 楼梯
122. 露水
123. 麻利
124. 麻雀

125. 马脚
126. 马上
127. 买卖
128. 毛笔
129. 毛病
130. 毛衣
131. 眉毛
132. 梅花
133. 门路
134. 迷糊
135. 蜜蜂
136. 棉花
137. 面条
138. 名誉
139. 明白
140. 明天
141. 母牛
142. 母猪
143. 牡丹
144. 木炭
145. 难过
146. 内行
147. 泥鳅
148. 暖和
149. 朋友
150. 泼辣
151. 铺盖
152. 奇怪
153. 棋子
154. 气味

155.	铅笔	185.	天黑
156.	亲戚	186.	天亮
157.	勤快	187.	天气
158.	热闹	188.	调羹
159.	柔和	189.	跳蚤
160.	撒尿	190.	通红
161.	晒干	191.	头发
162.	闪电	192.	拖鞋
163.	商店	193.	唾沫
164.	烧卖	194.	外行
165.	烧纸	195.	王法
166.	生病	196.	忘记
167.	生气	197.	味道
168.	生意	198.	窝头
169.	声音	199.	乌龟
170.	师傅	200.	乌鸦
171.	石榴	201.	屋顶
172.	是非	202.	西瓜
173.	手巾	203.	吸烟
174.	手艺	204.	洗脸
175.	手掌	205.	喜鹊
176.	手指	206.	下水
177.	舒服	207.	下雪
178.	水手	208.	下雨
179.	睡觉	209.	先生
180.	说法	210.	现在
181.	算盘	211.	相信
182.	太阳	212.	香蕉
183.	桃花	213.	详细
184.	体面	214.	想法

215. 消化
216. 消息
217. 孝顺
218. 新郎
219. 新娘
220. 新鲜
221. 信封
222. 信纸
223. 兄弟
224. 胸脯
225. 休息
226. 学校
227. 雪花
228. 牙齿
229. 颜色
230. 眼红
231. 眼睛
232. 眼泪
233. 妖怪
234. 腰酸
235. 钥匙
236. 一起
237. 衣服
238. 医生
239. 用人
240. 游泳
241. 黝黑/黢黑/魆黑
242. 右手
243. 玉米
244. 约会
245. 月亮
246. 云彩
247. 战士
248. 战友
249. 照顾
250. 着凉
251. 真理
252. 芝麻
253. 猪肝
254. 猪肉
255. 猪血
256. 状元
257. 自然
258. 祖宗(二义)
259. 左手
260. 做梦
261. 语言
262. 交通
263. 秘书
264. 对手
265. 户口
266. 粮食
267. 名字
268. 时候
269. 方便
270. 厉害
271. 结冰
272. 今年
273. 明年
274. 去年

275. 大米		305. 电影	
276. 公鸡		306. 飞机	
277. 母鸡		307. 公猪	
278. 指甲		308. 火柴	
279. 早饭		309. 火车	
280. 晚饭		310. 教室	
281. 男孩		311. 开车	
282. 女孩		312. 空气	
283. 厨师		313. 煤油	
284. 泻肚		314. 汽车	
285. 看病		315. 汽油	
286. 便宜		316. 水泥	
287. 故意		317. 司机	
288. 口袋		318. 相片	
289. 别致		319. 邮局	
290. 白天		320. 邮票	
291. 桂花		321. 高级	
292. 兰花		322. 自动	
293. 莲花		323. 搭理	
294. 荷花		324. 模特	
295. 菊花		325. 巴黎	
296. 芍药		326. 比尔	
297. 大雁		327. 查理	
298. 猫头鹰		328. 吉他	
299. 杜鹃花		329. 佳能	
300. 喇叭花		330. 伦敦	
301. 金银花		331. 玛丽	
302. 牵牛花		332. 蒙古	
303. 仙人掌		333. 摩托	
304. 栀子花		334. 纽约	

335.	乔治	365.	往往
336.	沙发	366.	屡屡
337.	汤姆	367.	时时
338.	印度	368.	渐渐
339.	尴尬	369.	处处
340.	寒碜	370.	通通
341.	囫囵	371.	恰恰
342.	糊涂	372.	偏偏
343.	邋遢	373.	明明
344.	伶俐	374.	刚刚
345.	啰嗦	375.	仅仅
346.	懵懂	376.	稍稍
347.	腼腆	377.	茫茫
348.	苗条	378.	悠悠
349.	模糊	379.	炯炯
350.	窝囊	380.	滚滚
351.	龌龊	381.	呜呜
352.	逍遥	382.	嗷嗷
353.	犹豫	383.	嘻嘻
354.	肮脏/腌臜	384.	慌慌
355.	看看	385.	皑皑
356.	星星	386.	绵绵
357.	哥哥	387.	草草
358.	婆婆	388.	寥寥
359.	痒痒(挠痒痒)	389.	勃勃
360.	条条	390.	凛凛
361.	块块	391.	巍巍
362.	毛毛	392.	匆匆
363.	常常	393.	惶惶
364.	每每	394.	荡荡

附录　汉语方言轻重音调查词汇表 | 199

395. 苍苍
396. 菲菲
397. 沉沉
398. 鹁鹑
399. 薄荷
400. 荸荠
401. 壁虎
402. 杜鹃
403. 凤凰
404. 葫芦
405. 蝴蝶
406. 蝌蚪
407. 萝卜
408. 蚂蚁
409. 玫瑰
410. 蘑菇
411. 茉莉
412. 枇杷
413. 葡萄
414. 蜻蜓
415. 蚯蚓
416. 螳螂
417. 莴苣
418. 蜈蚣
419. 蟋蟀
420. 鹦鹉
421. 鸳鸯
422. 蜘蛛
423. 百灵
424. 鸳鸯

425. 画眉
426. 鹧鸪
427. 玉兰
428. 月桂
429. 海棠
430. 水仙
431. 斑鸠
432. 芙蓉
433. 干巴巴
434. 黑黝黝/黑黢黢/黑魆魆
435. 红通通
436. 火辣辣
437. 空落落/空捞捞
438. 凉飕飕/冷飕飕
439. 胖乎乎
440. 湿漉漉
441. 水汪汪
442. 圆溜溜
443. 笑眯眯/笑迷迷
444. 乐滋滋/喜滋滋/美滋滋
445. 血淋淋/水淋淋/湿淋淋
446. 黑沉沉/阴沉沉/昏沉沉
447. 热腾腾/乱腾腾/雾腾腾
448. 白花花
449. 绿油油/黑油油
450. 顺当当
451. 平淡淡
452. 明朗朗
453. 甜丝丝
454. 假惺惺

455. 光秃秃
456. 直勾勾
457. 汗津津/汗涔涔
458. 刀子
459. 鸽子
460. 斧子/斧头
461. 金子
462. 裤子
463. 筷子
464. 狮子
465. 梳子
466. 影子
467. 麦子
468. 桌子
469. 鼻子
470. 脖子
471. 燕子
472. 老头儿
473. 花儿
474. 沫儿
475. 桃儿
476. 馅儿
477. 根儿
478. 小鸡儿
479. 石头
480. 锄头
481. 念头
482. 舌头
483. 枕头
484. 砖头

485. 赚头
486. 里头（里边）
487. 零头
488. 码头
489. 拳头
490. 劲头
491. 苦头
492. 晚上
493. 乡下
494. 地下
495. 这里
496. 老虎
497. 老鼠
498. 老婆（妻子）
499. 别人
500. 工人
501. 客人
502. 男人
503. 女人
504. 丈人
505. 主人
506. 弹性
507. 个性
508. 男性
509. 记性
510. 读者
511. 好处
512. 坏处
513. 难处
514. 长处

515. 净化
516. 绿化
517. 老化
518. 退化
519. 国际化
520. 现代化
521. 全球化
522. 工业化
523. 脾气(发脾气)
524. 老气
525. 丧气
526. 力气
527. 口气
528. 和气
529. 洋气
530. 勇气
531. 运气
532. 神气
533. 小气
534. 娘家
535. 婆家
536. 亲家
537. 人家
538. 作家
539. 行家
540. 尾巴
541. 下巴
542. 哑巴
543. 嘴巴(嘴)
544. 结巴

545. 盐巴
546. 折腾
547. 耷拉
548. 第一
549. 第二
550. 初一(大年初一)
551. 初二
552. 穿帮
553. 较真
554. 没戏
555. 砍价
556. 踩扁
557. 敲定
558. 温吞
559. 运道
560. 活络
561. 买单(埋单)
562. 人工
563. 跳槽
564. 爆出
565. 爆炒
566. 发廊
567. 二奶
568. 丈夫
569. 讨厌
570. 南瓜
571. 冬瓜
572. 清楚
573. 容易
574. 要紧

575. 日子
576. 枣
577. 地道

578. 咖喱
579. 咖啡